科目別 過去問題集

世界史A・B
2023高卒認定
スーパー実戦過去問題集

編集●J-出版編集部　　制作●J-Web School

J-出版

もくじ

高卒認定情報ほか

問題／解答・解説

高卒認定試験の概要

1. 高等学校卒業認定試験とは

高等学校卒業程度認定試験（高卒認定試験）は、高等学校を卒業していないなどのため、大学等の受験資格がない方に対し、高等学校卒業者と同等以上の学力があるかどうかを認定する試験です。合格者には大学・短大・専門学校や看護学校などの受験資格が与えられるだけでなく、高等学校卒業者と同等以上の学力がある者として認定され、就職、転職、資格試験等に広く活用することができます。ただし、試験で合格点を得た者が満18歳に達していないときには、18歳の誕生日の翌日から合格者となります。

2. 受験資格

受験年度末の3月31日までに満16歳以上になる方。現在、高等学校等に在籍されている方も受験が可能です。ただし、すでに大学入学資格を持っている方は受験できません。

3. 実施日程

試験は8月と11月の年2回実施されます。8月試験と11月試験の受験案内（願書）配布開始日、出願期間、試験日、結果通知送付日は以下のとおりです（令和4年度の実施日程を基に作成しています。最新の実施日程については文部科学省のホームページを確認してください）。

	第1回（8月試験）	第2回（11月試験）
配布開始日	4月4日(月)～	7月19日(火)～
出願期間	4月4日(月)～5月9日(月)	7月19日(火)～9月13日(火)
試験日	8月4日(木)・5日(金)	11月5日(土)・6日(日)
結果通知送付日	8月30日(火)発送	12月6日(火)発送

4. 試験科目と合格要件

試験の合格者となるためには、合格要件に沿って8科目もしくは9科目、10科目の試験科目に合格することが必要です（「公民」および「理科」の選択科目によって科目数が異なります）。

教科	試験科目	科目数	合格要件
国語	国語	1	必修
地理歴史	世界史A、世界史B	1	2科目のうちいずれか1科目必修
	日本史A、日本史B 地理A、地理B	1	4科目のうちいずれか1科目必修
公民	現代社会 倫理 政治・経済	1 または 2	「現代社会」1科目 「倫理」および「政治・経済」の2科目　］いずれか必修
数学	数学	1	必修
理科	科学と人間生活 物理基礎 化学基礎 生物基礎 地学基礎	2 または 3	以下の①、②のいずれかが必修 ①「科学と人間生活」の1科目と「物理基礎」、「化学基礎」、「生物基礎」、「地学基礎」のうち1科目（合計2科目） ②「物理基礎」、「化学基礎」、「生物基礎」、「地学基礎」のうち3科目（合計3科目）
外国語	英語	1	必修

5. 試験科目の出題範囲

試験科目	出題範囲（対応する教科書名）	
国語	「国語総合」古文・漢文含む	平成25年4月以降の高等学校入学者が使用している教科書
世界史A	「世界史A」	
世界史B	「世界史B」	
日本史A	「日本史A」	
日本史B	「日本史B」	
地理A	「地理A」	
地理B	「地理B」	
現代社会	「現代社会」	
倫理	「倫理」	
政治・経済	「政治・経済」	
数学	「数学Ⅰ」	平成24年4月以降の高等学校入学者が使用している教科書
科学と人間生活	「科学と人間生活」	
物理基礎	「物理基礎」	
化学基礎	「化学基礎」	
生物基礎	「生物基礎」	
地学基礎	「地学基礎」	
英語	「コミュニケーション英語Ⅰ」	平成25年4月以降の高等学校入学者が使用している教科書

出願から合格まで

1. 受験願書の入手

受験案内（願書）は、文部科学省や各都道府県教育委員会、各都道府県の配布場所などで配布されます。ただし、配布期間は年度毎に異なりますので、文部科学省のホームページなどで事前に確認してください。なお、直接取りに行くことができない方はパソコンやスマートフォンで受験案内（願書）を請求することが可能です。

〈パソコンもしくはスマートフォンで請求する場合〉

次のURLにアクセスし、画面の案内に従って申し込んでください。　https://telemail.jp/shingaku/pc/gakkou/kousotsu/

○受験案内（願書）は、配布開始時期のおよそ1か月前から出願締切のおよそ1週間前まで請求できます。

○請求後、受験案内（願書）は発送日から通常3～5日程度で届きます。ただし、配布開始日以前に請求した場合は予約扱いとなり、配布開始日に発送されます。

○受験案内（願書）に同封されている支払い方法に従って料金を払います。

○不明な点はテレメールカスタマーセンター（TEL：050-8601-0102　受付時間：9:30 ～ 18:00）までお問い合わせください。

2. 出願書類の準備

受験案内（願書）を入手したら、出願に必要な次の書類を用意します（令和4年度の受験案内を基に作成しています。内容が変更になる場合もあるため、最新の受験案内を必ず確認してください）。

①受験願書・履歴書
②受験料（収入印紙）
③写真2枚（縦4cm×横3cm）　※同じ写真を2枚用意
④住民票または戸籍抄本
⑤科目合格通知書　※一部科目合格者のみ
⑥試験科目の免除に必要な書類（単位修得証明書、技能審査の合格証明書）　※試験科目の免除を申請する者のみ
⑦氏名、本籍の変更の経緯がわかる公的書類（戸籍抄本等）　※必要な者のみ
⑧個人情報の提供にかかる同意書　※該当者のみ
⑨特別措置申請書および医師の診断・意見書　※必要な者のみ
⑩出願用の封筒

①**受験願書・履歴書**
受験願書・履歴書の用紙は受験案内に添付されています。

②**受験料（収入印紙）**
受験科目が７科目以上の場合は 8,500 円、４科目以上６科目以下の場合は 6,500 円、３科目以下の場合は 4,500 円です。受験料分の日本政府発行の収入印紙（都道府県発行の収入証紙等は不可）を郵便局等で購入し、受験願書の所定欄に貼り付けてください。

③**写真２枚（縦４cm× 横３cm）**
出願前６か月以内に撮影した、無帽・背景無地・正面上半身の写真を２枚（同一のもの）用意し、裏面に受験地と氏名を記入して受験願書の所定欄に張り付けてください。写真は白黒・カラーいずれも可です。

④**住民票または戸籍抄本（原本）**
出願前６か月以内に交付され、かつ「本籍地（外国籍の方は国籍等）」が記載されたものを用意してください。マイナンバーの記載は不要です。海外在住の外国籍の方で提出が困難な場合は、必ず事前に文部科学省総合教育政策局生涯学習推進課認定試験第二係まで問い合わせてください。　TEL：03-5253-4111（代表）（内線 2590・2591）

⑤**科目合格通知書（原本）**
過去に高等学校卒業程度認定試験または大学入学資格検定において、一部科目に合格している方は提出してください。なお、紛失した場合は受験案内にある「科目合格通知書再交付願」で出願前に再交付を受けてください。結婚等により、科目合格通知書に記載された氏名または本籍に変更がある場合は、「⑦氏名、本籍の変更の経緯がわかる公的書類（戸籍抄本等）」をあわせて提出してください。

⑥**試験科目の免除に必要な書類（単位修得証明書、技能審査の合格証明書）（原本）**
試験科目の免除を申請する方は受験案内を確認し、必要書類を提出してください。なお、単位修得証明書が発行元で厳封されていない場合は受理されません。結婚等により、試験科目の免除に必要な書類の氏名に変更がある場合は、「⑦氏名、本籍の変更の経緯がわかる公的書類（戸籍抄本等）」をあわせて提出してください。

⑦**氏名、本籍の変更の経緯がわかる公的書類（戸籍抄本等）（原本）**
結婚等により、「⑤科目合格通知書」や「⑥試験科目の免除に必要な書類」に記載された氏名または本籍が変更となっている場合に提出してください。

⑧**個人情報の提供にかかる同意書**
外国籍の方で、過去に高等学校卒業程度認定試験または大学入学資格検定で合格した科目があり、「⑤科目合格通知書」の氏名（本名）または国籍に変更がある場合は、提出してください。

⑨**特別措置申請書および医師の診断・意見書**
身体上の障がい等により、受験の際に特別措置を希望する方は、受験案内を確認し、必要書類を提出してください。

⑩**出願用の封筒**
出願用の封筒は受験案内に添付されています。封筒の裏面に氏名、住所、受験地を明記し、「出願書類確認欄」を用いて必要書類が揃っているかを再度チェックし、不備がなければ郵便局の窓口で「簡易書留扱い」にして文部科学省宛に送付してください。

3. 受験票

受験票等（受験科目決定通知書、試験会場案内図および注意事項を含む）は文部科学省から受験願書に記入された住所に届きます。受験案内に記載されている期日を過ぎても到着しない場合や記載内容に誤りがある場合は、文部科学省総合教育政策局生涯学習推進課認定試験第二係に連絡してください。　TEL：03-5253-4111（代表）　①試験実施に関すること（内線 2024・2643）　②証明書に関すること（内線 2590・2591）

4. 合格発表・結果通知

試験の結果に応じて、文部科学省から次のいずれかの書類が届きます。全科目合格者には「**合格証書**」、一部科目合格者には「**科目合格通知書**」、その他の者には「**受験結果通知**」が届きます。「**合格証書**」が届いた方は、大学入学資格（高等学校卒業程度認定資格）が与えられます。ただし、試験で合格点を得た方が満 18 歳に達していないときには、18 歳の誕生日の翌日から合格者となります。そのため、大学入学共通テスト、大学の入学試験等については、原則として満 18 歳になる年度から受験が可能となります。大学入学共通テストについては、独立行政法人大学入試センター　事業第一課（TEL：03-3465-8600）にお問い合わせください。「**科目合格通知書**」が届いた方は、高等学校卒業程度認定試験において１科目以上の科目を合格した証明になりますので、次回の受験まで大切に保管するようにしてください。なお、一部科目合格者の方は「**科目履修制度**」を利用して、合格に必要な残りの科目について単位を修得することによって、高等学校卒業程度認定試験合格者となることができます（「**科目履修制度**」については次のページもあわせて参照してください）。

科目履修制度（未合格科目を免除科目とする）

1.科目履修制度とは

科目履修制度とは、通信制などの高等学校の科目履修生として未合格科目（合格に必要な残りの科目）を履修し、レポートの提出とスクーリングの出席、単位認定試験の受験をすることで履修科目の単位を修得する制度となります。この制度を利用して単位を修得した科目は、免除科目として文部科学省に申請することができます。高等学校卒業程度認定試験（高卒認定試験）の合格科目と科目履修による単位修得を合わせることにより、高等学校卒業程度認定試験の合格者となることができるのです。

2.科目履修の学習内容

レポートの提出と指定会場にて指定回数のスクーリングに出席し、単位認定試験で一定以上の点数をとる必要があります。

3.科目履修制度の利用

❶ すでに高卒認定試験で合格した一部科目と科目履修を合わせることにより高卒認定試験合格者となる。

高卒認定試験 既合格科目 ＋ 科目履修（残り科目を履修） ＝ 合わせて8科目以上 高卒認定試験 合格

※最低１科目の既合格科目または合格見込科目が必要

① 苦手科目がどうしても合格できない方
② 合格見込成績証明書を入手し、受験手続をしたい方
③ 残り科目を確実な方法で合格したい方
④ 大学・短大・専門学校への進路が決まっている方

❷ 苦手科目等を先に科目履修で免除科目にして、残りの得意科目は高卒認定試験で合格することで高卒認定試験合格者となる。

科目履修（苦手科目等を履修） ＋ 高卒認定試験 科目受験 ＝ 合わせて8科目以上 高卒認定試験 合格

※最低１科目の既合格科目または合格見込科目が必要

① 得意科目だけで高卒認定試験の受験に臨みたい方
② できるだけ受験科目数を減らしたい方
③ どうしても試験で合格する自信のない科目がある方
④ 確実な方法で高卒認定試験の合格を目指したい方

4.免除を受けることができる試験科目と免除に必要な修得単位数

免除が受けられる試験科目	高等学校の科目	免除に必要な修得単位数
国語	「国語総合」	4
世界史Ａ	「世界史Ａ」	2
世界史Ｂ	「世界史Ｂ」	4
日本史Ａ	「日本史Ａ」	2
日本史Ｂ	「日本史Ｂ」	4
地理Ａ	「地理Ａ」	2
地理Ｂ	「地理Ｂ」	4
現代社会	「現代社会」	2
倫理	「倫理」	2
政治・経済	「政治・経済」	2
数学	「数学Ⅰ」	3
科学と人間生活	「科学と人間生活」	2
物理基礎	「物理基礎」	2
化学基礎	「化学基礎」	2
生物基礎	「生物基礎」	2
地学基礎	「地学基礎」	2
英語	「コミュニケーション英語Ⅰ」	3

（注）上記に記載されている免除に必要な修得単位数はあくまで標準的修得単位数であり、学校によっては科目毎の設定単位数が異なる場合があります。

■科目履修制度についてより詳しく知りたい方は、J-出版編集部にお問い合わせください。
TEL：03-5800-0552
Mail：info@j-publish.net
http://www.j-publish.net/risyu/

傾向と対策

1．出題傾向

　過去３年間の８月試験および 11 月試験の出題傾向は以下のとおりです。世界史はＡとＢのいずれか一方を選んで解答しますが、それぞれで範囲により出題数が異なる部分があります。どちらを選ぶか決めたうえで学習を進めてください。

世界史A	令和２年度第１回	令和２年度第２回	令和３年度第１回	令和３年度第２回	令和４年度第１回	令和４年度第２回	配点
大問１　古代・中世・近代							6～7点前後
古代（～５世紀）	●			●		●	
中世（～宗教改革前）	●				●	●	
16～18世紀		●	●	●			
19世紀					●		
大問２　古代・中世・近代							12～13点前後
古代（～５世紀）	●	●	●	●	●	●	
中世（～宗教改革前）	●	●	●	●	●	●	
16～18世紀							
大問３　中世・近代							16点前後
中世（～宗教改革前）			●	●		●	
16～18世紀	●	●	●	●	●	●	
大問４　近代							19点前後
16～18世紀				●			
19世紀	●	●	●	●	●	●	
大問５　近代・現代							21～22点前後
19世紀				●	●		
第二次世界大戦前～大戦中	●	●	●	●	●	●	
戦後				●			
大問６　現代							18～19点前後
第二次世界大戦前～大戦中							
戦後	●	●	●	●	●	●	
大問７							6点前後
古代						●	
中世						●	
16～18世紀							
19～20世紀	●	●	●	●	●	●	

世界史B	令和２年度第１回	令和２年度第２回	令和３年度第１回	令和３年度第２回	令和４年度第１回	令和４年度第２回	配点
大問１　古代・中世・近代							6～7点前後
古代（～５世紀）	●			●		●	
中世（～宗教改革前）	●				●	●	
16～18世紀		●	●	●	●		
19世紀					●		
大問２　古代・中世・近代							24～25点前後
古代（～５世紀）	●	●	●	●	●	●	
中世（～宗教改革前）	●	●	●	●	●	●	
16～18世紀							
大問３　中世・近代							16点前後
中世（～宗教改革前）			●	●	●	●	
16～18世紀	●	●	●	●	●	●	
19世紀	●					●	
大問４　近代							13点前後
16～18世紀			●	●	●		
19世紀	●	●	●	●	●	●	
大問５　現代							18～19点前後
第二次世界大戦前～大戦中	●	●	●	●	●	●	
戦後				●			
大問６　近代・現代							15～16点前後
16～18世紀					●		
第二次世界大戦前～大戦中					●		
戦後	●	●	●	●	●	●	
大問７							6点前後
古代						●	
中世（～宗教改革前）					●	●	
19～20世紀	●	●	●	●	●	●	

2. 出題内容と対策

1 古代・中世・近代

世界史Aと世界史Bで共通の出題となりますが、出題数が少ない割に範囲は広いので、中世における東西交流など範囲を絞って学習しましょう。

2 古代・中世・近代

世界史Bでは出題が多くなる範囲で、古代～中世の内容が中心になります。世界史Aを選択する場合は重要事項のみ学習しておくとよいでしょう。

3 古代・中世・近代

宗教改革や新航路発見などを経てその後の植民地時代が中心の内容となります。イスラーム世界の動向にも着目してください。年号が重要となる範囲ですからしっかり暗記してください。

4 近代

主に19世紀の内容が出題されます。年代的にも広い範囲となるので、的を絞った学習で効率を上げていきましょう。

5 近代・現代

世界史Aと世界史Bでほぼ同じ内容が出題されます。20世紀初めから第二次世界大戦までが出題範囲の中心となります。多くの国が登場する時代なので国際連盟などを含めた国際関係を重点的に学習しましょう。

6 および 7

世界史Aと世界史Bで共通の出題となり、主に戦後の国際関係、社会の進展、資料問題などが出題されます。年表などで戦後の重要な出来事や動きを覚えるようにしましょう。

令和４年度 第２回
高卒認定試験

世界史Ａ・Ｂ

解答時間　50分

注　意　事　項（抜粋）

＊　試験開始の合図前に，監督者の指示に従って，解答用紙の該当欄に以下の内容をそれぞれ正しく記入し，マークすること。

①**氏名欄**

氏名を記入すること。

②**受験番号**，③**生年月日**，④**受験地欄**

受験番号, 生年月日を記入し, さらにマーク欄に**受験番号**（数字), **生年月日**（年号・数字），**受験地をマーク**すること。

＊　**受験番号，生年月日，受験地が正しくマークされていない場合は，採点できないことがある。**

＊　解答は，解答用紙の解答欄にマークすること。例えば，［10］と表示のある解答番号に対して②と解答する場合は，次の(例)のように**解答番号 10 の解答欄**の②に**マーク**すること。

（例）

解答番号	解　答　欄
10	① ● ③ ④ ⑤ ⑥ ⑦ ⑧ ⑨ ⓪

世　界　史　Ａ

（解答番号 1 ～ 32 ）

1 次の文章と図版に関連して，問１～問２に答えよ。

高校生の高岩さんは，文明と環境の関係に関心を持ち，ラテンアメリカの文明の成り立ちについて調べてレポートにまとめた。

レポート

ラテンアメリカの古代文明はなぜ栄えたか

疑　問

Ｘ　インカ文明(a)が，ユーラシア大陸・アフリカ大陸の文明よりも，より赤道に近い地域で成立できたのはなぜだろうか。

Ｙ　アメリカ大陸には，ユーラシア大陸・アフリカ大陸で文明を支えた小麦も稲もなかったのに，文明は何によって支えられていたのだろうか。

考　察

Ｘの疑問に対する考察：適度な気候の高地だったから。

・気温は，赤道に近い地域ほど高くなるが，高度が高い土地ほど低くなる。アンデス地方は緯度でいえば熱帯に当たるが，標高が高く，中心地域は標高約 3400 m 前後の高原だった。

・熱帯でも高原の気温は低く，疫病の危険も少なかった。そのかわり体の順応が必要で，侵入したスペイン人(b)も高山病に苦しんだ。

Ｙの疑問に対する考察：小麦や稲に相当する作物が存在したから。

・アンデス地方では，標高 3000 m 以上の高原地帯と，それより低い山地部とで，高度によって作物や家畜が棲(す)み分けられていた。主作物として，低温に強く生産性が高いジャガイモと，暑さに強く保存に向くトウモロコシとが高度によって作り分けられ，文明を支えた。

アンデス地方とインカ文明

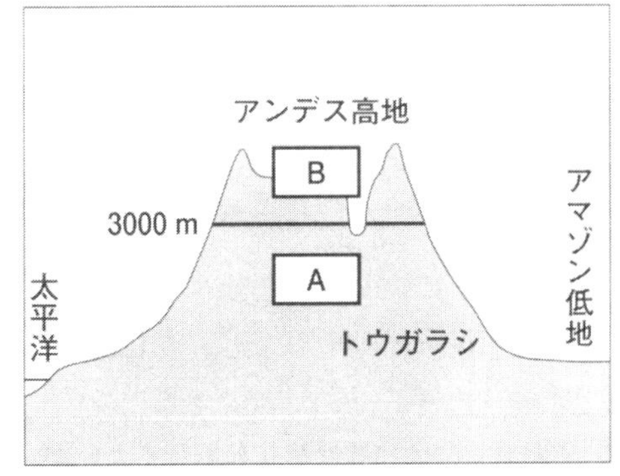

アンデス地方の断面図と主な作物

問1 下線部分(a)インカ文明の代表的な遺跡と、 A ・ B に当てはまる作物との組合せとして正しいものを、次の①～④のうちから一つ選べ。解答番号は 1 。

	インカ文明の代表的な遺跡	A	B
①	マチュ＝ピチュ	ジャガイモ	トウモロコシ
②	マチュ＝ピチュ	トウモロコシ	ジャガイモ
③	アンコール＝ワット	ジャガイモ	トウモロコシ
④	アンコール＝ワット	トウモロコシ	ジャガイモ

問2 下線部分(b)スペインによるラテンアメリカ支配のようすについて述べた文として適切なものを、次の①～④のうちから一つ選べ。解答番号は 2 。

① 訓民正音が制定された。

② 一国二制度による統治が行われた。

③ ギリシア正教の布教が進められた。

④ ポトシ銀山などで、銀の採掘が行われた。

2 次の文章と図版に関連して，問1～問4に答えよ。

2人の生徒が，**資料1**・**資料2**を見ながら，情報伝達の歴史について会話している。

南さん：　**資料1**は，古代ローマ帝国の情報伝達の仕組みに関する記録です。初代ローマ皇帝である［ A ］が，(a)アケメネス朝の制度を参考にして始めたとされています。

資料1

> 属州のどこで何が起ころうと，それが直ちに，より早く報告され，知ることができるように，最初軍事道路に沿って，適当な間隔ごとに若者の駅夫を置き，後には駅馬車を配置する。

原さん：　広大な帝国を支配するために，このような制度が必要だったのですね。

南さん：　同じような仕組みは，他の地域にもありました。**資料2**は，(b)中世のヨーロッパ人が書き残した，元がつくった制度についての記録です。

資料2

> さて，どのような道をとろうと，カンバルク(大都)を発って25マイル進むとイヤンと呼ばれる駅に着く。これは「馬の駅」という意味である。この宿駅には大きく美しく豪華な館があり，大ハンの使者はそこに宿泊する。…主要な道の25ないし30マイルごとに，お話ししたような行き届いた駅があるので，…おもだった地方にはどこにでも行くことができる。

原さん：　**資料1**の仕組みと似ていますね。**資料2**はどんな資料から引用されたのでしょうか。

南さん：　ヴェネツィア出身の商人［ B ］が著した『世界の記述(東方見聞録)』からの引用です。彼は，フビライ＝ハンに仕えた後，13世紀末に(c)イル＝ハン国を経由して，ヴェネツィアに帰国したとされています。

フビライ＝ハンに謁見する［ B ］とその一行

問 1 [A] に当てはまる人物と，**資料 2** で言及されている制度との組合せとして正しいものを，次の①～④のうちから一つ選べ。解答番号は [3] 。

	A	制　度
①	キング牧師	駅伝制
②	キング牧師	イクター制
③	オクタウィアヌス(アウグストゥス)	駅伝制
④	オクタウィアヌス(アウグストゥス)	イクター制

問 2 下線部分アケメネス朝(a)について述べた文として適切なものを，次の①～④のうちから一つ選べ。解答番号は [4] 。

① 「プラハの春」とよばれる民主化運動がおこった。

② ダレイオス１世の時代に，最盛期を迎えた。

③ エリザベス１世の時代に，無敵艦隊を破った。

④ レオナルド＝ダ＝ヴィンチが，「モナ＝リザ」を描いた。

問 3　下線部分中世のヨーロッパ(b)に関連して，次のグラフは，11 世紀～16 世紀のイングランド(イギリス)における人口の変遷を示したものである。グラフのX期に急激な人口減少がみられる。この人口減少の原因や影響について述べた3人の生徒の意見を読み，その正誤について述べた文として適切なものを，下の①～④のうちから一つ選べ。解答番号は 5 。

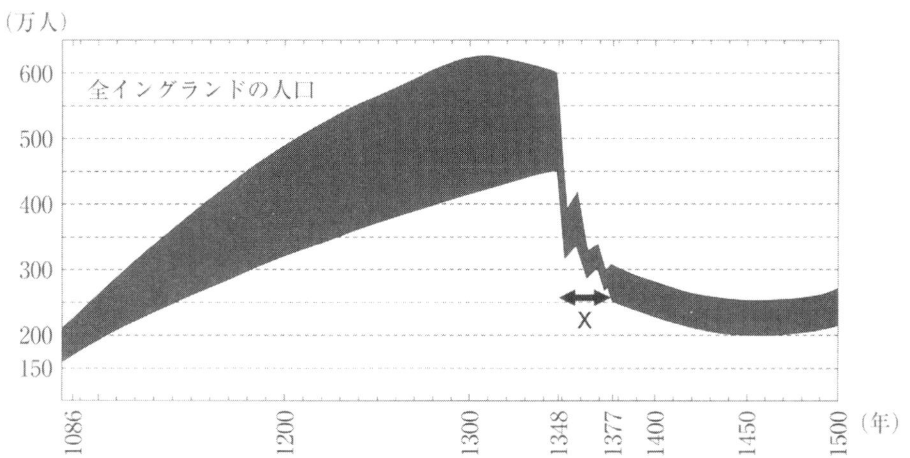

注：グラフは，それぞれの時期における人口の推定値を表している。
推定値にはばらつきがあるため，着色部分の幅が広い所がある。

グラフ

英樹さん　：X期に氷河期が終わり，人々は農耕・牧畜を始めました。

あかりさん：X期の不況に対応するため，ブロック経済が導入されました。

マークさん：X期には，ペスト(黒死病)がヨーロッパで流行しました。

① 英樹さんの意見のみが正しい。
② あかりさんの意見のみが正しい。
③ マークさんの意見のみが正しい。
④ 全員の意見が正しい。

問 4 [B] に当てはまる人物と，下線部分イル＝ハン国(c)の略地図中のおよその位置との組合せとして正しいものを，下の①～④のうちから一つ選べ。解答番号は [6] 。

	B	イル＝ハン国の位置
①	張　騫	あ
②	張　騫	い
③	マルコ＝ポーロ	あ
④	マルコ＝ポーロ	い

3 １～２の文章と図版に関連して，問１～問５に答えよ。

１ 15世紀後半，オスマン帝国では火器の導入が進んだ。最新の火器を用いて，スルタンの **A** は，コンスタンティノープル(a)を占領し，ビザンツ帝国を滅ぼした。火器で武装した常備歩兵軍団であるイェニチェリは，16世紀初頭のチャルディランの戦いでも活躍し，サファヴィー朝(b)の騎兵を打ち破った。イェニチェリは常にスルタンの近くにあって，軍事力の中核を占めるようになった。

コンスタンティノープルを攻撃するオスマン軍

問 1 [A] によって，下線部分コンスタンティノープル(a)にあった聖ソフィア聖堂(ハギア＝ソフィア聖堂)は，次の図のようにイスラーム教の礼拝施設へと改築された。[A] に当てはまる人物と，イスラーム教の礼拝施設との組合せとして正しいものを，下の①～④のうちから一つ選べ。解答番号は [7] 。

図

	A	礼拝施設
①	メフメト２世	モスク
②	メフメト２世	カタコンベ
③	ド＝ゴール	モスク
④	ド＝ゴール	カタコンベ

問 2 下線部分サファヴィー朝(b)について述べた文として適切なものを，次の①～④のうちから一つ選べ。解答番号は [8] 。

① 「世界の工場」と称された。

② インドシナ戦争がおこった。

③ シーア派を国教とした。

④ 甲午農民戦争(東学党の乱)がおこった。

2　ヨーロッパから東アジア諸国にもたらされた鉄砲は，様々な軍事的影響を与えた。日本では，ポルトガル(c)の鉄砲をもとに，命中精度の高い鉄砲が製造されるようになった。日本の鉄砲は，16 世紀末に始まった明(d)・朝鮮との戦いで，両国に伝わり，それぞれの鉄砲の性能を向上させた。やがて，明は，各地で勃発した反乱や女真人との戦いに鉄砲隊を投入するようになった。朝鮮も強力な鉄砲隊を組織した。17 世紀には，清がロシア(e)と対立し，援軍として朝鮮に鉄砲隊の派遣を要請した。

女真人と戦う明軍の鉄砲隊

問 3　下線部分ポルトガル(c)に関連して，初めて喜望峰を経由してインドに到達したポルトガルの航海者を，次の①～④のうちから一つ選べ。解答番号は 9 。

① 
ヴァスコ＝ダ＝ガマ

② 
モーツァルト

③ 
マルクス

④ 
ウラービー（オラービー）

問 4　下線部分明(d)について述べた文として適切なものを，次の①～④のうちから一つ選べ。解答番号は 10 。

① 第1回万国博覧会が開かれた。

② 李自成に北京を占領されて滅んだ。

③ 王安石が，改革を進めた。

④ ガンダーラ美術が生まれた。

問 5　下線部分ロシア(e)について述べた文として適切なものを，次の①～④のうちから一つ選べ。解答番号は 11 。

① チュラロンコン王（ラーマ5世）が，近代化政策を進めた。

② ルターが，九十五カ条の論題を発表した。

③ ドイモイ（刷新）政策により，市場経済が導入された。

④ ピョートル1世が，サンクト＝ペテルブルクを建設した。

4　１～２の文章と図版に関連して，**問１～問６**に答えよ。

１　富山さんは綿工業について授業で発表することになり，調べたことを**パネル１**にまとめた。

パネル１

産業革命は，18 世紀のイギリスから始まり，綿工業の分野での技術革新が進んだ。イギリスでは原料の綿花の栽培が困難であるため，各地から輸入された。次の**グラフ**は，イギリスの原料綿花の輸入国・地域の内訳と比率を示している。東インド地域とは，インド(a)を中心とした地域であるが，1866～1870 年は，この地域からの輸入割合が増加し，［　Ａ　］からの輸入割合が減少している。これは，［　Ａ　］で［　　Ｂ　　］ことによって，この地域からの綿花の輸入が困難になったことが原因と推察することができる。

このようにイギリスは綿花輸入地域の状況変化に対応しながら，綿製品を多く生産し，世界各地へ輸出していった。

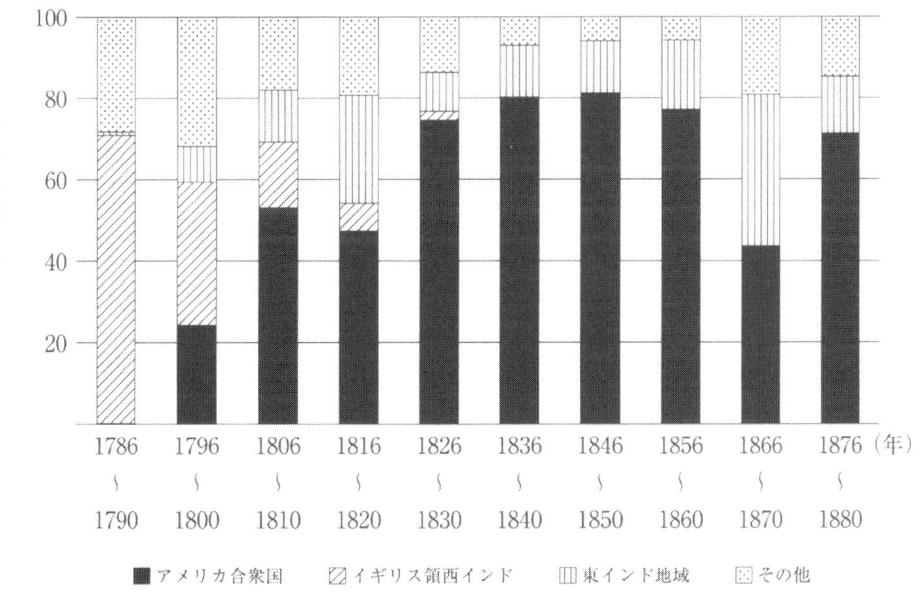

グラフ　イギリスの原料綿花の輸入国・地域の内訳と比率

問 1　下線部分インド(a)の 19 世紀のようすについて述べた文として適切なものを，次の①～④のうちから一つ選べ。解答番号は 12 。

① ムガル帝国が滅んだ。

② 理藩院が藩部を統括した。

③ 両税法が実施された。

④ タンジマート(恩恵改革)が実施された。

問 2　A に当てはまる語句と，B に当てはまる文との組合せとして正しいものを，次の①～④のうちから一つ選べ。解答番号は 13 。

	A	B
①	イギリス領西インド	黄巾の乱がおこった
②	イギリス領西インド	南北戦争がおこった
③	アメリカ合衆国	黄巾の乱がおこった
④	アメリカ合衆国	南北戦争がおこった

2　石川さんは作家とその活動について授業で発表することになり，調べたことをパネル2にまとめた。

パネル2

ゾラはフランス自然主義を代表する19世紀(b)の作家で，1869年に20の作品からなる「ルーゴン＝マッカール叢書(そうしょ)」の執筆を始めた。この叢書には「第二帝政(c)下における一家族の自然的，社会的歴史」という副題がつけられており，作品を通じて社会や人間の抱える問題を分析し表現しようとしたゾラの姿勢がうかがわれる。

また，ゾラは1894年にフランスでおこったユダヤ人将校 [C] のスパイ冤罪(えんざい)事件でも知られる。 [C] は軍法会議でスパイ容疑を否認したが，南アメリカ(d)のフランス領ギアナにある監獄島での終身流刑の判決を受けた。これに対してゾラは，1898年1月31日付けの小新聞『オーロール』紙で「私は弾劾する」と抗議した。この小新聞は1日で30万部以上が売れ，再審を求める世論が高まり， [C] の再審への道が開かれた。

次の肖像画は彼と交流のあったマネの作品である。背景には日本(e)の歌舞伎役者の浮世絵が描かれ，当時流行していたジャポニスムの影響が見られる。

Cinq Centimes

ERNEST VAUGHAN

L'AURORE

Littéraire, Artistique, Sociale

J'Accuse...!

LETTRE AU PRÉSIDENT DE LA RÉPUBLIQUE

Par ÉMILE ZOLA

LETTRE A M. FÉLIX FAURE Président de la République

ゾラの投稿が掲載された『オーロール』紙

マネが描いたゾラの肖像画

問3　下線部分19世紀(b)のエジプトのようすについて述べた文として適切なものを，次の①～④のうちから一つ選べ。解答番号は [14] 。

① ムハンマド＝アリーが，改革を進めた。

② サラディン（サラーフ＝アッディーン）が，アイユーブ朝を建てた。

③ マグナ＝カルタ（大憲章）が発布された。

④ ピカソが，「ゲルニカ」を描いた。

問 4　下線部分第二帝政(c)に関連して，フランス第二帝政末期におこったプロイセン＝フランス戦争(普仏戦争)中の出来事と，[C] に当てはまる人物との組合せとして正しいものを，次の①～④のうちから一つ選べ。解答番号は [15] 。

	出来事	C
①	ホー＝チ＝ミンが独立を宣言した。	ドレフュス
②	ホー＝チ＝ミンが独立を宣言した。	ジャクソン
③	ドイツ帝国が成立した。	ドレフュス
④	ドイツ帝国が成立した。	ジャクソン

問 5　下線部分南アメリカ(d)に関連して，南アメリカ諸国の独立直後のようすについて述べた文として適切なものを，次の①～④のうちから一つ選べ。解答番号は [16] 。

① 府兵制が行われた。

② クリオーリョを中心とした社会が形成された。

③ ヒジュラ(聖遷)が行われた。

④ トルーマン＝ドクトリンによって，経済援助が行われた。

問 6　下線部分日本(e)に関連して，石川さんは日本と海外との交流について調べ，次の**資料**を見つけた。**資料**の名称を，下の①～④のうちから一つ選べ。解答番号は [17] 。

資料

> 第3条　下田，箱館のほか，次に記す場所を次の期日より開港する。
> 神奈川…1859 年 7 月 4 日
> 長崎…前と同じ
> 新潟…1860 年 1 月 1 日
> 兵庫…1863 年 1 月 1 日
> 第6条　日本人に対し犯罪を犯したアメリカ人は，アメリカ領事裁判所において取り調べの上，アメリカの法律によって処罰する…。

① 異国船打払令

② ウェストファリア条約

③ ポツダム宣言

④ 日米修好通商条約

5 １～２の文章と図版に関連して，問１～問７に答えよ。

１ 生徒と先生が，第一次世界大戦とアジア・アフリカ各地の関係について会話している。

先 生： ヨーロッパ諸国の間では，第一次世界大戦(a)の前から植民地の獲得競争が激しく行われていました。アフリカでは，縦断政策のイギリスと横断政策のフランスが衝突しかけた［ A ］がおこりました。

岸さん： 私は第一次世界大戦時の，植民地の人々について調べました。イギリスの植民地だったインドからは，多数の兵士がヨーロッパやアジアに送られていました。第一次世界大戦はヨーロッパだけの戦争ではなかったのですね。

東さん： 私は，当時ヨーロッパ諸国の植民地だった地域でなく，アラビア半島について調べました。この地域の人々も第一次世界大戦に協力させられたことがわかりました。

岸さん： ヨーロッパ諸国の植民地ではなかったのに，どのように協力させられたのですか。

東さん： イギリスは，当時敵国だったオスマン帝国(b)の動揺を誘うために，オスマン帝国領だったアラビア半島で，アラブ人部隊を組織させて反乱をおこさせました。

先 生： イギリスは第一次世界大戦に協力させた地域の人々に対して，戦後の自治や独立(c)を約束し，戦争に動員していきました。

岸さん： まさに多くの地域を巻き込む世界大戦だったのですね。

第一次世界大戦にインドから動員された兵士

問１ 下線部分第一次世界大戦(a)後の世界のようすについて述べた文として適切なものを，次の①～④のうちから一つ選べ。解答番号は［ 18 ］。

① 日本で，明治維新がおこった。

② イギリスで，チャーティスト運動が展開された。

③ インドで，非暴力・不服従の抵抗運動がおこった。

④ イタリアで，青年イタリアが結成された。

問 2 [A] に当てはまる語句を，次の①～④のうちから一つ選べ。解答番号は [19] 。

① 9.11 同時多発テロ事件　② 柳条湖事件
③ アンボイナ事件　④ ファショダ事件

問 3 下線部分オスマン帝国(b)を解体して，トルコ共和国の初代大統領となった人物を，次の①～④のうちから一つ選べ。解答番号は [20] 。

①

ムスタファ＝ケマル
（ケマル＝パシャ）

②

サッチャー

③

ティトー

④

フェリペ２世

問 4　下線部分(c)戦後の自治や独立に関連して，次の**資料**は第一次世界大戦後に設立された国際連盟の規約の一部である。**資料**から読み取れることと，国際連盟の設立を提唱したアメリカ合衆国大統領との組合せとして正しいものを，下の①～④のうちから一つ選べ。
解答番号は 21 。

資料

第22条　先の戦争の結果これまでの支配国の統治を離れた植民地や領土で，…人々の福祉と発達を図ることが文明の神聖なる使命であり…この原則を実現する最善の方法は，そのような人々に対する貢献の任務を，資源や経験あるいは地理的位置によってその責任を引き受けるのに最も適し，かつそれを進んで受諾する先進国に委任し，連盟に代わる受任国としてその国に貢献の任務を遂行させることである。

	資料から読み取れること	アメリカ合衆国大統領
①	植民地だった地域の統治を，他国に委任する。	マテオ＝リッチ
②	植民地だった地域の統治を，他国に委任する。	ウィルソン
③	植民地だった地域は，国として独立する。	マテオ＝リッチ
④	植民地だった地域は，国として独立する。	ウィルソン

2　岡田さんは戦争に関連した街並みや建造物について調べ，**カード1**・**カード2**にまとめた。

カード1

ポーランドの首都ワルシャワには，中世から20世紀前半(d)までの多彩な建築様式の建造物が連なっている。この街は1939年，ドイツのポーランド侵攻(e)によって，その支配下となった。侵攻の前にヒトラーは，東西両面での戦争を避けるため，スターリンと［B］を結んだ。この条約の秘密条項に基づき，ポーランドは分割されることになった。ドイツ侵攻後，戦争で破壊されたワルシャワの旧市街は，第二次世界大戦後に市民によって細部までよみがえった。

ワルシャワの旧市街

カード2

中国の北京郊外に位置する石造りの盧溝橋は，12世紀末に建造された。1937年7月7日，この橋の付近で，北京に駐屯していた日本軍と，この付近を守備していた中国軍との軍事衝突がおこった。この事件をきっかけに，日本は中国への派兵を決定し，日中戦争(f)に発展していった。現在の盧溝橋は，史跡保存のため，交通が制限されている。

盧溝橋

問5　下線部分20世紀前半(d)の世界の出来事について述べた文として適切なものを，次の①～④のうちから一つ選べ。解答番号は［22］。

① イベリア半島で，レコンキスタ(国土回復運動)が完了した。
② フランク王国で，カールの戴冠が行われた。
③ ローマ帝国で，キリスト教が国教化された。
④ アメリカ合衆国で，ニューディールが行われた。

問6　下線部分ドイツのポーランド侵攻(e)について，略地図中のポーランドのおよその位置と，B に当てはまる条約との組合せとして正しいものを，下の①～④のうちから一つ選べ。解答番号は 23 。

	位　置	B
①	あ	独ソ不可侵条約
②	あ	天津条約
③	い	独ソ不可侵条約
④	い	天津条約

問7　下線部分日中戦争(f)に関連して，1930年代におこった出来事について述べた文として適切なものを，次の①～④のうちから一つ選べ。解答番号は 24 。

① ジャンヌ＝ダルクが，軍を率いて戦った。

② 第2次国共合作が成立した。

③ 李成桂が，朝鮮(李氏朝鮮)を建てた。

④ トゥサン＝ルヴェルチュールが蜂起した。

6 1～2の文章と図版に関連して，**問1～問6**に答えよ。

1 「国境をまたぐ20世紀後半の労働者」に関する歴史の授業で，高校生の佐藤さんは**レポート1**をまとめ，先生からアドバイスをもらった。

レポート1

西ドイツ（ドイツ連邦共和国）のトルコ人労働者（20世紀後半）

1950年代後半の西ドイツ(a)では，労働力不足が深刻化していた。そこで，トルコなど複数の国から労働者を呼び込み，数年間働いたら帰国させて新たに募集した労働者と入れ替えるローテーション方式を取った。しかし，以下の資料のように，このルールはなし崩しになった。

●1966年から西ドイツで働いていたトルコ人労働者ジェラールの回想の抜粋

誰一人25年もここで働くことになるとは思っていなかっただろう。…いつの間にか子供たちはドイツ語を覚えたが，トルコ語はできなくなった。

先生からのアドバイス

・1950年代の西ドイツは，冷戦下のアメリカ合衆国(b)とソ連の影響を強く受けています。当時の冷戦の背景も追加してみましょう。

・1950年代に社会主義政策を採用した中華人民共和国(c)の労働事情も調べ，比較してみましょう。

問1 下線部分西ドイツ(a)について述べた文として適切なものを，次の①～④のうちから一つ選べ。解答番号は 25 。

① クロムウェルが，共和政を打ち立てた。

② ザビエルが，キリスト教を布教した。

③ アデナウアーが首相の時期に，高い経済成長を実現した。

④ 溥儀が，辛亥革命で退位した。

問2　下線部分(b)冷戦下のアメリカ合衆国が行った政策について述べた文として適切なものを，次の①～④のうちから一つ選べ。解答番号は 26 。

① 北大西洋条約機構(NATO)を創設した。

② 二十一カ条の要求を出した。

③ 第1次ウィーン包囲を行った。

④ モンロー宣言(モンロー教書)を出した。

問3　下線部分(c)中華人民共和国で，1958年から実施された「大躍進」政策が，四川省の人口に与えた影響をまとめたものが次の**グラフ**である。「大躍進」政策を実施した主席と，**グラフ**から読み取れる内容との組合せとして正しいものを，下の①～④のうちから一つ選べ。解答番号は 27 。

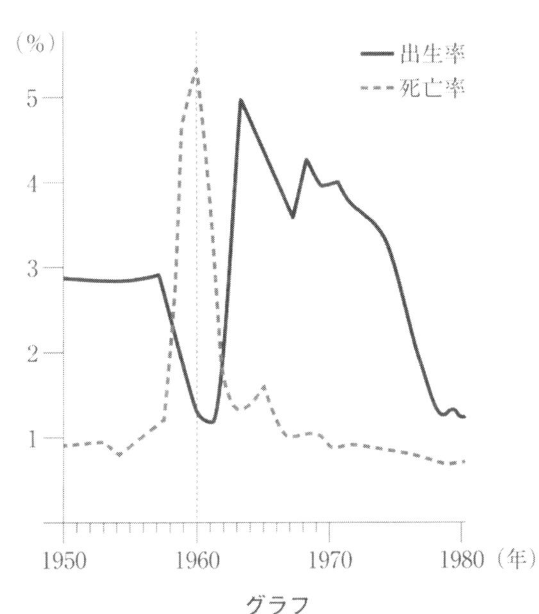

グラフ

	主　席	グラフから読み取れる内容
①	孔　子	1958年から1960年にかけて，出生率が増加した。
②	孔　子	1958年から1960年にかけて，死亡率が増加した。
③	毛沢東	1958年から1960年にかけて，出生率が増加した。
④	毛沢東	1958年から1960年にかけて，死亡率が増加した。

2 「国境をまたぐ20世紀後半の労働者」に関する歴史の授業で，高校生の高橋さんは**レポート2**をまとめ，先生からアドバイスをもらった。

レポート2

フランスのアルジェリア人労働者(1980年代)

1962年以降，フランス(d)ではアルジェリア人の移民と，その子供が増えた。そのため，フランスでは，以下の資料のように，異文化尊重を重視する学校教育を展開した。

●フランスの公立小学校に通うアルジェリア人生徒への言語・文明教育に関する通達(1982年)の抜粋

フランスの小学校におけるアルジェリア人移民労働者の子供の存在は…，フランスとアルジェリアの2国間の実際的な協力の機会および歴史的につながりをもつ2国民間の理解を深める上で，この上ないチャンスを提供する。

先生からのアドバイス

・アルジェリアを含む，アフリカ諸国の独立の歴史(e)を調べてみましょう。
・世界各地の，20世紀後半の労働者の動き(f)も調べてみましょう。

問4 下線部分フランス(d)の第二次世界大戦後のようすについて述べた文として適切なものを，次の①～④のうちから一つ選べ。解答番号は 28 。

① 権利の章典を出した。

② 聖像禁止令を出した。

③ 義和団事件がおこった。

④ ヨーロッパ経済共同体(EEC)に加盟した。

問 5　下線部分(e)アフリカ諸国の独立の歴史に関連して，次の**地図**はアフリカの独立国と独立の年を示したものである。17 の国が独立した 1960 年を指す呼び名と，**地図**から読み取れる内容との組合せとして正しいものを，下の①～④のうちから一つ選べ。解答番号は [29]。

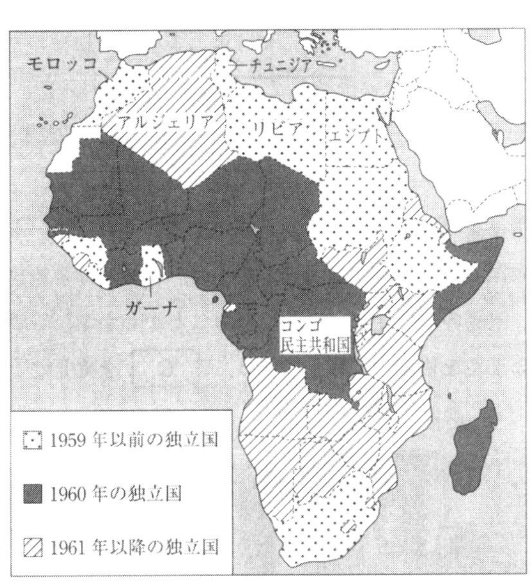

地図

	呼び名	**地図**から読み取れる内容
①	アフリカの年	1960 年に，ガーナが独立した。
②	アフリカの年	アルジェリアは，地中海に面するアフリカの国の中で，最も独立が遅かった。
③	パクス＝ロマーナ（ローマの平和）	1960 年に，ガーナが独立した。
④	パクス＝ロマーナ（ローマの平和）	アルジェリアは，地中海に面するアフリカの国の中で，最も独立が遅かった。

問 6　下線部分(f)20 世紀後半の労働者の動きについて述べた文として適切なものを，次の①～④のうちから一つ選べ。解答番号は [30]。

① ロシアで，デカブリストの乱がおこった。

② アメリカで，ボストン茶会事件がおこった。

③ ポーランドで，自主管理労働組合「連帯」が結成された。

④ インドで，全インド＝ムスリム連盟が結成された。

7 次の文章と図版に関連して，**問1～問2**に答えよ。

作物を効率よく育てていくためには土地を耕す農耕が必要である。そのため，古くから農耕が行われてきた。西アジアでは約2万3000年前に，中国(a)では約1万年前に農耕が行われていたことが確認されている。農耕は長い間，人力や，馬・牛などの動物の力によって行われてきた。これらの状況は，19世紀後半以降の機械化によって大きく変わった。土地を耕すための機械がトラクターであり，20世紀初頭から普及し始めた。ソ連では，1920年代から1930年代の A が行われた時期に，トラクターが大規模に導入された。

トラクターの利用は農業のあり方をも変えていくこととなった。トラクターの使用台数が最大なのはアメリカ合衆国である。下の**グラフ1**からは，アメリカ合衆国では，トラクターの総馬力が上がるとともに，農場の数は B していることがわかる。**グラフ2**を踏まえると，トラクターは，より大きな土地を耕すのに適しており， C を促したと考えられる。

19世紀の蒸気式のトラクター(左)と現代の日本製のトラクター(右)

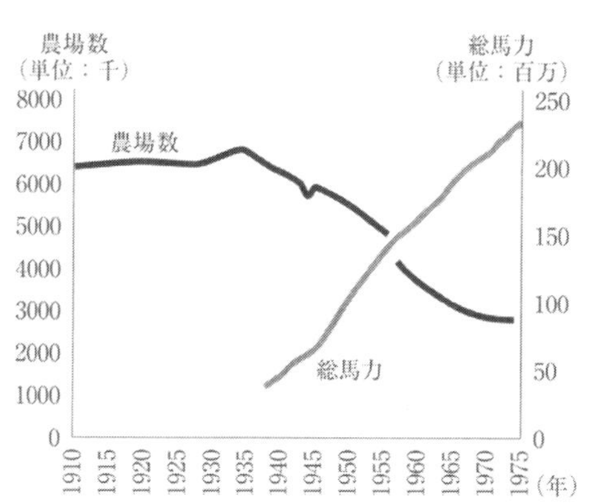

注：1958年の農場数のデータは欠けている。

グラフ1 アメリカ合衆国におけるトラクターの総馬力と農場数の変遷

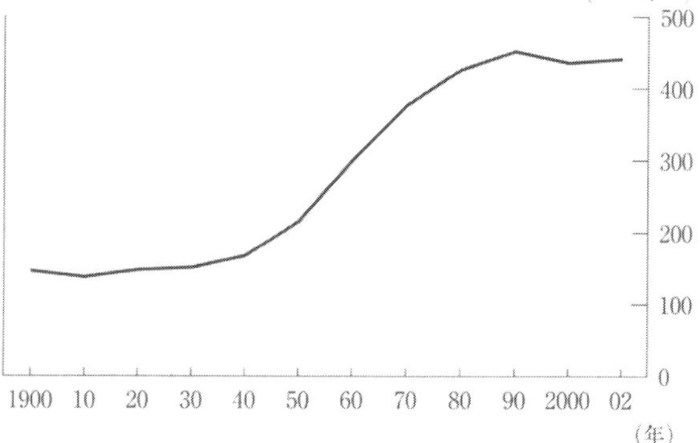

グラフ2 アメリカ合衆国における農場の平均面積の変遷

問1 下線部分中国(a)の農業に関連する事柄について述べた次の(ア)~(ウ)を，古いものから順に正しく並べたものを，下の①~④のうちから一つ選べ。解答番号は 31 。

(ア) 占城稲の導入や新田開発によって江南の開発が進んだ。

(イ) 茶が盛んに栽培され，広州を通じてヨーロッパへ輸出された。

(ウ) 黄河流域において，アワやキビなどの畑作が始まった。

① (ア)→(イ)→(ウ)　② (ア)→(ウ)→(イ)
③ (イ)→(ア)→(ウ)　④ (ウ)→(ア)→(イ)

問2 A ・ B ・ C に当てはまる語句の組合せとして正しいものを，次の①~④のうちから一つ選べ。解答番号は 32 。

	A	B	C
①	農業集団化	増　加	農場の大規模化
②	農業集団化	減　少	農場の大規模化
③	均田制	増　加	農場の分散
④	均田制	減　少	農場の分散

（これで世界史Aの問題は終わりです。）

■II

世　界　史 B

(解答番号 1 ～ 32)

1 次の文章と図版に関連して，問1～問2に答えよ。

高校生の高岩さんは，文明と環境の関係に関心を持ち，ラテンアメリカの文明の成り立ちについて調べて**レポート**にまとめた。

レポート

ラテンアメリカの古代文明はなぜ栄えたか

疑　問

X　インカ文明(a)が，ユーラシア大陸・アフリカ大陸の文明よりも，より赤道に近い地域で成立できたのはなぜだろうか。

Y　アメリカ大陸には，ユーラシア大陸・アフリカ大陸で文明を支えた小麦も稲もなかったのに，文明は何によって支えられていたのだろうか。

考　察

Xの疑問に対する考察：適度な気候の高地だったから。

・気温は，赤道に近い地域ほど高くなるが，高度が高い土地ほど低くなる。アンデス地方は緯度でいえば熱帯に当たるが，標高が高く，中心地域は標高約 3400 m 前後の高原だった。

・熱帯でも高原の気温は低く，疫病の危険も少なかった。そのかわり体の順応が必要で，侵入したスペイン(b)人も高山病に苦しんだ。

Yの疑問に対する考察：小麦や稲に相当する作物が存在したから。

・アンデス地方では，標高 3000 m 以上の高原地帯と，それより低い山地部とで，高度によって作物や家畜が棲(す)み分けられていた。主作物として，低温に強く生産性が高いジャガイモと，暑さに強く保存に向くトウモロコシとが高度によって作り分けられ，文明を支えた。

アンデス地方とインカ文明

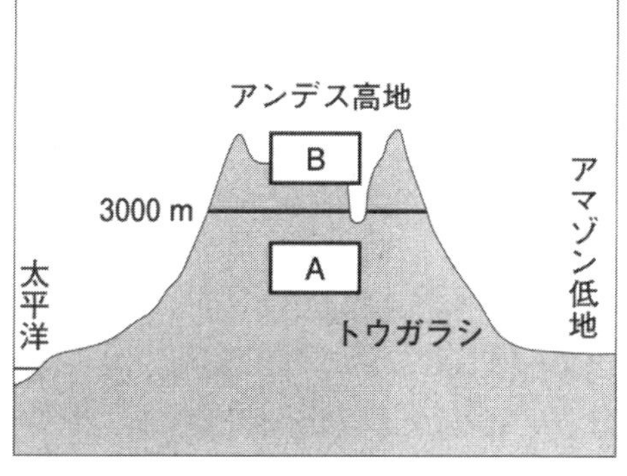

アンデス地方の断面図と主な作物

問 1　下線部分インカ文明(a)の代表的な遺跡と，A・B に当てはまる作物との組合せとして正しいものを，次の①～④のうちから一つ選べ。解答番号は 1 。

	インカ文明の代表的な遺跡	A	B
①	マチュ＝ピチュ	ジャガイモ	トウモロコシ
②	マチュ＝ピチュ	トウモロコシ	ジャガイモ
③	アンコール＝ワット	ジャガイモ	トウモロコシ
④	アンコール＝ワット	トウモロコシ	ジャガイモ

問 2　下線部分スペイン(b)によるラテンアメリカ支配のようすについて述べた文として適切なものを，次の①～④のうちから一つ選べ。解答番号は 2 。

① 訓民正音が制定された。

② 一国二制度による統治が行われた。

③ ギリシア正教の布教が進められた。

④ ポトシ銀山などで，銀の採掘が行われた。

2　1～2の文章と図版に関連して，**問1～問8**に答えよ。

1　2人の生徒が，**資料1・資料2**を見ながら，情報伝達の歴史について会話している。

南さん：　**資料1**は，古代ローマ帝国の情報伝達の仕組みに関する記録です。初代ローマ皇帝である［A］が，(a)アケメネス朝の制度を参考にして始めたとされています。

資料1

> 属州のどこで何が起ころうと，それが直ちに，より早く報告され，知ることができるように，最初軍事道路に沿って，適当な間隔ごとに若者の駅夫を置き，後には駅馬車を配置する。

原さん：　広大な帝国を支配するために，このような制度が必要だったのですね。

南さん：　同じような仕組みは，他の地域にもありました。**資料2**は，(b)中世のヨーロッパ人が書き残した，元がつくった制度についての記録です。

資料2

> さて，どのような道をとろうと，カンバルク(大都)を発って25マイル進むとイヤンと呼ばれる駅に着く。これは「馬の駅」という意味である。この宿駅には大きく美しく豪華な館があり，大ハンの使者はそこに宿泊する。…主要な道の25ないし30マイルごとに，お話ししたような行き届いた駅があるので，…おもだった地方にはどこにでも行くことができる。

原さん：　**資料1**の仕組みと似ていますね。**資料2**はどんな資料から引用されたのでしょうか。

南さん：　ヴェネツィア出身の商人［B］が著した『世界の記述(東方見聞録)』からの引用です。彼は，フビライ＝ハンに仕えた後，13世紀末に(c)イル＝ハン国を経由して，ヴェネツィアに帰国したとされています。

フビライ＝ハンに謁見する  とその一行

問1 [A] に当てはまる人物と，**資料2**で言及されている制度との組合せとして正しいものを，次の①～④のうちから一つ選べ。解答番号は [3] 。

	A	制度
①	キング牧師	駅伝制
②	キング牧師	イクター制
③	オクタウィアヌス(アウグストゥス)	駅伝制
④	オクタウィアヌス(アウグストゥス)	イクター制

問2 下線部分アケメネス朝(a)について述べた文として適切なものを，次の①～④のうちから一つ選べ。解答番号は [4] 。

① 「プラハの春」とよばれる民主化運動がおこった。

② ダレイオス1世の時代に，最盛期を迎えた。

③ エリザベス1世の時代に，無敵艦隊を破った。

④ レオナルド＝ダ＝ヴィンチが，「モナ＝リザ」を描いた。

問 3　下線部分(b)中世のヨーロッパに関連して，次の**グラフ**は，11 世紀～16 世紀のイングランド（イギリス）における人口の変遷を示したものである。**グラフ**のX期に急激な人口減少がみられる。この人口減少の原因や影響について述べた 3 人の生徒の意見を読み，その正誤について述べた文として適切なものを，下の①～④のうちから一つ選べ。解答番号は［5］。

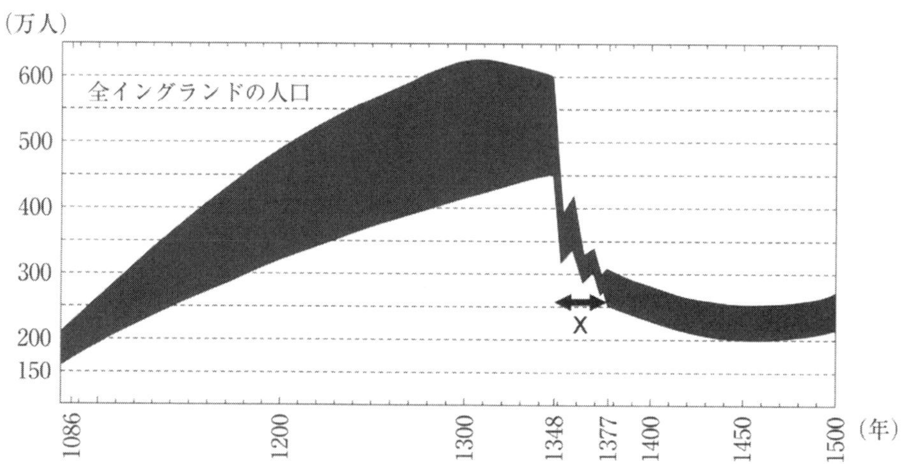

注：グラフは，それぞれの時期における人口の推定値を表している。
推定値にはばらつきがあるため，着色部分の幅が広い所がある。

グラフ

英樹さん　：　X期に氷河期が終わり，人々は農耕・牧畜を始めました。
あかりさん：　X期の不況に対応するため，ブロック経済が導入されました。
マークさん：　X期には，ペスト(黒死病)がヨーロッパで流行しました。

① 英樹さんの意見のみが正しい。
② あかりさんの意見のみが正しい。
③ マークさんの意見のみが正しい。
④ 全員の意見が正しい。

問４　B　に当てはまる人物と，下線部分イル＝ハン国(c)の略地図中のおよその位置との組合せとして正しいものを，下の①～④のうちから一つ選べ。解答番号は　6　。

	B	イル＝ハン国の位置
①	張　騫	あ
②	張　騫	い
③	マルコ＝ポーロ	あ
④	マルコ＝ポーロ	い

2 古代から中世にかけて，君主は，交易や外交を目的に他国の君主と手紙をやり取りすることもあった。伊東さんは二つの事例を調べて，**カード1**・**カード2**にまとめた。

カード1

●7世紀の中国と日本

・607年，隋の皇帝(d)である煬帝の元へ，日本から小野妹子が派遣された。
・『隋書』倭国伝によると，妹子が持参した国書には「日出る処の天子が，書を日没する処の天子に致す，恙(つつが)なきや。云々」と書かれていた。
・煬帝は国書を見て不機嫌となったが，翌年，使者に返書を持たせ，日本に派遣した。

【煬帝が日本との関係を結んだのはなぜか】

この頃，煬帝は［ C ］を行って物資輸送の円滑化を進め，また，朝鮮半島の高句麗への遠征を計画していた。

そのため，近隣の国である日本を無視することができず，翌年に使者を派遣したと考えられている。

煬 帝

カード2

●13世紀のヨーロッパと西アジア

・1228年，神聖ローマ帝国(e)皇帝フリードリヒ2世は第5回十字軍を率いて，聖地イェルサレム回復を目指した。
・フリードリヒ2世はエジプトのスルタンと5か月に及ぶ交渉を行い，戦うことなく，イェルサレムの支配権を手に入れた。
・交渉とは別に，フリードリヒ2世は，哲学や数学の難問に関して，スルタンと手紙のやり取りをしていた。両者の個人的な友好関係は終生続いたとされる。

【フリードリヒ2世はなぜイスラーム世界(f)の君主と交渉できたのか】

フリードリヒ2世はシチリア島で育った。この時代のシチリア島は，キリスト教徒とイスラーム教徒が共存していたことが知られている。フリードリヒ2世自身も，アラビア語を用いることができたとされている。

会談するフリードリヒ2世とエジプトのスルタン

問 5　下線部分皇帝(d)に関連して，始皇帝について述べた文として適切なものを，次の①～④のうちから一つ選べ。解答番号は 7 。

① 法家を尊重し，儒家などを弾圧した。

② ナントの王令(ナントの勅令)を発布した。

③ 官吏任用試験である科挙を始めた。

④ 教皇と，聖職叙任権をめぐり対立した。

問 6　 C に当てはまる語句として適切なものを，次の①～④のうちから一つ選べ。解答番号は 8 。

① アウトバーンの建設

② 海底電信ケーブルの敷設

③ 南満洲鉄道の建設

④ 長江と黄河を結ぶ大運河の建設

問 7　下線部分神聖ローマ帝国(e)に関連して，マジャール人を退け，962年にローマ教皇から皇帝の位を与えられた人物を，次の①～④のうちから一つ選べ。解答番号は 9 。

①

ニクソン

②

オットー1世

③

則天武后(武則天)

④

アクバル

問 8 下線部分イスラーム世界(f)に関連して，次の**資料 3** は，イスラーム教徒の法学者がイスラーム世界の租税について述べたものである。**資料 3** の [D] ・ [E] に当てはまる語句の組合せとして正しいものを，下の①～④のうちから一つ選べ。
解答番号は [10] 。

資料 3

ジズヤとは個々の人間に課されるもので…それは，彼らが [D] として懲罰的に徴収されるか，我々が彼らに与える安全保障の代償として友好的に徴収されるかのどちらかである。…
[E] は，土地そのものに課される賦課である。…課される [E] の額は，その土地が負担できる額によって決まる。

	D	E
①	異教にとどまる代償	租調庸
②	異教にとどまる代償	ハラージュ
③	イスラーム教に改宗した証	租調庸
④	イスラーム教に改宗した証	ハラージュ

3　1～2の文章と図版に関連して，問1～問5に答えよ。

1　15世紀後半，オスマン帝国では火器の導入が進んだ。最新の火器を用いて，スルタンの[A]は，コンスタンティノープル(a)を占領し，ビザンツ帝国を滅ぼした。火器で武装した常備歩兵軍団であるイェニチェリは，16世紀初頭のチャルディランの戦いでも活躍し，サファヴィー朝(b)の騎兵を打ち破った。イェニチェリは常にスルタンの近くにあって，軍事力の中核を占めるようになった。

コンスタンティノープルを攻撃するオスマン軍

問 1 [A] によって，下線部分(a)コンスタンティノープルにあった聖ソフィア聖堂(ハギア＝ソフィア聖堂)は，次の図のようにイスラーム教の礼拝施設へと改築された。[A] に当てはまる人物と，イスラーム教の礼拝施設との組合せとして正しいものを，下の①～④のうちから一つ選べ。解答番号は [11] 。

図

	A	礼拝施設
①	メフメト２世	モスク
②	メフメト２世	カタコンベ
③	ド＝ゴール	モスク
④	ド＝ゴール	カタコンベ

問 2 下線部分(b)サファヴィー朝について述べた文として適切なものを，次の①～④のうちから一つ選べ。解答番号は [12] 。

① 「世界の工場」と称された。

② インドシナ戦争がおこった。

③ シーア派を国教とした。

④ 甲午農民戦争(東学党の乱)がおこった。

2　16世紀になると，ヨーロッパの戦争では，鉄砲や大砲などの火器(c)の使用が主流となった。当初は，火器を積極的に取り入れたドイツ人傭兵の需要が高かった。17世紀(d)後半以降になると，重量のある弾丸を遠距離から発射できるマスケット銃兵が戦いの主力となった。プロイセン(e)やフランスは，マスケット銃を導入し，強大な常備軍を組織するようになった。

17世紀のマスケット銃兵

問 3　下線部分火器(c)に関連して，火器は 18 世紀のヨーロッパ諸国が主導した大西洋三角貿易の主要な商品であった。この大西洋三角貿易について述べた次の(ア)・(イ)の正誤を判断し，その組合せとして正しいものを，下の①～④のうちから一つ選べ。解答番号は 13 。

(ア)　アフリカ大陸の黒人が，アメリカ大陸や西インド諸島に奴隷として送られた。

(イ)　インド産のアヘンが，中国に送られた。

① (ア)―正　(イ)―正
② (ア)―正　(イ)―誤
③ (ア)―誤　(イ)―正
④ (ア)―誤　(イ)―誤

問 4　下線部分 17 世紀(d)の世界の出来事について述べた文として適切なものを，次の①～④のうちから一つ選べ。解答番号は 14 。

① スカルノが，インドネシアを独立に導いた。
② ディオクレティアヌス帝が，専制君主政(ドミナトゥス)を始めた。
③ 第 1 回先進国首脳会議(サミット)が開催された。
④ 康熙帝が，三藩の乱を平定した。

問 5　下線部分プロイセン(e)が 18 世紀に戦った，ある戦争後に結んだ条約が，次の**資料**である。この戦争の名称を，下の①～④のうちから一つ選べ。解答番号は 15 。

資料

第 21 条　…亡き皇帝カール 6 世の全相続権をこの国事詔書で確立された順に従い，その娘にして現ハンガリー，ベーメン女王たる皇后(マリア＝テレジア)とその子孫に永久に認めているが，これを能(あた)う限り最良の方法で更新する。…

第 22 条　プロイセン国王が現在保有しているシュレジエン公領…は，…この国王に保証される。

① ペロポネソス戦争
② 湾岸戦争
③ オーストリア継承戦争
④ 南アフリカ戦争(ボーア戦争)

4　１～２の文章と図版に関連して，**問１～問４**に答えよ。

１　富山さんは綿工業について授業で発表することになり，調べたことを**パネル１**にまとめた。

パネル１

産業革命は，18世紀のイギリスから始まり，綿工業の分野での技術革新が進んだ。イギリスでは原料の綿花の栽培が困難であるため，各地から輸入された。次の**グラフ**は，イギリスの原料綿花の輸入国・地域の内訳と比率を示している。東インド地域とは，インド(a)を中心とした地域であるが，1866～1870年は，この地域からの輸入割合が増加し，［　A　］からの輸入割合が減少している。これは，［　A　］で［　B　］ことによって，この地域からの綿花の輸入が困難になったことが原因と推察することができる。

このようにイギリスは綿花輸入地域の状況変化に対応しながら，綿製品を多く生産し，世界各地へ輸出していった。

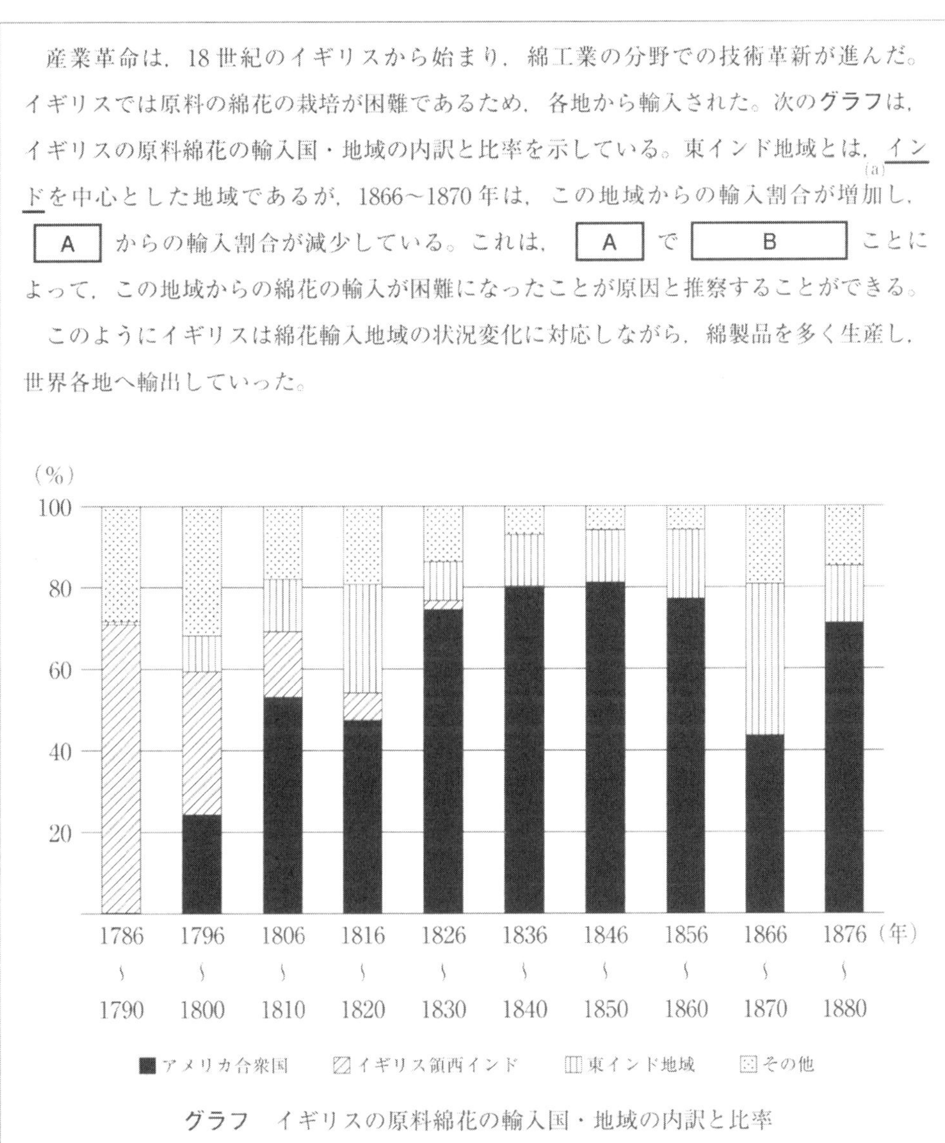

グラフ　イギリスの原料綿花の輸入国・地域の内訳と比率

問 1　下線部分インド[(a)]の19世紀のようすについて述べた文として適切なものを，次の①～④のうちから一つ選べ。解答番号は 16 。

① ムガル帝国が滅んだ。

② 理藩院が藩部を統括した。

③ 両税法が実施された。

④ タンジマート(恩恵改革)が実施された。

問 2　A に当てはまる語句と，B に当てはまる文との組合せとして正しいものを，次の①～④のうちから一つ選べ。解答番号は 17 。

	A	B
①	イギリス領西インド	黄巾の乱がおこった
②	イギリス領西インド	南北戦争がおこった
③	アメリカ合衆国	黄巾の乱がおこった
④	アメリカ合衆国	南北戦争がおこった

2　福井さんは作家とその活動について授業で発表することになり，調べたことをパネル2にまとめた。

パネル2

トルストイは19世紀のロシアを代表する作家であり，思想家である。『戦争と平和』は彼の代表作の一つで，ナポレオン(b)のロシア遠征における民衆の抵抗や貴族社会を描いている。

彼は伯爵家の四男として生まれ，大学中退後，軍務についた。クリミア戦争に従軍し，セヴァストーポリ要塞での包囲戦の体験は，後に無抵抗主義を展開する背景になったといわれる。彼はこの戦争から戻ると，郷里で農民の子供たちの教育に当たるなど，社会事業にも取り組んだ。

晩年，戦争への反対と無抵抗主義を唱え，日露戦争などを批判した。このような彼の考えは多くの人々の共感を得ており，ヨーロッパをはじめ，中国(c)やインドなどの知識人も影響を受けた。

晩年のトルストイ

映画「戦争と平和」のポスター

問 3　下線部分ナポレオン(b)は，支配下においた大陸諸国に対して，次の**資料**にみられる指示を出した。**資料**の名称を，下の①～④のうちから一つ選べ。解答番号は 18 。

資料

第1条　イギリス諸島を閉鎖状態におくことを宣言する。
第2条　イギリス諸島との貿易・通信はいっさい禁止される。…
第5条　イギリス商品の取引は，禁止される。…

① 航海法　　② 八・一宣言
③ 大陸封鎖令　　④ ベンガル分割令

問 4　下線部分中国(c)の 19 世紀の出来事について述べた文として適切なものを，次の①～④のうちから一つ選べ。解答番号は 19 。

① 二月革命で，第二共和政が成立した。

② 洪秀全が，太平天国を建てた。

③ カートライトが，力織機を発明した。

④ アレクサンドロス大王が，東方遠征を行った。

5 1～2の文章と図版に関連して，問1～問6に答えよ。

1 生徒と先生が，第一次世界大戦とアジア・アフリカ各地の関係について会話している。

先　生：ヨーロッパ諸国の間では，第一次世界大戦(a)の前から植民地の獲得競争が激しく行われていました。アフリカでは，縦断政策のイギリスと横断政策のフランスが衝突しかけた **A** がおこりました。

岸さん：私は第一次世界大戦時の，植民地の人々について調べました。イギリスの植民地だったインドからは，多数の兵士がヨーロッパやアジアに送られていました。第一次世界大戦はヨーロッパだけの戦争ではなかったのですね。

東さん：私は，当時ヨーロッパ諸国の植民地だった地域でなく，アラビア半島について調べました。この地域の人々も第一次世界大戦に協力させられたことがわかりました。

岸さん：ヨーロッパ諸国の植民地ではなかったのに，どのように協力させられたのですか。

東さん：イギリスは，当時敵国だったオスマン帝国(b)の動揺を誘うために，オスマン帝国領だったアラビア半島で，アラブ人部隊を組織させて反乱をおこさせました。

先　生：イギリスは第一次世界大戦に協力させた地域の人々に対して，(c)戦後の自治や独立を約束し，戦争に動員していきました。

岸さん：まさに多くの地域を巻き込む世界大戦だったのですね。

第一次世界大戦にインドから動員された兵士

問1 下線部分第一次世界大戦(a)後の世界のようすについて述べた文として適切なものを，次の①～④のうちから一つ選べ。解答番号は **20** 。

① 日本で，明治維新がおこった。

② イギリスで，チャーティスト運動が展開された。

③ インドで，非暴力・不服従の抵抗運動がおこった。

④ イタリアで，青年イタリアが結成された。

問 2 [A] に当てはまる語句を，次の①～④のうちから一つ選べ。解答番号は [21] 。

① 9.11 同時多発テロ事件　　② 柳条湖事件

③ アンボイナ事件　　④ ファショダ事件

問 3 下線部分(b)オスマン帝国を解体して，トルコ共和国の初代大統領となった人物を，次の①～④のうちから一つ選べ。解答番号は [22] 。

①

ムスタファ＝ケマル
(ケマル＝パシャ)

②

サッチャー

③

ティトー

④

フェリペ２世

問 4 下線部分戦後の自治や独立(c)に関連して，次の**資料**は第一次世界大戦後に設立された国際連盟の規約の一部である。**資料**から読み取れることと，国際連盟の設立を提唱したアメリカ合衆国大統領との組合せとして正しいものを，下の①～④のうちから一つ選べ。
解答番号は 23 。

資料

> 第22条　先の戦争の結果これまでの支配国の統治を離れた植民地や領土で，…人々の福祉と発達を図ることが文明の神聖なる使命であり…この原則を実現する最善の方法は，そのような人々に対する貢献の任務を，資源や経験あるいは地理的位置によってその責任を引き受けるのに最も適し，かつそれを進んで受諾する先進国に委任し，連盟に代わる受任国としてその国に貢献の任務を遂行させることである。

	資料から読み取れること	アメリカ合衆国大統領
①	植民地だった地域の統治を，他国に委任する。	マテオ＝リッチ
②	植民地だった地域の統治を，他国に委任する。	ウィルソン
③	植民地だった地域は，国として独立する。	マテオ＝リッチ
④	植民地だった地域は，国として独立する。	ウィルソン

2　井上さんは20世紀の政治と関連した映画について調べ，**カード１・カード２**にまとめた。

カード１

ドイツのレニ＝リーフェンシュタールは，1936年のベルリンオリンピックの記録映画である「オリンピア」を撮影した。高い撮影技法・表現方法が評価され，1938年の<u>イタリア</u>(d)で開催されたヴェネツィア国際映画祭で最高賞を受賞したが，映画はナチ党のプロパガンダとして機能した。戦後はナチ党の協力者として収監された。裁判の結果，無罪とはなったものの，社会的に強い批判を浴び続けた。

「オリンピア」の一場面

カード２

アメリカ合衆国で活動していたチャップリンは，「独裁者」を撮影した。この作品は<u>第二次世界大戦中</u>(e)に製作された。チャップリンは独裁者ヒンケル役とユダヤ人の床屋チャーリーの二役をこなし，ドイツのヒトラー政権に対する痛烈な風刺作品となっている。映画の最後は，自由と民主主義の擁護を世界に訴えるチャップリンの大演説で締めくくられている。

「独裁者」の一場面

問５　下線部分<u>イタリア</u>(d)に関連して，1930年代のイタリアのようすについて述べた文として適切なものを，次の①～④のうちから一つ選べ。解答番号は［24］。

① ムッソリーニが，独裁政治を行った。
② 鄭和が，南海遠征を行った。
③ カール４世が，金印勅書を発布した。
④ アパルトヘイトとよばれる人種隔離政策が行われていた。

問６　下線部分<u>第二次世界大戦中</u>(e)の世界の出来事について述べた文として適切なものを，次の①～④のうちから一つ選べ。解答番号は［25］。

① ジャコバン派(山岳派)が，主導権を握った。
② 印紙法に対する反対運動がおこった。
③ ヤルタ会談が開催された。
④ イヴァン３世が，ツァーリの称号を名乗った。

6 1～2の文章と図版に関連して，問1～問5に答えよ。

1 「国境をまたぐ20世紀後半の労働者」に関する歴史の授業で，高校生の佐藤さんはレポート1をまとめ，先生からアドバイスをもらった。

レポート1

西ドイツ(ドイツ連邦共和国)のトルコ人労働者(20世紀後半)

1950年代後半の西ドイツ(a)では，労働力不足が深刻化していた。そこで，トルコなど複数の国から労働者を呼び込み，数年間働いたら帰国させて新たに募集した労働者と入れ替えるローテーション方式を取った。しかし，以下の資料のように，このルールはなし崩しになった。

●1966年から西ドイツで働いていたトルコ人労働者ジェラールの回想の抜粋

誰一人25年もここで働くことになるとは思っていなかっただろう。…いつの間にか子供たちはドイツ語を覚えたが，トルコ語はできなくなった。

先生からのアドバイス

・1950年代の西ドイツは，冷戦下のアメリカ合衆国(b)とソ連の影響を強く受けています。当時の冷戦の背景も追加してみましょう。

・1950年代に社会主義政策を採用した中華人民共和国(c)の労働事情も調べ，比較してみましょう。

問1 下線部分西ドイツ(a)について述べた文として適切なものを，次の①～④のうちから一つ選べ。解答番号は 26 。

① クロムウェルが，共和政を打ち立てた。

② ザビエルが，キリスト教を布教した。

③ アデナウアーが首相の時期に，高い経済成長を実現した。

④ 溥儀が，辛亥革命で退位した。

問 2　下線部分(b)冷戦下のアメリカ合衆国が行った政策について述べた文として適切なものを，次の①～④のうちから一つ選べ。解答番号は 27 。

① 北大西洋条約機構(NATO)を創設した。

② 二十一カ条の要求を出した。

③ 第1次ウィーン包囲を行った。

④ モンロー宣言(モンロー教書)を出した。

問 3　下線部分(c)中華人民共和国で，1958年から実施された「大躍進」政策が，四川省の人口に与えた影響をまとめたものが次のグラフ1である。「大躍進」政策を実施した主席と，グラフ1から読み取れる内容との組合せとして正しいものを，下の①～④のうちから一つ選べ。解答番号は 28 。

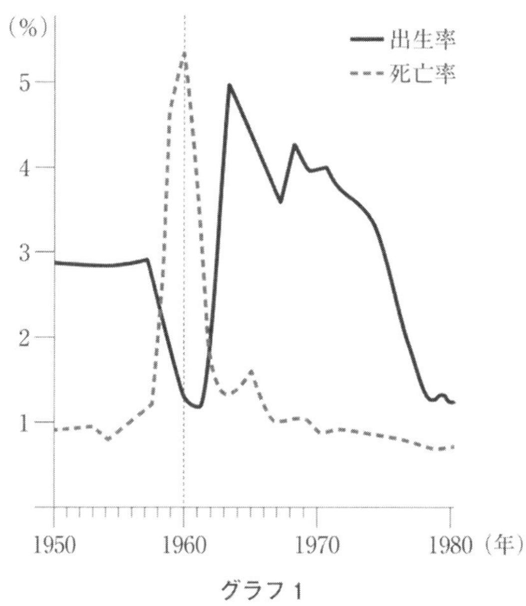

グラフ1

	主　席	グラフ1から読み取れる内容
①	孔　子	1958年から1960年にかけて，出生率が増加した。
②	孔　子	1958年から1960年にかけて，死亡率が増加した。
③	毛沢東	1958年から1960年にかけて，出生率が増加した。
④	毛沢東	1958年から1960年にかけて，死亡率が増加した。

2 「国境をまたぐ20世紀後半の労働者」に関する歴史の授業で，高校生の鈴木さんはレポート2をまとめ，先生からアドバイスをもらった。

レポート2

産油国で働く韓国人労働者(1970-1980年代)

韓国からの海外出稼ぎ労働者は，1974年から1982年にかけて約67万人になった。建設労働者が中心であり，中東の産油国が8割以上を占めていた。当時の背景や出稼ぎ労働の結果は，以下の資料から読み取れる。

●『海外建設民間白書』(1984年)の抜粋

中東地域への建設輸出に伴い，わが国(韓国)の海外出稼ぎ労働者の進出は急激に拡大し，雇用拡大に大いに寄与してきた。…第2次石油危機(d)以降，わが国の経済は様々な要因が重なって不況に陥り，…この時期に海外出稼ぎ建設労働者は一貫して増加し続けた。…

これら海外出稼ぎ建設労働者の進出により獲得した収入は購買力の増大と国内資本形成にも大きく寄与した。

先生からのアドバイス

・当時の韓国の経済(e)の特徴も，レポートに追加するとよいでしょう。
・当時の中東の事情を，石油価格の変動と関連させて調べてみましょう。

問 4　下線部分第２次石油危機(d)に関連して，次のグラフ２は世界の石油価格の変動をまとめたものである。第２次石油危機の原因となった出来事と，第２次石油危機のおよその時期との組合せとして正しいものを，下の①～④のうちから一つ選べ。解答番号は 29 。

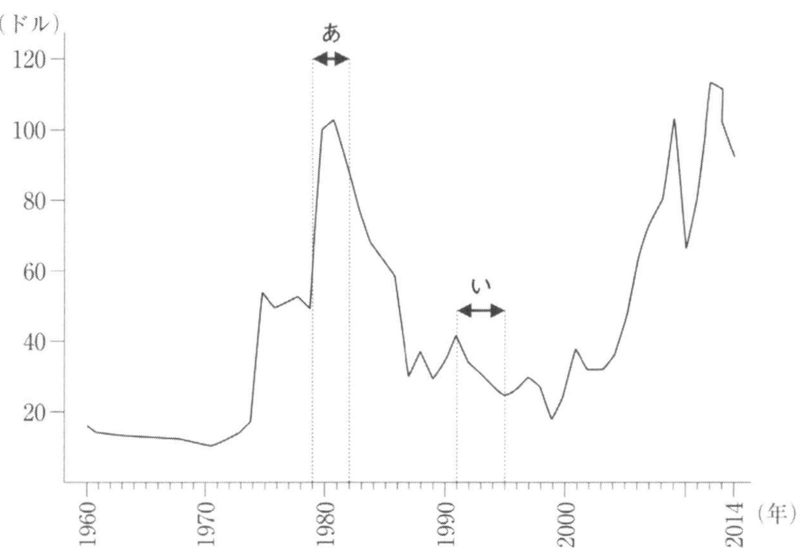

注：グラフは，１バレルあたりの原油価格である。

グラフ２

	第２次石油危機の原因となった出来事	時　期
①	イラン革命(イラン＝イスラーム革命)	あ
②	イラン革命(イラン＝イスラーム革命)	い
③	ワット＝タイラーの乱	あ
④	ワット＝タイラーの乱	い

問 5　下線部分韓国の経済(e)は，香港やシンガポールなどと同じく，1970 年代に急速な成長を遂げた。これらの急速な経済成長を遂げた国や地域を指す名称として適切なものを，次の①～④のうちから一つ選べ。解答番号は 30 。

①　戦国の七雄
②　NIES(新興工業経済地域)
③　ハンザ同盟
④　第２インターナショナル

7 次の文章と図版に関連して，問１～問２に答えよ。

作物を効率よく育てていくためには土地を耕す農耕が必要である。そのため，古くから農耕が行われてきた。西アジアでは約２万3000年前に，中国(a)では約１万年前に農耕が行われていたことが確認されている。農耕は長い間，人力や，馬・牛などの動物の力によって行われてきた。これらの状況は，19世紀後半以降の機械化によって大きく変わった。土地を耕すための機械がトラクターであり，20世紀初頭から普及し始めた。ソ連では，1920年代から1930年代の［Ａ］が行われた時期に，トラクターが大規模に導入された。

トラクターの利用は農業のあり方をも変えていくこととなった。トラクターの使用台数が最大なのはアメリカ合衆国である。下の**グラフ１**からは，アメリカ合衆国では，トラクターの総馬力が上がるとともに，農場の数は［Ｂ］していることがわかる。**グラフ２**を踏まえると，トラクターは，より大きな土地を耕すのに適しており，［Ｃ］を促したと考えられる。

19世紀の蒸気式のトラクター(左)と現代の日本製のトラクター(右)

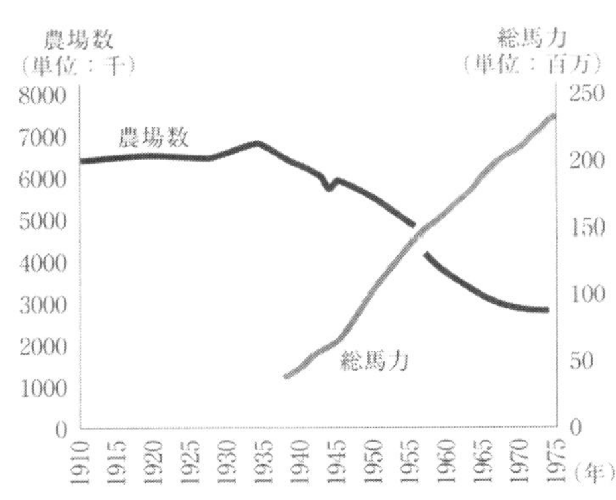

注：1958年の農場数のデータは欠けている。

グラフ１　アメリカ合衆国におけるトラクターの総馬力と農場数の変遷

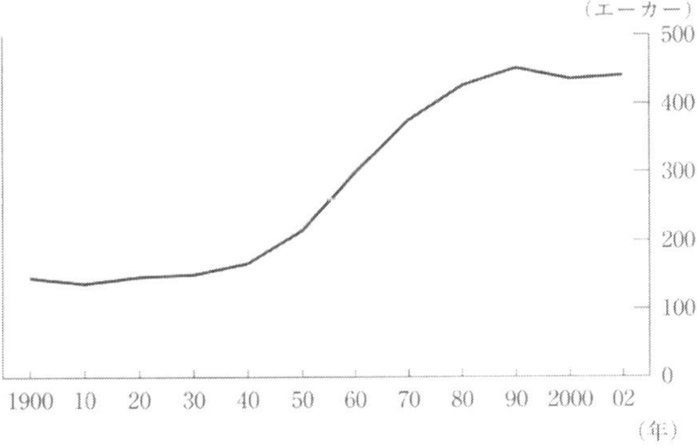

グラフ２　アメリカ合衆国における農場の平均面積の変遷

問 1　下線部分中国[(a)]の農業に関連する事柄について述べた次の(ア)~(ウ)を，古いものから順に正しく並べたものを，下の①~④のうちから一つ選べ。解答番号は 31 。

(ア)　占城稲の導入や新田開発によって江南の開発が進んだ。

(イ)　茶が盛んに栽培され，広州を通じてヨーロッパへ輸出された。

(ウ)　黄河流域において，アワやキビなどの畑作が始まった。

① (ア)→(イ)→(ウ)　　② (ア)→(ウ)→(イ)

③ (イ)→(ア)→(ウ)　　④ (ウ)→(ア)→(イ)

問 2　A ・ B ・ C に当てはまる語句の組合せとして正しいものを，次の①~④のうちから一つ選べ。解答番号は 32 。

	A	B	C
①	農業集団化	増　加	農場の大規模化
②	農業集団化	減　少	農場の大規模化
③	均田制	増　加	農場の分散
④	均田制	減　少	農場の分散

令和４年度　第２回

解答・解説

【重要度の表記】

Ａ：重要度が高く確実に正答したい設問。しっかり復習する必要のある問題です。

Ｂ：重要度はＡレベルよりすこし下で、やや難易度が高い設問または内容を読み取る設問。高得点を狙う人は復習しましょう！

Ｃ：重要度が低い、または難解な設問。軽く復習する程度でよいでしょう！

令和４年度 第２回 高卒認定試験

【 Ａ解答 】

1	解答番号	正答	配点	2	解答番号	正答	配点	3	解答番号	正答	配点	4	解答番号	正答	配点
問１	1	②	3	問１	3	③	4	問１	7	①	3	問１	12	①	4
問２	2	④	3	問２	4	②	3	問２	8	③	3	問２	13	④	3
-	-			問３	5	③	3	問３	9	①	3	問３	14	①	3
-	-			問４	6	④	3	問４	10	②	3	問４	15	③	3
-	-			-	-			問５	11	④	3	問５	16	②	3
-	-			-	-			-	-			問６	17	④	3

5	解答番号	正答	配点	6	解答番号	正答	配点	7	解答番号	正答	配点
問１	18	③	3	問１	25	③	3	問１	31	④	3
問２	19	④	3	問２	26	①	3	問２	32	②	3
問３	20	①	4	問３	27	④	4	-	-		
問４	21	②	3	問４	28	④	3	-	-		
問５	22	④	3	問５	29	②	3	-	-		
問６	23	①	3	問６	30	③	3	-	-		
問７	24	②	3	-	-			-	-		

【 Ａ解説 】

1

問１　インカ文明の代表的な遺跡として選択肢に挙げられている「マチュ＝ピチュ」はペルーにあるインカ帝国の遺跡です。もうひとつの選択肢の「アンコール＝ワット」はカンボジアにあるクメール王朝時代の遺跡です。空欄ＡとＢについて、レポート内の「Ｙの疑問に対する考察」に「低温に強く生産性が高いジャガイモと、暑さに強く保存に向くトウモロコシとが高度によって作り分けられ」とあります。この記述から、高度が低い（＝気温が高い）空欄Ａの地点で「トウモロコシ」が、高度が高い（＝気温が低い）空欄Ｂの地点で「ジャガイモ」が生産されていたと考えることができます。したがって、正解は②となります。

解答番号【１】：②　　⇒ 重要度Ｂ

問２　①訓民正音は 15 世紀の李氏朝鮮でつくられた民族文字で、ハングルとも呼ばれます。②一国二制度による統治は 20 世紀以降の中国で行われています。③ギリシア正教はビザ

ンツ帝国皇帝と結び付き、コンスタンティノープル教会を中心に広まりました。④ポトシ銀山はスペインの植民地であった現在のボリビアにあります。ここで採掘された銀は大航海時代にヨーロッパで貿易に使用され、価格革命を引き起こしました。したがって、正解は④となります。

解答番号【2】:④　⇒重要度A

2

問1　空欄Aには、初代ローマ皇帝である「オクタウィアヌス（アウグストゥス）」が当てはまります。もうひとつの選択肢の「キング牧師」は、20世紀のアメリカで人種差別撤廃を訴え、公民権の実現に尽力した人物です。資料2に、「宿駅には大きく美しく豪華な館があり」、「主要な道の25ないし30マイルごとに、お話ししたような行き届いた駅があるので」とあります。これは、古代中国やモンゴル帝国、オリエントで発達した「駅伝制」についての説明です。もうひとつの選択肢の「イクター制」は、イスラーム王朝で採用された制度で、官僚と軍人が分け与えられた土地から徴税し収益とする方法です。したがって、正解は③となります。

解答番号【3】:③　⇒重要度B

問2　①「プラハの春」は20世紀のチェコスロバキアでおきた民主化運動です。②ダレイオス1世はアケメネス朝全盛期の王で、ペルシア戦争をおこしました。③エリザベス1世は16世紀半ば～17世紀はじめのイギリスの女王で、統一法を制定しました。④レオナルド＝ダ＝ヴィンチはイタリア・ルネサンス期の代表的な画家のひとりです。したがって、正解は②となります。

解答番号【4】:②　⇒重要度B

問3　グラフにあるX期の矢印は1348～1377年の期間を指しています。英樹さんの「氷河期」が終わったという意見について、氷河期は今からおよそ1万年前に終わったとされています。あかりさんの「ブロック経済」が導入されたという意見について、ブロック経済は1930年代の世界恐慌期に導入されたものです。マークさんの「ペスト（黒死病）」がヨーロッパで流行したという意見について、ペストは1347～1353年にヨーロッパにて史上最大規模で流行していました。したがって、正解は③となります。

解答番号【5】:③　⇒重要度C

問4　南さんの発言にある空欄Bの前後を見ると、「ヴェネツィア出身の商人」が「著した『世界の記述（東方見聞録）』」とあります。『世界の記述』の著者は「マルコ＝ポーロ」です。もうひとつの選択肢の「張騫」は、漢の武帝が西方に派遣した人物です。イル＝ハン国は現在のイランを中心とした国ですので、およその位置は「い」になります。したがって、正解は④となります。

解答番号【6】:④　⇒重要度C

3

問1　空欄Aの後を見ると、「コンスタンティノープルを占領し、ビザンツ帝国を滅ぼした」

とあります。これに該当する人物は「メフメト２世」です。もうひとつの選択肢の「ド＝ゴール」は、20 世紀のフランスの政治家です。また、イスラーム教の礼拝施設を「モスク」といいます。もうひとつの選択肢の「カタコンベ」は、古代キリスト教徒の地下にある墓のことです。したがって、正解は①となります。

解答番号【7】：①　　⇒重要度Ａ

問２　①「世界の工場」と称されたのは産業革命期のイギリスです。②インドシナ戦争は 20 世紀のベトナムの独立に関する戦争です。③シーア派はイスラーム教の一派で、サファヴィー朝はこれを国教としていました。④甲午農民戦争（東学党の乱）は 19 世紀の中国でおきた反乱で、日清戦争が勃発するきっかけとなりました。したがって、正解は③となります。

解答番号【8】：③　　⇒重要度Ｂ

問３　①「ヴァスコ＝ダ＝ガマ」はポルトガルの航海者で、インド航路の開拓に成功しました。②「モーツァルト」は 18 世紀の音楽家で、『アイネ・クライネ・ナハトムジーク』などを作曲しました。③「マルクス」は 19 世紀の経済学者で『共産党宣言』などを著しました。④「ウラービー（オラービー）」は 19 世紀にエジプトで革命をおこした人物です。したがって、正解は①となります。

解答番号【9】：①　　⇒重要度Ａ

問４　①第１回万国博覧会は 19 世紀半ばにイギリスで開催されました。②李自成は 17 世紀に反乱をおこし、明を滅ぼしました。③王安石が改革を行ったのは 11 世紀の中国です。④ガンダーラ美術は１世紀に栄えた仏教美術です。したがって、正解は②となります。

解答番号【10】：②　　⇒重要度Ａ

問５　①チュラロンコン王（ラーマ５世）は 19 ～ 20 世紀のタイの国王です。②「九十五カ条の論題」が発表されたのは 16 世紀のドイツです。③ドイモイ（刷新）政策が行われたのは 20 世紀のベトナムです。④ピョートル１世は 17 世紀のロシアの皇帝です。したがって、正解は④となります。

解答番号【11】：④　　⇒重要度Ａ

4

問１　①ムガル帝国が滅んだのは 19 世紀のインドで、これ以降イギリス国王がインド皇帝を兼任するイギリス領インド帝国となりました。②理藩院は清が支配した藩部を統制する行政機関です。③両税法は８世紀の唐の税制で、租調庸制に代わって実施されました。④タンジマート（恩恵改革）は 19 世紀のオスマン帝国の近代化政策です。したがって、正解は①となります。

解答番号【12】：①　　⇒重要度Ａ

問２　空欄ＡとＢの前後を見ると、「1866 ～ 1870 年は」とあり、また「この地域からの綿花の輸入が困難になったことが原因と推察することができる」とあります。空欄Ｂの出来事の影響により、「綿花の輸入が困難となった」状況が生じたと考えているわけですか

ら、空欄Bの出来事は1866～1870年よりもすこし前のことだとわかります。「黄巾の乱」は2世紀に後漢でおき、「南北戦争」は1861～1865年にアメリカ合衆国でおきました。したがって、正解は④となります。

解答番号【13】：④ ⇒**重要度A**

問3 ①ムハンマド＝アリーは19世紀にエジプトで独立を果たした総督です。②サラディン（サラーフ＝アッディーン）がアイユーブ朝を建国したのは、現在のエジプトおよびシリア周辺で12世紀のことです。③マグナ＝カルタ（大憲章）は13世紀にイギリスでつくられ、憲法の土台となりました。④ピカソは19～20世紀の画家です。したがって、正解は①となります。

解答番号【14】：① ⇒**重要度B**

問4 普仏戦争がおきたのは1870～1871年で、ホー＝チ＝ミンがベトナム独立を宣言したのは1945年、ドイツ帝国が成立したのは1871年です。最初の空欄Cの前後を見ると、「フランスでおこったユダヤ人将校」の「スパイ冤罪事件でも知られる」とありますので、空欄Cに当てはまるのは「ドレフュス」です。もうひとつの選択肢の「ジャクソン」は19世紀のアメリカの大統領です。したがって、正解は③となります。

解答番号【15】：③ ⇒**重要度A**

問5 ①府兵制は中国で6世紀半ば頃から8世紀半ば頃まで行われた軍事制度です。②クリオーリョはラテンアメリカ生まれの白人を指し、ラテンアメリカの独立運動の中心になりました。③ヒジュラ（聖遷）は、7世紀にムハンマドが迫害を受けて本拠地をメッカからメディナに移したことを指します。④トルーマン＝ドクトリンは20世紀にアメリカのトルーマンが打ち出した対ソ封じ込め政策です。したがって、正解は②となります。

解答番号【16】：② ⇒**重要度B**

問6 資料内の第3条から下田と箱館以外の港が開港されたこと、第6条から領事裁判権が認められたことを読み取ることができます。よって、この資料は「日米修好通商条約」であることがわかります。したがって、正解は④となります。

解答番号【17】：④ ⇒**重要度A**

5

問1 第一次世界大戦は1914年に勃発し、1918年に終結しました。①明治維新がおこったのは19世紀の江戸時代末期から明治時代です。②チャーティスト運動はイギリスで都市労働者が選挙権を求めた運動で、1838～1848年に展開されました。③第一次世界大戦直後に、インドのガンディーによって非暴力・不服従をスローガンとしたイギリスの植民地支配に抵抗する運動が展開されました。④イタリアで青年イタリアが結成されたのは19世紀で、イタリア統一運動の中心となりました。したがって、正解は③となります。

解答番号【18】：③ ⇒**重要度A**

問2 空欄Aの直前に「縦断政策のイギリスと横断政策のフランスが衝突しかけた」とありま

す。この説明は「ファショダ事件」についてのものです。フランスが譲歩したことによって軍事衝突は回避されました。したがって、正解は④となります。①「9.11 同時多発テロ事件」はイスラーム過激派によって行われたテロ事件で、アメリカ合衆国の貿易センタービルに飛行機が衝突しました。②「柳条湖事件」は在中日本軍が南満州鉄道を爆破した事件で、満州事変のきっかけになりました。③「アンボイナ事件」は 17 世紀にオランダとイギリスが東南アジア貿易を巡って衝突した事件で、これに勝利したオランダが東南アジア貿易を掌握しました。

解答番号【19】：④　⇒ 重要度Ａ

問３　トルコ共和国の初代大統領は「ムスタファ＝ケマル（ケマル＝パシャ）」です。したがって、正解は①となります。②「サッチャー」は 20 世紀のイギリスの政治家です。③「ティトー」は 20 世紀のユーゴスラヴィアの大統領です。④「フェリペ２世」は 16 世紀のスペインの王です。

解答番号【20】：①　⇒ 重要度Ａ

問４　資料の１行目の「これまでの支配国の統治を離れた植民地や領土」という部分と、４行目から５行目にかけての「その責任を引き受けるのに最も適し、かつそれを進んで受諾する先進国に委任し」という部分から、「植民地だった地域の統治を、他国に委任する」ということがわかります。また、国際連盟の設立を提唱したアメリカ合衆国大統領は「ウィルソン」です。もうひとつの選択肢の「マテオ＝リッチ」は、16 ～ 17 世紀のイエズス会の宣教師で『坤輿万国全図』を作成しました。したがって、正解は②となります。

解答番号【21】：②　⇒ 重要度Ｃ

問５　①レコンキスタ（国土回復運動）はイベリア半島（現在のスペイン・ポルトガル）からイスラーム勢力を排除する動きで、15 世紀末まで続きました。②カールの戴冠は 800 年にローマ教皇からフランク王国のカール１世がローマ皇帝の冠を授かったことを指します。③ローマ帝国でキリスト教が国教とされたのは 382 年のテオドシウス帝の時代のことです。④ニューディールは 1930 年代にニューヨークの株価大暴落からはじまる世界恐慌への対応としてアメリカ合衆国で行われた政策です。したがって、正解は④となります。

解答番号【22】：④　⇒ 重要度Ａ

問６　ポーランドのおよその位置は「あ」です。「い」の位置はおよそフランスにあたります。空欄Ｂの直前に「ヒトラーは、東西両面での戦争を避けるため、スターリンと」とあります。よって、空欄Ｂに当てはまるのは「独ソ不可侵条約」です。もうひとつの「天津条約」はアロー戦争の講和条約として 19 世紀に結ばれたものです。したがって、正解は①となります。

解答番号【23】：①　⇒ 重要度Ａ

問７　①ジャンヌ＝ダルクは 15 世紀に百年戦争を戦ったフランスの少女です。②第２次国共合作は日中戦争を受けて 1937 年に成立しました。③李成桂が李氏朝鮮を建国したのは 14 世紀末です。④トゥサン＝ルヴェルチュールは 18 ～ 19 世紀にハイチ独立を指導した人物です。したがって、正解は②となります。

解答番号【24】：②　⇒ 重要度Ａ

6

問１　①クロムウェルは 17 世紀半ばのピューリタン革命の指導者です。②ザビエルはスペイン生まれの宣教師です。16 世紀にイグナティウス＝デ＝ロヨラらとともにイエズス会を設立し、アジアを中心に布教を行いました。③アデナウアーは 20 世紀の西ドイツの首相です。西ドイツはマーシャル＝プランなどの支援を受けながら経済復興を果たしました。④辛亥革命は 20 世紀の中国で発生し、これによって清が事実上崩壊し中華民国が建国されました。したがって、正解は③となります。

解答番号【25】：③　　⇒重要度B

問２　①北大西洋条約機構（NATO）は、冷戦下でアメリカが中心となって創設された西側諸国の軍事同盟機構です。②二十一カ条の要求は第一次世界大戦中に日本から中国に対して出されたものです。③第１次ウィーン包囲は 16 世紀にオスマン帝国のスレイマン１世によって行われた包囲戦です。④モンロー宣言（モンロー教書）は、19 世紀にアメリカの第５代大統領モンローが発表した、ヨーロッパ諸国とアメリカ大陸諸国の相互不干渉を表明および要求したものです。したがって、正解は①となります。

解答番号【26】：①　　⇒重要度A

問３　「大躍進」政策を実施したのは「毛沢東」主席です。もうひとつの選択肢の「孔子」は春秋戦国時代の思想家です。グラフについて、1958 年から 1960 年にかけて増加しているのは点線で表されている死亡率です。「大躍進」政策による経済的混乱から、とくに農村部で死亡率が増加しました。したがって、正解は④となります。

解答番号【27】：④　　⇒重要度C

問４　①権利の章典は 17 世紀にイギリスで名誉革命直後に制定された法で、王権よりも議会が優位であることを表したものです。②聖像禁止令は８世紀にビザンツ帝国皇帝レオン３世が発布したものです。③義和団事件は 19 世紀末に中国で「扶清滅洋」をスローガンにおこったものです。④ヨーロッパ経済共同体（ECC）は 1958 年に発足し、フランスは発足と同時に加盟しています。したがって、正解は④となります。

解答番号【28】：④　　⇒重要度A

問５　アフリカで 17 か国が独立した 1960 年は「アフリカの年」と呼ばれています。もうひとつの選択肢の「パクス＝ロマーナ（ローマの平和）」は紀元前１世紀末から約 200 年間続いた平和な時代を指します。また、地図から、地中海に面するモロッコ、チュニジア、リビア、エジプトは 1959 年以前に独立しているのに対して、アルジェリアは 1961 年以降に独立したことがわかります。したがって、正解は②となります。

解答番号【29】：②　　⇒重要度A

問６　①デカブリストの乱は 19 世紀にニコライ２世の即位に対して一部の軍人が反乱をおこしたものです。②ボストン茶会事件は 18 世紀にアメリカで茶法に反対しておきたものです。③ポーランドで「連帯」が結成されたのは 20 世紀後半です。政権による物価値上げに反対した労働者が結成しました。④全インド＝ムスリム連盟は、イギリス領インド帝国においてインド国民会議と対立し、親英派として設立されました。したがって、正解は③

となります。

解答番号【30】：③　　⇒重要度Ｂ

7

問１　（ア）占城稲はチャンパーを原産とした稲です。10 ～ 11 世紀の宋の時代に導入され、これにより二期作が可能になり生産量が増加しました。（イ）茶がヨーロッパに輸出されたのは 17 世紀のことです。（ウ）黄河流域でアワやキビが栽培されたのは紀元前 6000 年頃のことです。したがって、正解は④となります。

解答番号【31】：④　　⇒重要度Ｃ

問２　空欄Ａについて、1920 年代から 1930 年代のソ連で行われていたのは「農業集団化」です。もうひとつの選択肢の「均田制」は、中国で北魏～唐の時代まで実施されていた土地制度です。空欄Ｂについて、グラフ１を見ると、トラクターの総馬力が上がっている一方で、農場数は減っていることがわかります。空欄Ｃについて、グラフ２を見ると、農場の平均面積が 1940 年以降拡大していることがわかります。したがって、正解は②となります。

解答番号【32】：②　　⇒重要度Ｃ

【　B解答　】

1	解答番号	正答	配点	2	解答番号	正答	配点	3	解答番号	正答	配点	4	解答番号	正答	配点
問1	1	②	3	問1	3	③	4	問1	11	①	3	問1	16	①	4
問2	2	④	3	問2	4	②	3	問2	12	③	3	問2	17	④	3
-	-			問3	5	③	3	問3	13	②	3	問3	18	③	3
-	-			問4	6	④	3	問4	14	④	3	問4	19	②	3
-	-			問5	7	①	3	問5	15	③	3	-	-		
-	-			問6	8	④	3	-	-			-	-		
-	-			問7	9	②	3	-	-			-	-		
-	-			問8	10	②	3	-	-			-	-		

5	解答番号	正答	配点	6	解答番号	正答	配点	7	解答番号	正答	配点
問1	20	③	3	問1	26	③	3	問1	31	④	3
問2	21	④	3	問2	27	①	3	問2	32	②	3
問3	22	①	4	問3	28	④	4	-	-		
問4	23	②	3	問4	29	①	3	-	-		
問5	24	①	3	問5	30	②	3	-	-		
問6	25	③	3	-	-			-	-		

【　B解説　】

1

問１　インカ文明の代表的な遺跡として選択肢に挙げられている「マチュ＝ピチュ」はペルーにあるインカ帝国の遺跡です。もうひとつの選択肢の「アンコール＝ワット」はカンボジアにあるクメール王朝時代の遺跡です。空欄ＡとＢについて、レポート内の「Ｙの疑問に対する考察」に「低温に強く生産性が高いジャガイモと、暑さに強く保存に向くトウモロコシとが高度によって作り分けられ」とあります。この記述から、高度が低い（＝気温が高い）空欄Ａの地点で「トウモロコシ」が、高度が高い（＝気温が低い）空欄Ｂの地点で「ジャガイモ」が生産されていたと考えることができます。したがって、正解は②となります。

解答番号【1】：②　　　⇒重要度B

問２　①訓民正音は 15 世紀の李氏朝鮮でつくられた民族文字で、ハングルとも呼ばれます。②一国二制度による統治は 20 世紀以降の中国で行われています。③ギリシア正教はビザンツ帝国皇帝と結び付き、コンスタンティノープル教会を中心に広まりました。④ポトシ銀山はスペインの植民地であった現在のボリビアにあります。ここで採掘された銀は大航海時代にヨーロッパで貿易に使用され、価格革命を引き起こしました。したがって、正解は④となります。

解答番号【2】：④　　　⇒重要度A

2

問１　空欄Ａには、初代ローマ皇帝である「オクタウィアヌス（アウグストゥス）」が当てはまります。もうひとつの選択肢の「キング牧師」は、20 世紀のアメリカで人種差別撤廃を訴え、公民権の実現に尽力した人物です。資料２に、「宿駅には大きく美しく豪華な館があり」、「主要な道の 25 ないし 30 マイルごとに、お話ししたような行き届いた駅があるので」とあります。これは、古代中国やモンゴル帝国、オリエントで発達した「駅伝制」についての説明です。もうひとつの選択肢の「イクター制」は、イスラーム王朝で採用された制度で、官僚と軍人が分け与えられた土地から徴税し収益とする方法です。したがって、正解は③となります。

解答番号【3】：③　　⇒**重要度Ｂ**

問２　①「プラハの春」は 20 世紀のチェコスロバキアでおきた民主化運動です。②ダレイオス１世はアケメネス朝全盛期の王で、ペルシア戦争をおこしました。③エリザベス１世は 16 世紀半ば～ 17 世紀はじめのイギリスの女王で、統一法を制定しました。④レオナルド＝ダ＝ヴィンチはイタリア・ルネサンス期の代表的な画家のひとりです。したがって、正解は②となります。

解答番号【4】：②　　⇒**重要度Ｂ**

問３　グラフにあるＸ期の矢印は 1348 ～ 1377 年の期間を指しています。英樹さんの「氷河期」が終わったという意見について、氷河期は今からおよそ１万年前に終わったとされています。あかりさんの「ブロック経済」が導入されたという意見について、ブロック経済は 1930 年代の世界恐慌期に導入されたものです。マークさんの「ペスト（黒死病）」がヨーロッパで流行したという意見について、ペストは 1347 ～ 1353 年にヨーロッパにて史上最大規模で流行していました。したがって、正解は③となります。

解答番号【5】：③　　⇒**重要度Ｃ**

問４　南さんの発言にある空欄Ｂの前後を見ると、「ヴェネツィア出身の商人」が「著した『世界の記述（東方見聞録）』」とあります。『世界の記述』の著者は「マルコ＝ポーロ」です。もうひとつの選択肢の「張騫」は、漢の武帝が西方に派遣した人物です。イル＝ハン国は現在のイランを中心とした国ですので、およその位置は「い」になります。したがって、正解は④となります。

解答番号【6】：④　　⇒**重要度Ｃ**

問５　①法家は始皇帝に重用され、法家の李斯の提案で始皇帝に対して批判的な儒家の書物を焼き払う焚書坑儒という思想統制政策を行いました。②ナントの王令（ナントの勅令）は、16 世紀末にフランスのアンリ４世がプロテスタント信仰を認めた法令です。③科挙は中国の官僚を登用するための制度で、隋の時代にはじまり清の時代まで続けられました。④神聖ローマ皇帝とローマ教皇の聖職叙任権をめぐる対立抗争を叙任権闘争といいます。皇帝を含めた俗人による叙任権を否定した教皇グレゴリウス７世と、それに反発した神聖ローマ皇帝ハインリヒ４世との対立から叙任権闘争に発展しました。

解答番号【7】：①　　⇒**重要度Ａ**

問６　空欄Ｃの直前に「煬帝は」とあります。煬帝は７世紀の隋朝第２代皇帝です。①アウトバーンはドイツの高速自動車道です。②海底電信ケーブルが最初に敷設されたのは19世紀半ばです。③南満州鉄道は20世紀に中国につくられたハルビンと大連を結ぶ鉄道です。④長江と黄河を結ぶ大運河建設は隋の文帝と煬帝の頃に行われました。したがって、正解は④となります。

解答番号【８】：④　　⇒**重要度Ｃ**

問７　①「ニクソン」は20世紀のアメリカ大統領で、ウォーターゲート事件で辞任しました。②「オットー１世」は10世紀の東フランク王国の王です。962年にローマ教皇から戴冠を受け、初代神聖ローマ帝国皇帝となります。③則天武后は７世紀の唐の高宗の皇后で、実権を握った後に国名を周と改めました。④アクバルは16世紀のムガル帝国全盛期の王で、ジズヤ（人頭税）廃止などの政策を行いました。したがって、正解は②となります。

解答番号【９】：②　　⇒**重要度Ａ**

問８　空欄Ｄの前に「ジズヤとは個々の人間に課されるもので」とあります。ジズヤは、イスラーム王朝のムガル帝国において非イスラームの人に対して課せられましたので、空欄Ｄには「異教にとどまる代償」が当てはまります。空欄Ｅには、その直後の「土地そのものに課される賦課である」という部分から、「ハラージュ」が当てはまることがわかります。もうひとつの選択肢の「租調庸」は、収穫した米や布、特産物などを税として徴収するものです。したがって、正解は②となります。

解答番号【10】：②　　⇒**重要度Ｂ**

3

問１　空欄Ａの後を見ると、「コンスタンティノープルを占領し、ビザンツ帝国を滅ぼした」とあります。これに該当する人物は「メフメト２世」です。もうひとつの選択肢の「ド＝ゴール」は、20世紀のフランスの政治家です。また、イスラーム教の礼拝施設を「モスク」といいます。もうひとつの選択肢の「カタコンベ」は、古代キリスト教徒の地下にある墓のことです。したがって、正解は①となります。

解答番号【11】：①　　⇒**重要度Ａ**

問２　①「世界の工場」と称されたのは産業革命期のイギリスです。②インドシナ戦争は20世紀のベトナムの独立に関する戦争です。③シーア派はイスラーム教の一派で、サファヴィー朝はこれを国教としていました。④甲午農民戦争（東学党の乱）は19世紀の中国でおきた反乱で、日清戦争が勃発するきっかけとなりました。したがって、正解は③となります。

解答番号【12】：③　　⇒**重要度Ｂ**

問３　大西洋三角貿易は、17～18世紀にイギリス・アフリカ大陸・アメリカ大陸および西インド諸島で行われたものです。アフリカ大陸からアメリカ大陸や西インド諸島に労働力としての黒人奴隷が輸送され、アメリカ大陸や西インド諸島からイギリスには、黒人奴隷によって生産されたタバコ・綿花・砂糖・コーヒーなどが輸出されました。また、イギリスは自国で生産した雑貨や武器をアフリカ大陸に輸出していました。したがって、正解は

②となります。なお、インド産のアヘンが中国に送られたのは 19 世紀のことで、これがアヘン戦争のきっかけになりました。

解答番号【13】：②　　　⇒重要度Ｃ

問４　①スカルノがインドネシアを独立に導いたのは 20 世紀のことです。②ディオクレティアヌス帝は３～４世紀のローマ帝国皇帝で、専制君主制（ドミナトゥス）を開始しました。③第１回先進国首脳会議（サミット）は 1975 年にフランスで行われ、フランス・西ドイツ・イタリア・日本・イギリス・アメリカの首脳が参加しました。④康熙帝が三藩の乱を平定したのは 17 世紀後半のことです。したがって、正解は④となります。

解答番号【14】：④　　　⇒重要度Ａ

問５　①ペロポネソス戦争は紀元前５世紀のアテネとスパルタの戦い、②湾岸戦争は 20 世紀にイラクがクウェートを占領したことをきっかけとした戦い、③オーストラリア継承戦争は 18 世紀のプロイセンとオーストリアの戦い、④南アフリカ戦争（ボーア戦争）は 19 ～ 20 世紀のイギリスとオレンジ自由国・トランスヴァール共和国の戦いです。オーストリア継承戦争に勝利したプロイセンがシュレジエンを領有するようになったことが資料の第 22 条から読み取れます。したがって、正解は③となります。

解答番号【15】：③　　　⇒重要度Ｃ

4

問１　①ムガル帝国が滅んだのは 19 世紀のインドで、これ以降イギリス国王がインド皇帝を兼任するイギリス領インド帝国となりました。②理藩院は清が支配した藩部を統制する行政機関です。③両税法は８世紀の唐の税制で、租調庸制に代わって実施されました。④タンジマート（恩恵改革）は 19 世紀のオスマン帝国の近代化政策です。したがって、正解は①となります。

解答番号【16】：①　　　⇒重要度Ａ

問２　空欄ＡとＢの前後を見ると、「1866 ～ 1870 年は」とあり、また「この地域からの綿花の輸入が困難になったことが原因と推察することができる」とあります。空欄Ｂの出来事の影響により、「綿花の輸入が困難となった」状況が生じたと考えているわけですから、空欄Ｂの出来事は 1866 ～ 1870 年よりもすこし前のことだとわかります。「黄巾の乱」は２世紀に後漢でおき、「南北戦争」は 1861 ～ 1865 年にアメリカ合衆国でおきました。したがって、正解は④となります。

解答番号【17】：④　　　⇒重要度Ａ

問３　①「航海法」は、17 世紀にイギリスでオランダの貿易を妨害する目的で制定され、英蘭戦争のきっかけになりました。②「八・一宣言」は、20 世紀に中国共産党が発表したもので、これによって抗日民族統一戦線の結成が呼びかけられました。③「大陸封鎖令」は、19 世紀にナポレオンがヨーロッパ大陸における征服地に対してイギリスとの貿易を禁止したものです。これに違反したロシアに対してナポレオンは遠征を行いましたが敗北し、ナポレオンの支配は崩れていきました。④「ベンガル分割令」はイギリスがインド国

内の分裂を狙って布告したものです。この後、ベンガル地方はイスラーム教徒の地域とヒンドゥー教徒の地域に分割されて統治されることになりました。したがって、正解は③となります。

解答番号【18】:③　⇒重要度A

問４　①二月革命は、19 世紀にフランスでルイ＝フィリップによる七月王政に対する反発としておきたものです。②太平天国の乱は 19 世紀の中国の農民による反乱です。「滅満興漢」をスローガンに清の支配に反発しましたが、曽国藩や李鴻章の郷勇と外国軍によって鎮圧されました。③カートライトが力織機を発明したのは、産業革命期の 18 世紀後半のことです。④アレクサンドロス大王が東方遠征を行ったのは紀元前４世紀のことです。したがって、正解は②となります。

解答番号【19】:②　⇒重要度A

5

問１　第一次世界大戦は 1914 年に勃発し、1918 年に終結しました。①明治維新がおこったのは 19 世紀の江戸時代末期から明治時代です。②チャーティスト運動はイギリスで都市労働者が選挙権を求めた運動で、1838 ～ 1848 年に展開されました。③第一次世界大戦直後に、インドのガンディーによって非暴力・不服従をスローガンとしたイギリスの植民地支配に抵抗する運動が展開されました。④イタリアで青年イタリアが結成されたのは 19 世紀で、イタリア統一運動の中心となりました。したがって、正解は③となります。

解答番号【20】:③　⇒重要度A

問２　空欄Ａの直前に「縦断政策のイギリスと横断政策のフランスが衝突しかけた」とあります。この説明は「ファショダ事件」についてのものです。フランスが譲歩したことによって軍事衝突は回避されました。したがって、正解は④となります。①「9.11 同時多発テロ事件」はイスラーム過激派によって行われたテロ事件で、アメリカ合衆国の貿易センタービルに飛行機が衝突しました。②「柳条湖事件」は在中日本軍が南満州鉄道を爆破した事件で、満州事変のきっかけになりました。③「アンボイナ事件」は 17 世紀にオランダとイギリスが東南アジア貿易を巡って衝突した事件で、これに勝利したオランダが東南アジア貿易を掌握しました。

解答番号【21】:④　⇒重要度A

問３　トルコ共和国の初代大統領は「ムスタファ＝ケマル（ケマル＝パシャ）」です。したがって、正解は①となります。②「サッチャー」は 20 世紀のイギリスの政治家です。③「ティトー」は 20 世紀のユーゴスラヴィアの大統領です。④「フェリペ２世」は 16 世紀のスペインの王です。

解答番号【22】:①　⇒重要度A

問４　資料の１行目の「これまでの支配国の統治を離れた植民地や領土」という部分と、４行目から５行目にかけての「その責任を引き受けるのに最も適し、かつそれを進んで受諾する先進国に委任し」という部分から、「植民地だった地域の統治を、他国に委任する」ということがわかります。また、国際連盟の設立を提唱したアメリカ合衆国大統領は「ウィルソン」です。もうひとつの選択肢の「マテオ＝リッチ」は、16～17世紀のイエズス会の宣教師で『坤輿万国全図』を作成しました。したがって、正解は②となります。

解答番号【23】：② ⇒**重要度C**

問5 ①ムッソリーニは、20世紀にイタリアでファシスト党を結成し首相となり、ファシズムの思想のもとで独裁を行ました。②鄭和が明の永楽帝の指示によって南海遠征を行ったのは15世紀のことです。③金印勅書は14世紀に出されたもので、神聖ローマ帝国の最高法規です。④アパルトヘイトは南アフリカ共和国で支配者であった白人が黒人を差別・隔離した政策です。したがって、正解は①となります。

解答番号【24】：① ⇒**重要度A**

問6 ①ジャコバン派（山岳派）が主導権を握ったのは18世紀末のフランス革命の時期です。②印紙法に対する反対運動は18世紀のアメリカでおきました。印紙法を出したのはアメリカを植民地支配していたイギリスです。③ヤルタ会談は第二次世界大戦中の1945年に行われ、ソ連の対日参戦が決定されました。④イヴァン3世は15世紀のロシアの皇帝です。したがって、正解は③となります。

解答番号【25】：③ ⇒**重要度A**

6

問1 ①クロムウェルは17世紀半ばのピューリタン革命の指導者です。②ザビエルはスペイン生まれの宣教師です。16世紀にイグナティウス＝デ＝ロヨラらとともにイエズス会を設立し、アジアを中心に布教を行いました。③アデナウアーは20世紀の西ドイツの首相です。西ドイツはマーシャル＝プランなどの支援を受けながら経済復興を果たしました。④辛亥革命は20世紀の中国で発生し、これによって清が事実上崩壊し中華民国が建国されました。したがって、正解は③となります。

解答番号【26】：③ ⇒**重要度B**

問2 ①北大西洋条約機構（NATO）は、冷戦下でアメリカが中心となって創設された西側諸国の軍事同盟機構です。②二十一カ条の要求は第一次世界大戦中に日本から中国に対して出されたものです。③第1次ウィーン包囲は16世紀にオスマン帝国のスレイマン1世によって行われた包囲戦です。④モンロー宣言（モンロー教書）は、19世紀にアメリカの第5代大統領モンローが発表した、ヨーロッパ諸国とアメリカ大陸諸国の相互不干渉を表明および要求したものです。したがって、正解は①となります。

解答番号【27】：① ⇒**重要度C**

問3 「大躍進」政策を実施したのは「毛沢東」主席です。もうひとつの選択肢の「孔子」は春秋戦国時代の思想家です。グラフ1について、1958年から1960年にかけて増加しているのは点線で表されている死亡率です。「大躍進」政策による経済的混乱から、とくに農村部で死亡率が増加しました。したがって、正解は④となります。

解答番号【28】：④ ⇒**重要度A**

問４　第２次石油危機は、1979 年の「イラン革命（イラン＝イスラーム革命）」の混乱によって生じた原油生産量低下・価格上昇による経済危機を指します。したがって、正解は①となります。なお、「ワット＝タイラーの乱」は 14 世紀末のイギリスでおきた農民反乱です。

解答番号【29】：①　　⇒**重要度B**

問５　①「戦国の七雄」は、紀元前８世紀～紀元前３世紀頃の中国の戦国時代に有力であった韓・魏・趙・斉・燕・楚・秦の７か国を指します。②「NISE（新興工業経済地域）」は、1970 年代以降に工業化に成功し急速な経済成長を遂げた国や地域を指します。韓国や香港、シンガポール以外に、台湾、ブラジル、メキシコ、アルゼンチンなども含まれます。③「ハンザ同盟」は北ドイツ諸都市の同盟で、14 世紀に最盛期を迎えました。④「第２インターナショナル」は 19 世紀後半に結成された国際的な社会主義組織です。したがって、正解は②となります。

解答番号【30】：②　　⇒**重要度A**

7

問１　（ア）占城稲はチャンパーを原産とした稲です。10 ～ 11 世紀の宋の時代に導入され、これにより二期作が可能になり生産量が増加しました。（イ）茶がヨーロッパに輸出されたのは 17 世紀のことです。（ウ）黄河流域でアワやキビが栽培されたのは紀元前 6000 年頃のことです。したがって、正解は④となります。

解答番号【31】：④　　⇒**重要度C**

問２　空欄Ａについて、1920 年代から 1930 年代のソ連で行われていたのは「農業集団化」です。もうひとつの選択肢の「均田制」は、中国で北魏～唐の時代まで実施されていた土地制度です。空欄Ｂについて、グラフ１を見ると、トラクターの総馬力が上がっている一方で、農場数は減っていることがわかります。空欄Ｃについて、グラフ２を見ると、農場の平均面積が 1940 年以降拡大していることがわかります。したがって、正解は②となります。

解答番号【32】：②　　⇒**重要度C**

令和４年度 第１回
高卒認定試験

世界史Ａ・Ｂ

解答時間　50分

注　意　事　項（抜粋）

＊　試験開始の合図前に，監督者の指示に従って，解答用紙の該当欄に以下の内容をそれぞれ正しく記入し，マークすること。

①**氏名欄**

氏名を記入すること。

②**受験番号**，③**生年月日**，④**受験地欄**

受験番号，**生年月日を記入**し，さらにマーク欄に**受験番号**（数字），**生年月日**（年号・数字），**受験地をマーク**すること。

＊　**受験番号，生年月日，受験地が正しくマークされていない場合は，採点できないことがある。**

＊　解答は，解答用紙の解答欄にマークすること。例えば，［10］と表示のある解答番号に対して②と解答する場合は，次の（例）のように**解答番号** 10 の**解答欄**の②に**マーク**すること。

（例）

解答番号	解　答　欄
10	① ● ③ ④ ⑤ ⑥ ⑦ ⑧ ⑨ ⓪

世　界　史　A

（解答番号 1 ～ 32 ）

1 次の文章と図版に関連して，**問1～問2**に答えよ。

福井県の高校生が，世界史の授業で地元と世界の関わりについて調べ，**パネル**にまとめて班発表した。

パネル

班発表　福井県人が目撃した世界史――『韃靼（だったん）漂流記』と漂流民たち

江戸時代初めの1644(寛永21)年4月，越前（えちぜん）・三国湊（みくにみなと）から松前に向かった商船3隻が，日本海で遭難した。大陸側に漂着した商人一行は，「韃靼国」の役人に救助され，都に連れて行かれて保護された。ちょうどこの年，「韃靼国」が北京に遷都するところだったので，一行も北京に移された。1年余りの滞在の後，日本へ送還されることになり，1646年に朝鮮経由で2年ぶりに帰国を果たした。その見聞記が『韃靼漂流記』である。

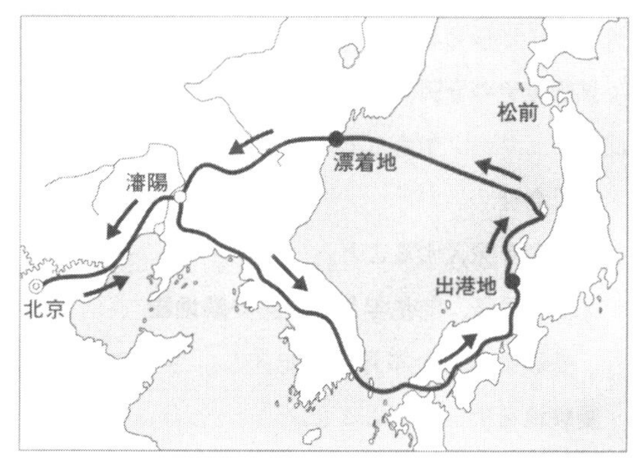

地図　越前商人一行の漂流と帰国の経路

「韃靼国」とは何か？

「韃靼」とは北アジアの遊牧・狩猟民を広く指す言葉である。ここでは，東北アジアで建国し，北京に遷都して中国支配を開始した [A] を指している。

漂流民たちが目撃した王朝交代

漂流民たちは，「韃靼国」が中国征服を進めていくさまを目撃した。象徴的なのは髪型だった。

> 一，（韃靼国では）身分の高い者も低い者も皆頭を剃り，頭頂部に一寸（約3cm）四方ほどの毛を残して伸ばし，三本に組んで垂らしていました。
> 一，…韃靼人が手に入れた地域の人たちは，韃靼人のように頭を剃り，少し毛を残していました。

「韃靼人」たちは独特の髪型をしており，ここで述べられていることは，彼らに征服された地域の人々が，[B] を指している。

問 1 　A　 に当てはまる国と, 　B　 に当てはまる文との組合せとして正しいものを, 次の①～④のうちから一つ選べ。解答番号は 　1　 。

	A	B
①	匈　奴	「韃靼国」に服属した証として, 辮髪にしたこと
②	匈　奴	「韃靼国」への抵抗のしるしとして, 辮髪を切ったこと
③	清	「韃靼国」に服属した証として, 辮髪にしたこと
④	清	「韃靼国」への抵抗のしるしとして, 辮髪を切ったこと

問 2 一行が漂着した日本海の対岸地域の出来事について述べた次の(ア)～(ウ)を, 古いものから順に正しく並べたものを, 下の①～④のうちから一つ選べ。解答番号は 　2　 。

(ア) ロシアが, ウラジヴォストークを建設した。

(イ) 日本が, シベリア出兵を行った。

(ウ) 渤海が建てられた。

① (ア)→(イ)→(ウ)　　② (ア)→(ウ)→(イ)

③ (イ)→(ア)→(ウ)　　④ (ウ)→(ア)→(イ)

2 次の文章と図版に関連して，問1～問4に答えよ。

私たちがふだん使っているアラビア数字の起源は，インダス文明にある。古代インド数字(ブラーフミー数字)が最初に文献として登場するのは，紀元前3世紀の(a)アショーカ王碑文であった。

インド数字は，その形を変化させながら他の地域へと広がっていった。7世紀半ば，メソポタミアの(b)キリスト教の司教が，その著書の中で9つの古代インド数字を示している。さらにその後には，［ A ］の都バグダードでも用いられていた。

このインド＝アラビア数字がヨーロッパに伝わったのは，(c)イスラーム勢力に支配されていたイベリア半島経由であるとされ，10世紀後半のイベリア半島でインド＝アラビア数字の使用がみられる。表記や計算が容易なインド＝アラビア数字は徐々に浸透し，16世紀頃にはかなり定着が進んだ。

ヨーロッパの数学者らは，(d)インドからヨーロッパへの数字の普及過程を知らなかったため，この数字をアラビア数字と命名し，以降この名称が定着した。

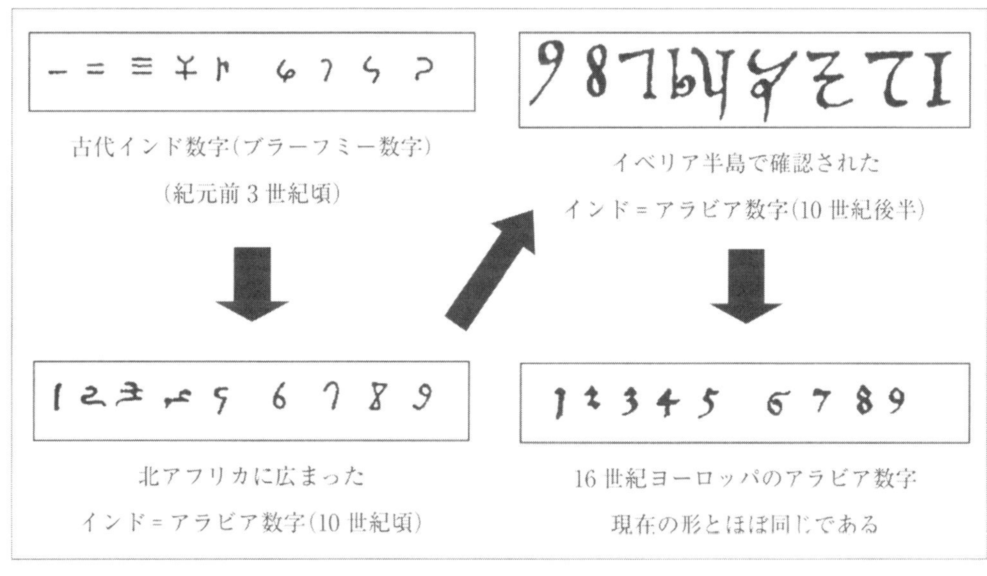

資料 アラビア数字の変遷

問 1　下線部分アショーカ王(a)が行ったことについて述べた文として適切なものを，次の①～④のうちから一つ選べ。解答番号は [3] 。

① 塩の行進を行った。

② ミドハト憲法を発布した。

③ ムガル帝国を建てた。

④ 仏教を保護し，仏典の結集を行った。

問 2　下線部分キリスト教(b)を創始した人物として適切なものを，次の①～④のうちから一つ選べ。解答番号は [4] 。

①

ジャンヌ＝ダルク

②

イエス

③

サラディン(サラーフ＝アッディーン)

④

始皇帝

問 3　[A] に当てはまる語句として適切なものを，次の①～④のうちから一つ選べ。解答番号は [5] 。

① 北　宋　　② ブルボン朝

③ アッバース朝　　④ アステカ王国

問 4　下線部分(c)イスラーム勢力に支配されていたイベリア半島において，15 世紀にかけて行われた運動の名称を何というか。また，下線部分(d)インドからヨーロッパへの数字の普及過程について，文章や**資料**から判断できる，略地図中のおよそのルートとして適切なものはどれか。それらの組合せとして正しいものを，下の①～④のうちから一つ選べ。
解答番号は 6 。

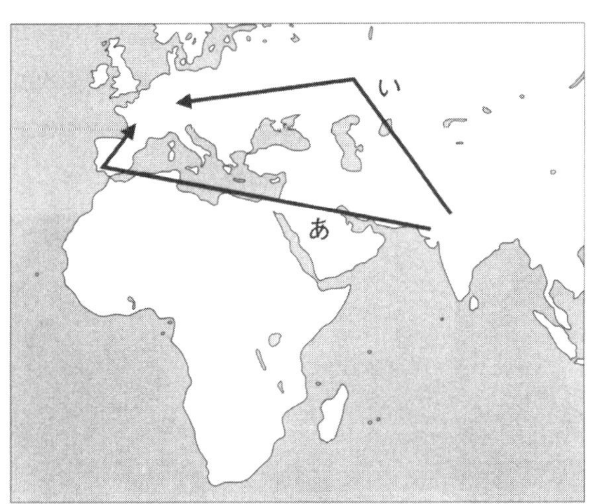

	運動の名称	地図中のルート
①	国土回復運動(レコンキスタ)	あ
②	国土回復運動(レコンキスタ)	い
③	囲い込み	あ
④	囲い込み	い

3 1～2の文章と図版に関連して，問1～問5に答えよ。

1 生徒と先生が，**資料**について会話している。

先生： **資料**は，フランスの宝石商人シャルダンが，17世紀後半に訪れたサファヴィー朝について，帰還後に書いた旅行記です。**資料**の「大都会」とは，アッバース1世が築いたサファヴィー朝の首都のことです。

生徒： [A] ですね。

先生： その通り。当時の [A] のようすについて，**資料**からはどんなことがわかりますか。

生徒： 様々な宗教を信仰する人々の集まる都市だったことがわかります。

先生： そうですね。では，なぜシャルダンはこのことを書き残したか，推測してみましょう。

生徒： 当時フランスを治めていたルイ14世は， [B] しました。そのため，多様な宗教が共存する [A] のようすが，特にシャルダンの印象に残ったのではないでしょうか。

先生： 自文化と異文化を比較して，自文化にはない異文化の特徴を書き留めた，という推論ですね。説得力があります。また，シャルダンは，そのようすをフランスやヨーロッパの人々に知ってもらいたかったから書いた，とも考えられますね。

資料

> この大都会には，キリスト教徒，ユダヤ教徒，イスラーム教徒，異教徒，拝火教徒といったあらゆる宗教を信仰する住民がいる。またここには，世界中から来た貿易商が集まっている。ここはまた，全東方世界で最も学問の栄えている町であり，ここから東方世界全体に，とりわけインドに学問が広がっていく。

旅行記の口絵のシャルダン像(中央)

問１ A に当てはまる都市と，略地図中のおよその位置との組合せとして正しいものを，下の①～④のうちから一つ選べ。解答番号は 7 。

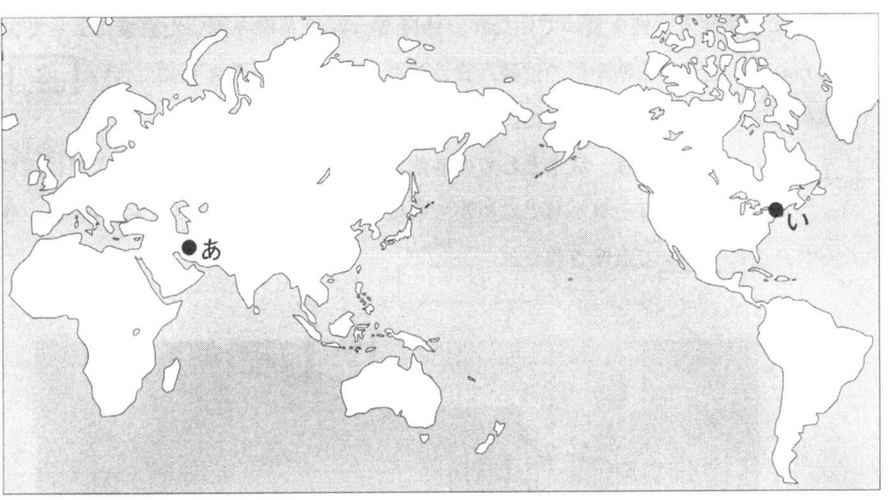

	A	位　置
①	イスファハーン	あ
②	イスファハーン	い
③	ボストン	あ
④	ボストン	い

問２ B に当てはまるルイ14世の政策として最も適切なものを，次の①～④のうちから一つ選べ。解答番号は 8 。

① 非ムスリムへのジズヤを廃止
② 信仰の寛容策であったナントの王令(ナントの勅令)を廃止
③ スターリンの個人崇拝を否定
④ 議会の優位を認めた権利の章典を制定

2　現在のフィリピンの首都 C に，高山右近という日本人の像が立っている。右近は，1552年，現在の大阪府の武士の家に生まれ，12歳でキリスト教の洗礼を受けた。後に織田信長，豊臣秀吉，徳川家康といった戦国大名に仕えた。その間，秀吉が始めたキリスト教徒取り締まりにも屈せず信仰を貫いていたが，1614年，江戸幕府を開いた家康によって国外追放を命じられた。右近は家族や他の信徒，宣教師など100人余りとともに，当時 C にあった日本町に送られ，翌年，病死した。

(a)イエズス会の宣教師は，武士としての地位よりも信仰を貫いた右近の生き様に注目し，ヨーロッパに紹介した。ヨーロッパではやがて尊敬の対象となり，「ユスト右近殿」という演劇もつくられ，主に(b)ドイツで上演された。

C にある高山右近の像と石碑

問 3 [C] に当てはまる都市と，16 世紀にこの都市で中国産生糸と取引されていたものとの組合せとして正しいものを，次の①～④のうちから一つ選べ。解答番号は [9] 。

	C	取引されていたもの
①	ロンドン	東南アジア産のゴム
②	ロンドン	メキシコ銀
③	マニラ	東南アジア産のゴム
④	マニラ	メキシコ銀

問 4 下線部分イエズス会の宣教師(a)で，中国初の世界地図を作製した人物を，次の①～④のうちから一つ選べ。解答番号は [10] 。

①

ヘロドトス

②

マテオ＝リッチ

③

クック

④

ナポレオン3世

問 5 下線部分ドイツ(b)の17 世紀のようすについて述べた文として適切なものを，次の①～④のうちから一つ選べ。解答番号は [11] 。

① ペロポネソス戦争がおこった。
② ジャムチとよばれる駅伝制度が整備された。
③ 三十年戦争の主戦場となって荒廃した。
④ ファショダ事件がおこった。

4　1～2の文章と図版に関連して，問1～問6に答えよ。

1　19世紀前半に活躍したリストは，ドイツのナショナリズムと統一運動(a)に貢献した経済学者として知られている。当時，ドイツにおいては，政治的な統一の機運が高まっていたが，リストはまず経済的な統一を重視した。その運動の最中，政敵に追われたリストはアメリカ合衆国に逃れ，そこで鉄道(b)の重要性を認識した。炭鉱や鉄道事業で成功した後，ドイツに帰国すると，長距離鉄道の敷設計画を立てたが，反対に遭い計画は挫折した。リストはパリに活動の場を移し，その後もドイツの経済的統一を訴え続けた。

リストが描かれたドイツの切手

問1　下線部分ドイツのナショナリズムと統一運動(a)の19世紀のようすについて述べた文として適切なものを，次の①～④のうちから一つ選べ。解答番号は 12 。

① 王権神授説が唱えられた。

② ヴィクトリア女王が，皇帝に即位した。

③ パリ＝コミューンが成立した。

④ フランクフルト国民議会が開催された。

問2　下線部分鉄道(b)に関して，世界で初めて鉄道の営業運転が行われた国を，次の①～④のうちから一つ選べ。解答番号は 13 。

① ブラジル　　② エチオピア

③ イギリス　　④ ロシア

2　スイスの実業家であったアンリ＝デュナンは，銀行員時代に派遣された$\underset{(c)}{\underline{\text{アルジェリア}}}$で，ヨーロッパとは異なる文化に魅了される一方，現地の人々がヨーロッパ人から不当な扱いを受けていることに憤りを覚えた。彼はまた，$\underset{(d)}{\underline{\text{アメリカ合衆国}}}$の奴隷制度を批判的に描いた小説『アンクル＝トムの小屋』の作者のストウと，ジュネーヴで面会した。これらの経験は，デュナンの「すべての人間は人間らしく扱われるべきである」という信念を確固たるものにした。

後にデュナンは，商談のための旅行中に$\underset{(e)}{\underline{\text{イタリア統一戦争}}}$の悲惨な戦場を目撃し，衝撃を受けた。そして同時に，敵味方の区別なく負傷兵を看護する近隣の村人の姿に感銘を受け，その後 A を創設した。**資料**は， A の基本方針を国際条約の形にまとめたものであり， A のシンボルは，デュナンの祖国スイスの国旗にちなんでいる。デュナンはこの功績から，第1回ノーベル賞を受賞し，1910年にその生涯を終えた。

資料

第1条　野戦病院と陸軍病院は局外中立とみなされ，負傷者や病気患者が在院している間，交戦者はそれを保護するべきであり，侵してはならない。

第7条　…局外中立の人員は，腕章を着用することができる。…その旗と腕章は白地に赤い十字のものとする。

アンリ＝デュナン

令和4年度第1回試験

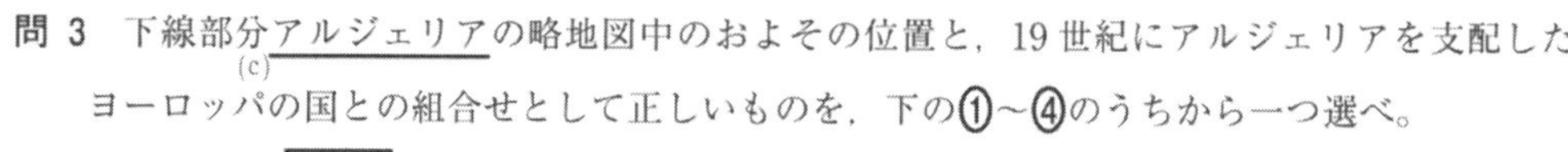

問 3　下線部分アルジェリア(c)の略地図中のおよその位置と，19 世紀にアルジェリアを支配したヨーロッパの国との組合せとして正しいものを，下の①～④のうちから一つ選べ。
解答番号は 14 。

	位　置	ヨーロッパの国
①	あ	ハンガリー
②	あ	フランス
③	い	ハンガリー
④	い	フランス

問 4　下線部分アメリカ合衆国(d)の 19 世紀のようすについて述べた文として適切なものを，次の①～④のうちから一つ選べ。解答番号は 15 。

① モンロー教書(モンロー宣言)が出された。

② 三部会が招集された。

③ チャールズ 1 世が処刑された。

④ 諸子百家が活躍した。

問 5　下線部分イタリア統一戦争(e)について述べた文として適切なものを，次の①～④のうちから一つ選べ。解答番号は 16 。

① 紅巾の乱がきっかけとなった。

② 下関条約により終結した。

③ サルデーニャ王国が中心となった。

④ レパントの海戦がおこった。

問 6　A に当てはまる語句と，**資料**から読み取れることとの組合せとして正しいものを，次の①～④のうちから一つ選べ。解答番号は 17 。

	A	**資料**から読み取れること
①	国際赤十字	この組織は，戦時中も中立が保障されており，戦時中の傷病兵の看護を行う。
②	国際赤十字	この組織は，加盟国の全会一致を原則としており，経済制裁を行うことができる。
③	ハンザ同盟	この組織は，戦時中も中立が保障されており，戦時中の傷病兵の看護を行う。
④	ハンザ同盟	この組織は，加盟国の全会一致を原則としており，経済制裁を行うことができる。

5 1～2の文章と図版に関連して，問1～問7に答えよ。

1 生徒と先生が，**資料1**を見ながら会話している。

先生：浅羽佐喜太郎は，ベトナム独立運動の指導者ファン＝ボイ＝チャウらを支援した医師です。

生徒：ファン＝ボイ＝チャウは，ベトナムの青年を日本へ留学させる［A］を行った人ですね。

先生：そうです。彼は，日露戦争に勝利した日本から武力援助を得ようと来日しました。日本に亡命中の梁啓超(a)を訪ね，政治家の犬養毅と大隈重信を紹介されます。そこで，「武力による革命(b)の前に人材の育成が重要である。」と諭され，［A］を始めました。

生徒：浅羽医師は，どんな支援を行ったのですか。

先生：1907年に日本がフランス(c)と協約を結ぶと，留学生への監視が強化され，ベトナムからの送金も途絶えました。このとき，浅羽が行った多額の資金援助が窮状を救ったのです。しかし，ファン＝ボイ＝チャウが日本を離れると，間もなく浅羽は亡くなりました。

生徒：**資料1**の石碑は，ファン＝ボイ＝チャウが感謝の気持ちから建てたのですね。

資料1 「浅羽佐喜太郎公紀念碑」落成写真と碑文訳

前列右から2人目がファン＝ボイ＝チャウ

碑文訳

われらは国難（ベトナム独立運動）のため扶桑（ふそう）（日本）に亡命した。（浅羽佐喜太郎）公は我らの志を憐れんで無償で援助して下さった。思うに古今にたぐいなき義侠（ぎきょう）のお方である。…

大正七年（1918）三月

越南（ベトナム）光復会同人

問1 ［A］に当てはまる語句を，次の①～④のうちから一つ選べ。解答番号は［18］。

① チャーティスト運動　② ラダイト運動

③ 東遊（ドンズー）運動　④ 洋務運動

問2　下線部分梁啓超(a)が行った変法運動について述べた文として適切なものを，次の①～④のうちから一つ選べ。解答番号は［19］。

① ムスリムの連帯を訴えるパン＝イスラーム主義を唱えた。

② 革命以前の王朝の支配に戻す正統主義を唱えた。

③ 人民戦線の形成を目指した。

④ 立憲君主制の樹立を目指した。

問3　下線部分武力による革命(b)に関連して，20世紀前半におこった革命と，その革命について述べた文との組合せとして正しいものを，次の①～④のうちから一つ選べ。解答番号は［20］。

	革　命	革命について述べた文
①	ロシア革命	ジェファソンが，独立宣言を起草した。
②	ロシア革命	「平和に関する布告」が発表された。
③	名誉革命	ジェファソンが，独立宣言を起草した。
④	名誉革命	「平和に関する布告」が発表された。

問4　下線部分フランス(c)の20世紀前半のようすについて述べた文として適切なものを，次の①～④のうちから一つ選べ。解答番号は［21］。

① ヴィシー政府が樹立された。

② ローマ進軍が行われた。

③ 天安門事件がおこった。

④ マグナ＝カルタ(大憲章)が制定された。

2　生徒と先生が，**資料2**を見ながら会話している。

資料2　女子英学塾開校式での津田梅子の式辞　1900年

不思議な運命で<u>私は幼い頃米国に参りまして</u>(d)，米国の教育を受けました。…私が帰りましたその頃の日本は，今日とは大分様子も違っていて，第一働く学校もなく，今まで学んだ知識を実際に応用する機会もありませんでした。ところが，今日では女子教育も非常に進み，御承知の通り高等女学校は年々増えて参ります。…婦人に高尚な働きを与える，こういう学校(女子英学塾)は，これからの婦人に無くてはならぬものと考えまして，この塾を創立することにいたしました。

(注)　女子英学塾は，現在の津田塾大学の前身の学校。

津田梅子

先生：　津田梅子は，1871年，日本初の女子留学生の一人として，わずか6歳でアメリカ合衆国へ渡った人物です。<u>ワシントン</u>(e)で初等・中等教育を受け，11年後に帰国しました。

生徒：　梅子が帰国した当時，女性が知識を生かして働くことは難しかったようですね。

先生：　その後，梅子は，華族女学校で英語を教えるかたわら，自ら女性のための学校をつくる夢を持ち続け，1889年に，再度アメリカ合衆国の大学へ留学します。

生徒：　梅子がつくろうとした学校は，どのような学校ですか。

先生：　**資料2**にあるように，現在の中学校・高校に当たる高等女学校は増えていきました。しかし，女子がさらに進学できる上級学校は極端に少なく，特に英語を専門に学ぶ高等教育機関はありませんでした。

生徒：　梅子は，［ B ］自立できるように，英語の教師を養成する学校をつくったのですね。

先生：　そうです。女子英学塾の卒業生の多くが，全国の高等女学校に赴任していきました。

問5　下線部分<u>私は幼い頃米国に参りまして</u>(d)とあるが，津田梅子が，この滞在期間(1872年〜1882年)に体験できたと考えられる事柄を，次の①〜④のうちから一つ選べ。

解答番号は［ 22 ］。

① 大陸横断鉄道に乗車した。

② ラジオ放送を聴いた。

③ ディズニー映画を見た。

④ 携帯電話を使用した。

問 6　下線部分ワシントン(e)に関連して，1921 年に開催されたワシントン会議について述べた文として適切なものを，次の①～④のうちから一つ選べ。解答番号は 23 。

① イギリスが，香港島を獲得した。

② 九カ国条約が結ばれた。

③ 十字軍の遠征が提唱された。

④ 北大西洋条約機構(NATO)が成立した。

問 7　**資料 2** 及び会話文から B に当てはまると考えられる適切な語句と，女性の社会進出にともない 1920 年代に世界に広まった，シンプルで機能的な女性服を考案したフランスのファッションデザイナーとの組合せとして正しいものを，次の①～④のうちから一つ選べ。解答番号は 24 。

	B	ファッションデザイナー
①	女性が選挙権を獲得し	ココ＝シャネル
②	女性が選挙権を獲得し	サッチャー
③	女性が職業を持ち	ココ＝シャネル
④	女性が職業を持ち	サッチャー

6 1～2の文章と図版に関連して，**問1**～**問6**に答えよ。

1 生徒と先生が，SDGs(エスディージーズ)について会話している。

先生： SDGsは日本語では「持続可能な開発目標」といいます。これは，<u>国際連合</u>(a)が提唱した，2030年までに世界全体で達成を目指す17の目標(ゴール)です。

生徒： なぜSDGsが提唱されたのですか。

先生： 現代の世界には多くの課題があるからです。例えば，目標7は「エネルギーをみんなにそしてクリーンに」です。これまでにエネルギーについて学んだことはありますか。

生徒： 19世紀以降に使用が増大した化石燃料は，二酸化炭素を排出するため，産業革命以降の地球温暖化の一因となったことを学びました。

先生： では，二酸化炭素を排出しないクリーンなエネルギーには，どんなものがありますか。

生徒： 古くから利用されている水力や，20世紀後半以降に発展した原子力，さらには太陽光をはじめとする再生可能エネルギーなどが挙げられます。

先生： その通りです。しかし，これらのエネルギーにも<u>安全性やコスト面などの問題</u>(b)が残されています。

生徒： 課題は多いのですね。SDGsを達成するために，大切なことは何でしょうか。

先生： SDGsのキーワードは「誰一人取り残さない」です。国際社会全体で<u>目標達成に向けた協力体制</u>(c)をつくることができるかどうかが鍵ですね。

SUSTAINABLE DEVELOPMENT GOALS

SDGsのロゴデザイン

問 1　下線部分国際連合(a)について述べた文として適切なものを，次の①～④のうちから一つ選べ。解答番号は 25 。

① 九十五カ条の論題を発表した。

② 安全保障理事会が設置された。

③ アメリカ合衆国は参加しなかった。

④ ヒジュラ(聖遷)を行った。

問 2　下線部分安全性やコスト面などの問題(b)に関連して，次の**資料**に書かれている出来事として適切なものを，下の①～④のうちから一つ選べ。解答番号は 26 。

資料

観測データによると，大気中の高い放射線量が記録されたのは，1986年4月29日にポーランド，ドイツ，オーストリア，ルーマニア，4月30日にスイス，イタリア北部，5月1日から2日にかけてフランス，ベルギー，オランダ，イギリス，ギリシア北部，…。

わたしたちは，くる日もくる日もテレビにかじりついて，ゴルバチョフが演説するのを待っていた。政府は沈黙していた…。5月の祝日騒ぎが一段落したあと，ゴルバチョフがやっと口を開いた。みなさん，心配しないでください。状況は管理下にあります…。

① レントゲンが，X線を発見した。

② 石油や電力を新しい動力源とする，第2次産業革命がおこった。

③ ヨーロッパで，ペスト(黒死病)が流行した。

④ チェルノブイリ原子力発電所で，事故がおこった。

問 3　下線部分目標達成に向けた協力体制(c)に関連して，アジア・アフリカの新興独立国29カ国の協力体制構築を目標に，1955年にインドネシアの都市で会議が開催された。この会議が開催された都市と，会議に参加した人物との組合せとして正しいものを，次の①～④のうちから一つ選べ。解答番号は 27 。

	都　市	人　物
①	バンドン	スカルノ
②	バンドン	シモン＝ボリバル
③	カイロ	スカルノ
④	カイロ	シモン＝ボリバル

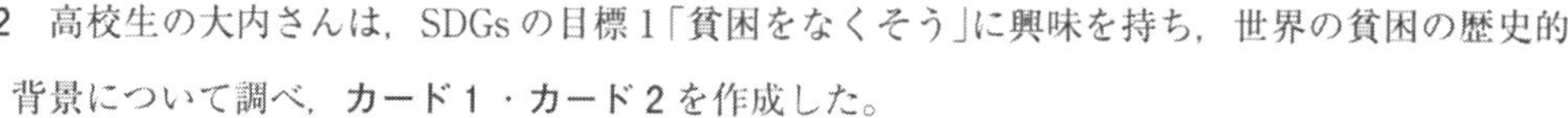

2　高校生の大内さんは，SDGsの目標1「貧困をなくそう」に興味を持ち，世界の貧困の歴史的背景について調べ，**カード1**・**カード2**を作成した。

カード1

> 貧困に苦しむ国は$\underset{(d)}{\underline{\text{アフリカ}}}$に多い。アフリカ諸国では，独立後も植民地時代からの貧困が続いている。また，植民地時代の境界線が，現在の国境線として引き継がれている国々では，複雑な民族問題を抱えている国もあり，各地で内戦や紛争が発生している。

カード2

> 1990年代以降，$\underset{(e)}{\underline{\text{冷戦下}}}$で抑えられていたナショナリズムや$\underset{(f)}{\underline{\text{地域紛争}}}$が世界各地で表面化した。その結果，人々の生活が戦火により破壊され，たくさんの人々が故郷を追われ難民となるなど，新たな貧困を生み出している。

目標1のロゴデザイン

問 4　下線部分アフリカ(d)に関連して，南アフリカ共和国で行われていた人種隔離政策の名称を何というか，次の①～④のうちから一つ選べ。解答番号は 28 。

① ニューディール　　② アパルトヘイト
③ カースト　　④ カピチュレーション

問 5　下線部分冷戦下(e)の出来事について述べた文として適切なものを，次の①～④のうちから一つ選べ。解答番号は 29 。

① スペイン内戦がおこった。
② インカ帝国が滅亡した。
③ ドイツが，東西に分裂した。
④ 倭寇の活動が活発化した。

問 6　下線部分地域紛争(f)に関連して，次の文章で説明されている国を，下の①～④のうちから一つ選べ。解答番号は 30 。

> 複雑な多民族国家であったこの国は，1980 年の指導者ティトーの死と，その後の社会主義体制の崩壊により民族対立が激化し，1990 年代以降の内戦を経て，解体した。その過程で多くの難民が発生するなど，人々の生活が破壊された。

① アルゼンチン　　② オーストラリア
③ カンボジア　　④ ユーゴスラヴィア

7 次の文章と図版に関連して，**問1**～**問2**に答えよ。

森林は人間の営みに様々な恩恵を与えるが，一方で，人間の営みは森林の破壊につながる。森林の破壊は，農地の開墾や焼畑農業，山火事などの災害，薪炭（しんたん）などの燃料や産業への利用などによって，古くから世界の各地でおこっていた。漢や唐が都をおいた A 周辺は，大量の木材が必要とされたため，森林が大量に伐採されたことが知られている。

しかし，地球上の森林の減少速度が加速したのは19世紀以降であり，特に20世紀後半以降，熱帯雨林地域を中心に，森林破壊が急速に進んだ。**図**は，地球上の居住可能な土地における土地利用の割合を示したものである。1万年前から比べると，現在の森林の割合が約3分の2に減少していることがわかる。特に近年では，食肉生産を目的とした B のための土地，人口増加による食料用の農地の割合が大きくなってきている。また，このような土地利用による森林破壊だけでなく，(a)政治的な理由による森林破壊も行われている。

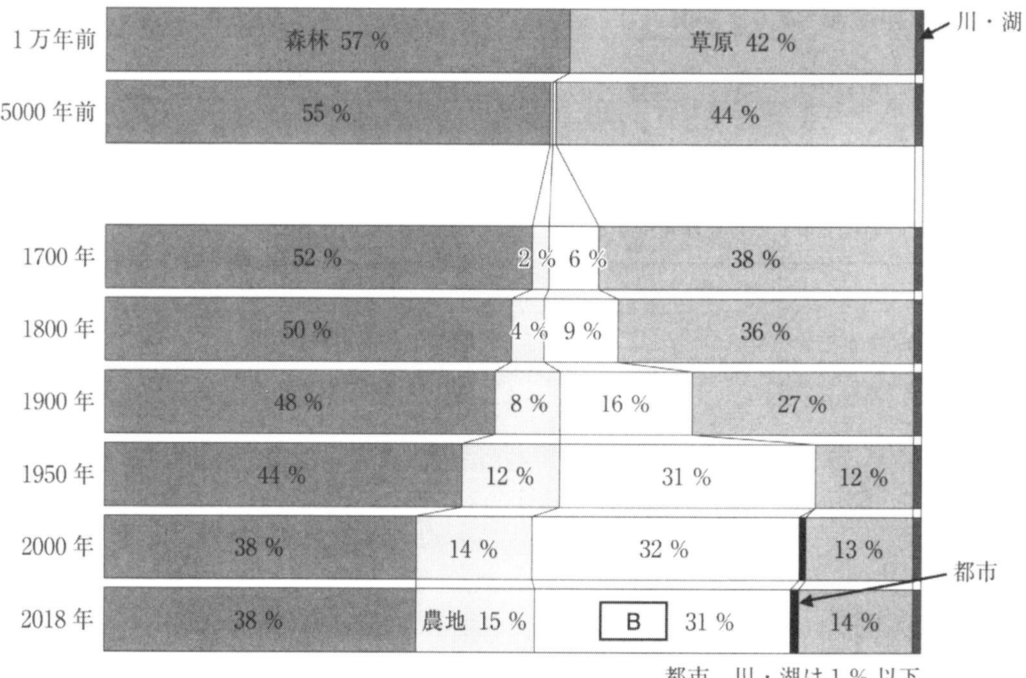

図 1万年前からの土地利用の変化

問1 A ・ B に当てはまる語句の組合せとして正しいものを，次の①～④のうちから一つ選べ。解答番号は 31 。

	A	B
①	南　京	牧　畜
②	南　京	狩　猟
③	長　安	牧　畜
④	長　安	狩　猟

問2 下線部分政治的な理由による森林破壊(a)について述べた次の(ア)・(イ)の正誤を判断し，その組合せとして正しいものを，下の①～④のうちから一つ選べ。解答番号は 32 。

(ア) ベトナム戦争では，ゲリラが潜むジャングルを枯らすために，枯葉剤が散布された。

(イ) 湾岸戦争は，クウェートの森林資源をめぐる争いであった。

① (ア)―正　(イ)―正　　② (ア)―正　(イ)―誤

③ (ア)―誤　(イ)―正　　④ (ア)―誤　(イ)―誤

（これで世界史Aの問題は終わりです。）

世　界　史　B

（解答番号 1 ～ 32 ）

1 次の文章と図版に関連して，問1～問2に答えよ。

福井県の高校生が，世界史の授業で地元と世界の関わりについて調べ，**パネル**にまとめて班発表した。

パネル

班発表　福井県人が目撃した世界史――『韃靼(だったん)漂流記』と漂流民たち

江戸時代初めの1644(寛永21)年4月，越前(えちぜん)・三国湊(みくにみなと)から松前に向かった商船3隻が，日本海で遭難した。大陸側に漂着した商人一行は，「韃靼国」の役人に救助され，都に連れて行かれて保護された。ちょうどこの年，「韃靼国」が北京に遷都するところだったので，一行も北京に移された。1年余りの滞在の後，日本へ送還されることになり，1646年に朝鮮経由で2年ぶりに帰国を果たした。その見聞記が『韃靼漂流記』である。

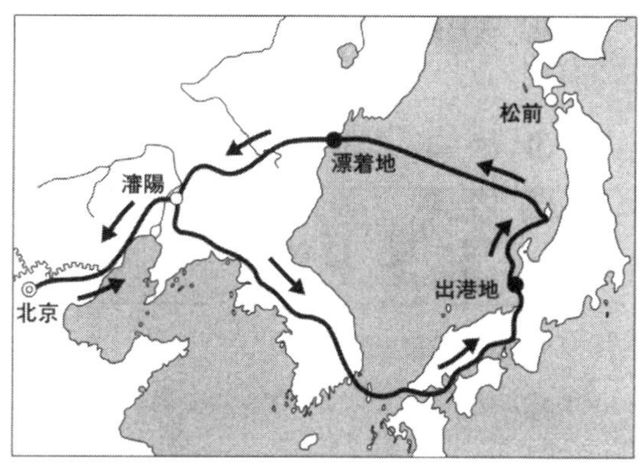

地図　越前商人一行の漂流と帰国の経路

「韃靼国」とは何か？

「韃靼」とは北アジアの遊牧・狩猟民を広く指す言葉である。ここでは，東北アジアで建国し，北京に遷都して中国支配を開始した A を指している。

漂流民たちが目撃した王朝交代

漂流民たちは，「韃靼国」が中国征服を進めていくさまを目撃した。象徴的なのは髪型だった。

> 一，(韃靼国では)身分の高い者も低い者も皆頭を剃り，頭頂部に一寸(約3cm)四方ほどの毛を残して伸ばし，三本に組んで垂らしていました。
>
> 一，…韃靼人が手に入れた地域の人たちは，韃靼人のように頭を剃り，少し毛を残していました。

「韃靼人」たちは独特の髪型をしており，ここで述べられていることは，彼らに征服された地域の人々が， B を指している。

問 1 [A] に当てはまる国と，[B] に当てはまる文との組合せとして正しいものを，次の①～④のうちから一つ選べ。解答番号は [1] 。

	A	B
①	匈　奴	「韃靼国」に服属した証として，辮髪にしたこと
②	匈　奴	「韃靼国」への抵抗のしるしとして，辮髪を切ったこと
③	清	「韃靼国」に服属した証として，辮髪にしたこと
④	清	「韃靼国」への抵抗のしるしとして，辮髪を切ったこと

問 2 一行が漂着した日本海の対岸地域の出来事について述べた次の(ア)～(ウ)を，古いものから順に正しく並べたものを，下の①～④のうちから一つ選べ。解答番号は [2] 。

(ア) ロシアが，ウラジヴォストークを建設した。

(イ) 日本が，シベリア出兵を行った。

(ウ) 渤海が建てられた。

① (ア)→(イ)→(ウ)　　② (ア)→(ウ)→(イ)

③ (イ)→(ア)→(ウ)　　④ (ウ)→(ア)→(イ)

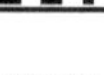

2　1～3の文章と図版に関連して，**問1～問8**に答えよ。

1　私たちがふだん使っているアラビア数字の起源は，インダス文明にある。古代インド数字（ブラーフミー数字）が最初に文献として登場するのは，紀元前3世紀の(a)アショーカ王碑文であった。

インド数字は，その形を変化させながら他の地域へと広がっていった。7世紀半ば，メソポタミアの(b)キリスト教の司教が，その著書の中で9つの古代インド数字を示している。さらにその後には，[A]の都バグダードでも用いられていた。

このインド＝アラビア数字がヨーロッパに伝わったのは，(c)イスラーム勢力に支配されていたイベリア半島経由であるとされ，10世紀後半のイベリア半島でインド＝アラビア数字の使用がみられる。表記や計算が容易なインド＝アラビア数字は徐々に浸透し，16世紀頃にはかなり定着が進んだ。

ヨーロッパの数学者らは，(d)インドからヨーロッパへの数字の普及過程を知らなかったため，この数字をアラビア数字と命名し，以降この名称が定着した。

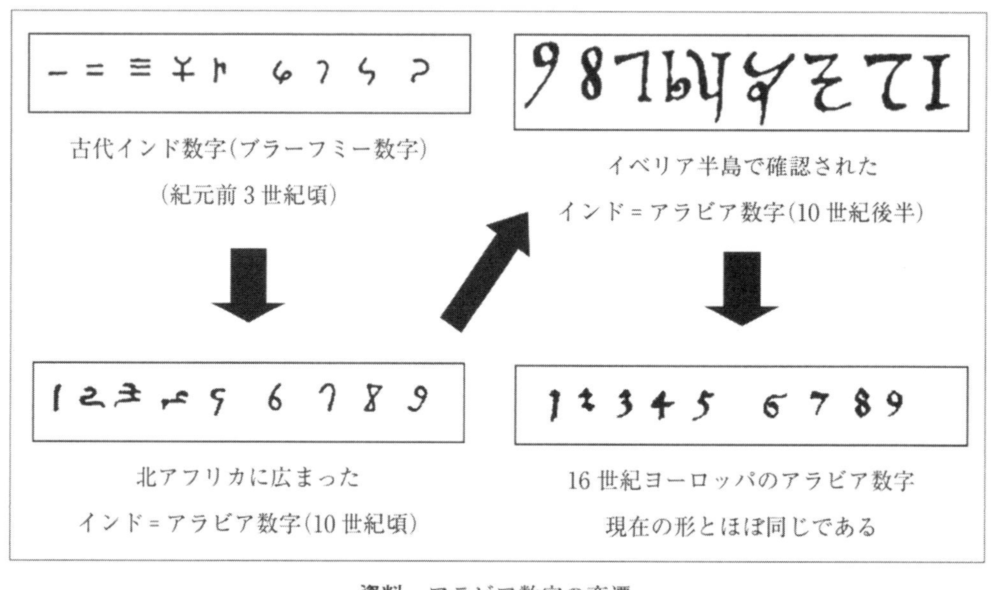

資料　アラビア数字の変遷

問１　下線部分(a)アショーカ王が行ったことについて述べた文として適切なものを，次の①〜④のうちから一つ選べ。解答番号は 3 。

① 塩の行進を行った。

② ミドハト憲法を発布した。

③ ムガル帝国を建てた。

④ 仏教を保護し，仏典の結集を行った。

問２　下線部分(b)キリスト教を創始した人物として適切なものを，次の①〜④のうちから一つ選べ。解答番号は 4 。

①

ジャンヌ＝ダルク

②

イエス

③

サラディン(サラーフ＝アッディーン)

④

始皇帝

問３　 A に当てはまる語句として適切なものを，次の①〜④のうちから一つ選べ。解答番号は 5 。

① 北　宋　　② ブルボン朝

③ アッバース朝　　④ アステカ王国

問 4　下線部分(c)イスラーム勢力に支配されていたイベリア半島において，15 世紀にかけて行われた運動の名称を何というか。また，下線部分(d)インドからヨーロッパへの数字の普及過程について，文章や**資料**から判断できる，略地図中のおよそのルートとして適切なものはどれか。それらの組合せとして正しいものを，下の①～④のうちから一つ選べ。

解答番号は　6　。

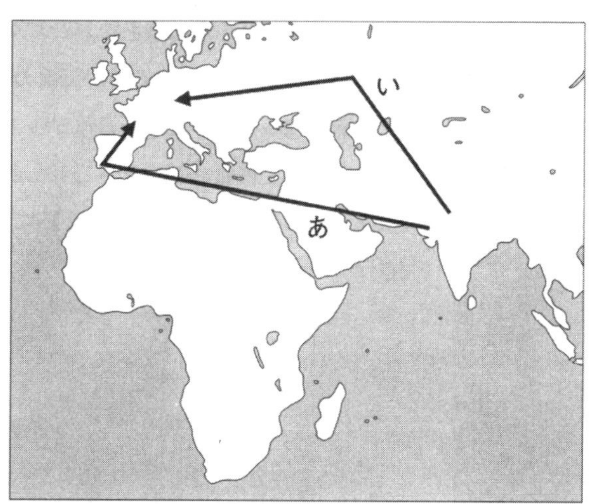

	運動の名称	地図中のルート
①	国土回復運動(レコンキスタ)	あ
②	国土回復運動(レコンキスタ)	い
③	囲い込み	あ
④	囲い込み	い

2　高校生の牧野さんが，古代の数学について学習したことをメモにまとめた。

メモ

学習したこと

・図1の古代エジプト(e)のパピルスには，三角形の面積を計算する方法が記されている。

・図2のパピルスには，立体図形の体積を計算する方法が記されている。

・エジプトだけでなく，メソポタミア文明(f)など他の古代文明においても，面積の計算方法は開発された。図3は中国最古の数学書の一つである『周髀算経(しゅうひさんけい)』に記された面積の計算方法である。

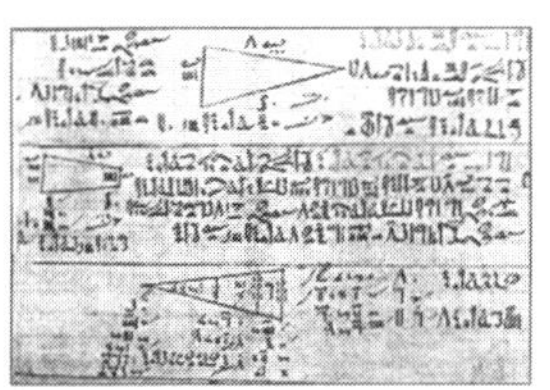

図1

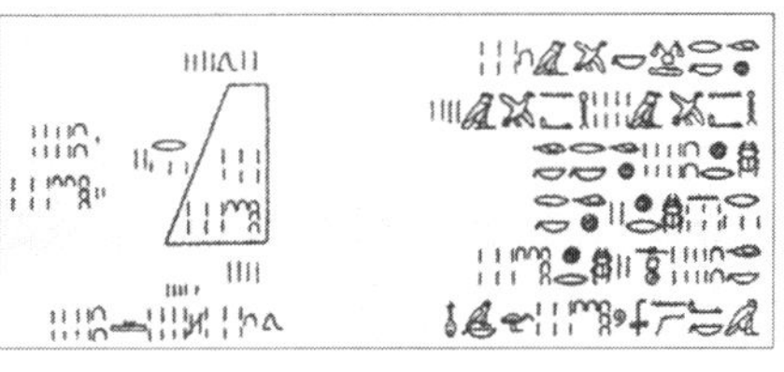

図2

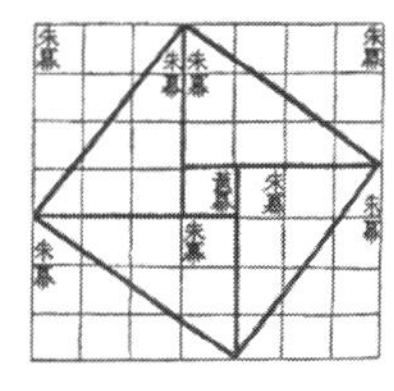

図3

考察：何のために，面積の計算方法が必要だったのだろうか？

・古代文明は，その多くが大河川の流域に発生した。

・大河川は，定期的に洪水をおこし，下流域に肥沃な土壌をもたらした。しかし，洪水により土地の境界線が消えてしまうので，［　B　］があった。

問5　下線部分古代エジプト(e)において使用されていた文字の名称として適切なものを，次の①～④のうちから一つ選べ。解答番号は［　7　］。

①　マヤ文字　　　②　神聖文字(ヒエログリフ)

③　訓民正音　　　④　西夏文字

問6　下線部分メソポタミア文明(f)において，シュメール人による数学上の発明と，［　B　］に当てはまる語句との組合せとして正しいものを，次の①～④のうちから一つ選べ。解答番号は［　8　］。

	数学上の発明	B
①	ゼロの概念	徴税のため，定期的に土地を測量し直す必要
②	ゼロの概念	戦争のため，火砲の威力を正確に計測する必要
③	六十進法	徴税のため，定期的に土地を測量し直す必要
④	六十進法	戦争のため，火砲の威力を正確に計測する必要

3　カード1・カード2は，数学の発展に大きな影響を与えた人物についてまとめたものである。

カード1

インドの数学者，ブラフマグプタ(g)(598年頃～665年頃)
・ゼロから負の数を引くと正である，等の計算規則を確立した。
・著書の『ブラーマ＝スプタ＝シッダーンタ』は，8世紀にアラビア語に翻訳され，当時のカリフに献上された記録が残っている。これによりインド数学は西方へ伝わった。

カード2

イタリアの数学者，フィボナッチ(1170年頃～1250年頃)
・貿易商であった父と北アフリカ(h)を旅した際，アラビア数字に触れる。
・著書の『算盤（そろばん）の書』が出版されたことで，ヨーロッパにおけるアラビア数字の普及を加速させた。フィボナッチ数列にその名が残っている。

問7　下線部分ブラフマグプタ(g)が活動した時期にインドを訪れた玄奘の旅行記として適切なものを，次の①～④のうちから一つ選べ。解答番号は 9 。

① 『神　曲』　　② 『種の起源』
③ 『阿Q正伝』　④ 『大唐西域記』

問8　下線部分北アフリカ(h)について，フィボナッチが旅した12世紀後半の北アフリカのようすについて述べた文として適切なものを，次の①～④のうちから一つ選べ。
解答番号は 10 。

① スエズ運河が開通していた。
② ムワッヒド朝が成立していた。
③ 第1回三頭政治が行われていた。
④ 9.11同時多発テロ事件がおこった。

3 1～2の文章と図版に関連して，問1～問5に答えよ。

1 生徒と先生が，**資料**について会話している。

先生： **資料**は，フランスの宝石商人シャルダンが，17世紀後半に訪れたサファヴィー朝について，帰還後に書いた旅行記です。**資料**の「大都会」とは，アッバース1世が築いたサファヴィー朝の首都のことです。

生徒： [A] ですね。

先生： その通り。当時の [A] のようすについて，**資料**からはどんなことがわかりますか。

生徒： 様々な宗教を信仰する人々の集まる都市だったことがわかります。

先生： そうですね。では，なぜシャルダンはこのことを書き残したか，推測してみましょう。

生徒： 当時フランスを治めていたルイ14世は， [B] しました。そのため，多様な宗教が共存する [A] のようすが，特にシャルダンの印象に残ったのではないでしょうか。

先生： 自文化と異文化を比較して，自文化にはない異文化の特徴を書き留めた，という推論ですね。説得力があります。また，シャルダンは，そのようすをフランスやヨーロッパの人々に知ってもらいたかったから書いた，とも考えられますね。

資料

> この大都会には，キリスト教徒，ユダヤ教徒，イスラーム教徒，異教徒，拝火教徒といったあらゆる宗教を信仰する住民がいる。またここには，世界中から来た貿易商が集まっている。ここはまた，全東方世界で最も学問の栄えている町であり，ここから東方世界全体に，とりわけインドに学問が広がっていく。

旅行記の口絵のシャルダン像(中央)

問 1 [A] に当てはまる都市と，略地図中のおよその位置との組合せとして正しいものを，下の①～④のうちから一つ選べ。解答番号は [11] 。

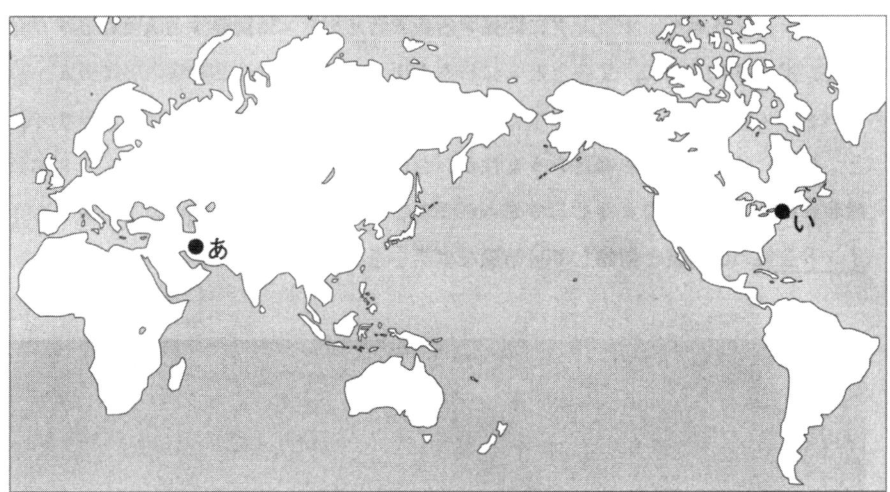

	[A]	位　置
①	イスファハーン	あ
②	イスファハーン	い
③	ボストン	あ
④	ボストン	い

問 2 [B] に当てはまるルイ 14 世の政策として最も適切なものを，次の①～④のうちから一つ選べ。解答番号は [12] 。

① 非ムスリムへのジズヤを廃止
② 信仰の寛容策であったナントの王令(ナントの勅令)を廃止
③ スターリンの個人崇拝を否定
④ 議会の優位を認めた権利の章典を制定

2　16世紀半ばから17世紀前半にかけて，交易のために平戸や長崎を訪れたヨーロッパ人の中には，日本の女性と結婚した人も少なくなかった。しかし，江戸時代(a)にキリスト教が禁止されると，そうした女性やその子供は，キリスト教徒という理由で追放された。ポルトガルに関係する人々はマカオへ，オランダに関係する人々とイギリス(b)に関係する人々はバタヴィアへ送られた。追放される前に，父親とともに日本を出た子供もいる。

バタヴィアに移住した女性の中に，平戸のオランダ商館長の娘コルネリア＝ナイエンローデと，長崎に住んでいたお春という女性がいた。お春は後に「じゃがたらお春」として歌謡曲にも歌われ，かわいそうな女性として知られることになった。しかし実際は，２人ともオランダ東インド会社(c)の商務員と結婚して，裕福な生活を送ったようである。

コルネリア一家の肖像画(右から３人目がコルネリア)

問 3　下線部分江戸時代(a)の日本と朝鮮との関係について述べた文として適切なものを，次の①～④のうちから一つ選べ。解答番号は 13 。

① ネルチンスク条約を結んだ。

② ポエニ戦争がおこった。

③ 三・一独立運動がおこった。

④ 朝鮮通信使が来日した。

問 4　下線部分イギリス(b)の思想家で，社会契約説を唱えた人物を，次の①～④のうちから一つ選べ。解答番号は 14 。

①

ロック

②

アウグスティヌス

③

チャーチル

④

チュラロンコン(ラーマ5世)

問 5　下線部分オランダ東インド会社(c)がヨーロッパに輸出して人気を博した日本産の商品を，次の①～④のうちから一つ選べ。解答番号は 15 。

① 香辛料　　② コーヒー

③ 自動車　　④ 陶磁器

4 1～2の文章と図版に関連して，**問1**～**問4**に答えよ。

1　19世紀前半に活躍したリストは，ドイツのナショナリズムと統一運動(a)に貢献した経済学者として知られている。当時，ドイツにおいては，政治的な統一の機運が高まっていたが，リストはまず経済的な統一を重視した。その運動の最中，政敵に追われたリストはアメリカ合衆国に逃れ，そこで鉄道(b)の重要性を認識した。炭鉱や鉄道事業で成功した後，ドイツに帰国すると，長距離鉄道の敷設計画を立てたが，反対に遭い計画は挫折した。リストはパリに活動の場を移し，その後もドイツの経済的統一を訴え続けた。

リストが描かれたドイツの切手

問1　下線部分ドイツのナショナリズムと統一運動(a)の19世紀のようすについて述べた文として適切なものを，次の①～④のうちから一つ選べ。解答番号は 16 。

① 王権神授説が唱えられた。
② ヴィクトリア女王が，皇帝に即位した。
③ パリ＝コミューンが成立した。
④ フランクフルト国民議会が開催された。

問2　下線部分鉄道(b)に関して，世界で初めて鉄道の営業運転が行われた国を，次の①～④のうちから一つ選べ。解答番号は 17 。

① ブラジル　　② エチオピア
③ イギリス　　④ ロシア

2 「万国の労働者，団結せよ」とは，社会主義の思想家として知られる(c)マルクスの著作の一節である。この考えの実現を目指して，1864 年に，労働者の国際組織である [A] が結成された。マルクスは歴史学者としての顔も持ち，人類の歴史を階級闘争の歴史として分析した。彼の関心はアジアの歴史にも及んでおり，(d)イギリスによる中国進出についても膨大な分析が残されている。

カール＝マルクス

問 3 下線部分(c)マルクスの著作と，[A] に当てはまる語句との組合せとして正しいものを，次の①～④のうちから一つ選べ。解答番号は [18] 。

	マルクスの著作	A
①	『ラーマーヤナ』	第 1 インターナショナル
②	『ラーマーヤナ』	ヨーロッパ連合(EU)
③	『共産党宣言』	第 1 インターナショナル
④	『共産党宣言』	ヨーロッパ連合(EU)

問 4 下線部分(d)イギリスによる中国進出について述べた文として適切なものを，次の①～④のうちから一つ選べ。解答番号は [19] 。

① ユトレヒト条約を結んだ。

② アロー戦争をおこした。

③ 節度使を置いた。

④ 大東亜共栄圏の建設をうたった。

5 1～2の文章と図版に関連して，問1～問6に答えよ。

1 生徒と先生が，**資料**を見ながら会話している。

先生：浅羽佐喜太郎は，ベトナム独立運動の指導者ファン＝ボイ＝チャウらを支援した医師です。
生徒：ファン＝ボイ＝チャウは，ベトナムの青年を日本へ留学させる [A] を行った人ですね。
先生：そうです。彼は，日露戦争に勝利した日本から武力援助を得ようと来日しました。日本に亡命中の梁啓超(a)を訪ね，政治家の犬養毅と大隈重信を紹介されます。そこで，「武力による革命(b)の前に人材の育成が重要である。」と諭され，[A] を始めました。
生徒：浅羽医師は，どんな支援を行ったのですか。
先生：1907年に日本がフランス(c)と協約を結ぶと，留学生への監視が強化され，ベトナムからの送金も途絶えました。このとき，浅羽が行った多額の資金援助が窮状を救ったのです。しかし，ファン＝ボイ＝チャウが日本を離れると，間もなく浅羽は亡くなりました。
生徒：**資料**の石碑は，ファン＝ボイ＝チャウが感謝の気持ちから建てたのですね。

資料「浅羽佐喜太郎公紀念碑」落成写真と碑文訳

前列右から2人目がファン＝ボイ＝チャウ

碑文訳
われらは国難(ベトナム独立運動)のため扶桑(ふそう)(日本)に亡命した。(浅羽佐喜太郎)公は我らの志を憐れんで無償で援助して下さった。思うに古今にたぐいなき義侠(ぎきょう)のお方である。…
大正七年(1918)三月
越南(ベトナム)光復会同人

問1 [A] に当てはまる語句を，次の①～④のうちから一つ選べ。解答番号は [20]。

① チャーティスト運動　② ラダイト運動
③ 東遊(ドンズー)運動　④ 洋務運動

問 2　下線部分梁啓超(a)が行った変法運動について述べた文として適切なものを，次の①～④のうちから一つ選べ。解答番号は 21 。

① ムスリムの連帯を訴えるパン＝イスラーム主義を唱えた。

② 革命以前の王朝の支配に戻す正統主義を唱えた。

③ 人民戦線の形成を目指した。

④ 立憲君主制の樹立を目指した。

問 3　下線部分武力による革命(b)に関連して，20 世紀前半におこった革命と，その革命について述べた文との組合せとして正しいものを，次の①～④のうちから一つ選べ。
解答番号は 22 。

	革　命	革命について述べた文
①	ロシア革命	ジェファソンが，独立宣言を起草した。
②	ロシア革命	「平和に関する布告」が発表された。
③	名誉革命	ジェファソンが，独立宣言を起草した。
④	名誉革命	「平和に関する布告」が発表された。

問 4　下線部分フランス(c)の 20 世紀前半のようすについて述べた文として適切なものを，次の①～④のうちから一つ選べ。解答番号は 23 。

① ヴィシー政府が樹立された。

② ローマ進軍が行われた。

③ 天安門事件がおこった。

④ マグナ＝カルタ(大憲章)が制定された。

2　生徒と先生が，写真を見ながら会話している。

生徒：　マリ＝キュリーは，夫とともに放射性元素ラジウムを発見し，女性初のノーベル賞を受賞した人物ですね。二人はどのようにして一緒に研究するようになったのですか。

先生：　マリ＝キュリーは，帝政ロシア支配下のポーランド(d)出身です。当時ポーランドでは，女性が大学に進学することは禁じられていたため，彼女は苦労の末，フランスに留学しました。そこで，夫のピエール＝キュリーと出会い，共同研究に打ち込むようになったのです。

生徒：　なるほど。確か，夫が亡くなった後，彼女は２度目のノーベル賞を受賞しています。

先生：　そうです。彼女は，夫の跡を継いでパリのソルボンヌ大学の教壇に立ち，初の女性教授に就任します。また，研究所の所長として研究者の育成にも力を入れました。

生徒：　マリ＝キュリーは，(e)科学や教育の分野で女性が活躍する先駆けとなったのですね。

実験室でのマリ＝キュリー（1913年）

問 5　下線部分(d)ポーランドに関連して，次のマリ＝キュリーに関する年表中の［ B ］に当てはまる文として適切なものを，下の①～④のうちから一つ選べ。
解答番号は［ 24 ］。

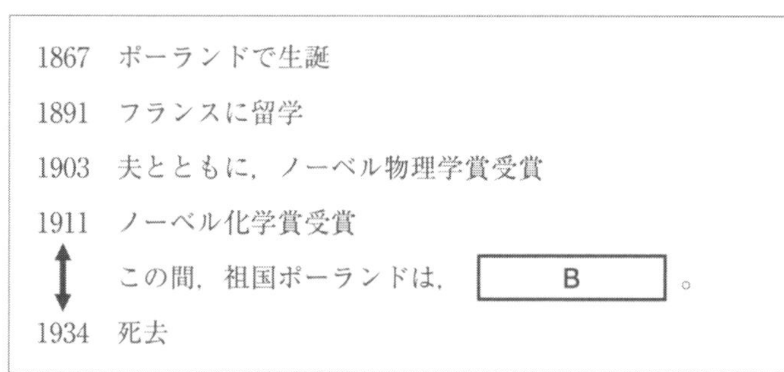

1867　ポーランドで生誕
1891　フランスに留学
1903　夫とともに，ノーベル物理学賞受賞
1911　ノーベル化学賞受賞
↕　この間，祖国ポーランドは，［ B ］。
1934　死去

① 人民公社の設立を進めた
② 第1回対仏大同盟に参加した
③ パリ講和会議の結果，独立が認められた
④ 北緯38度線を境界に，分割占領された

問 6　下線部分(e)科学や教育の分野に関連して，次の写真は，国際知的協力委員会(1925年)のメンバーを写したものである。写真中の［ C ］は，マリ＝キュリーとも親交があり，相対性理論を発表した科学者である。［ C ］の人物を，下の①～④のうちから一つ選べ。
解答番号は［ 25 ］。

① フビライ
② アインシュタイン
③ チャップリン
④ ニュートン

6　１～２の文章と図版に関連して，問１～問５に答えよ。

１　生徒と先生が，SDGs（エスディージーズ）について会話している。

先生：　SDGs は日本語では「持続可能な開発目標」といいます。これは，国際連合(a)が提唱した，2030 年までに世界全体で達成を目指す 17 の目標（ゴール）です。

生徒：　なぜ SDGs が提唱されたのですか。

先生：　現代の世界には多くの課題があるからです。例えば，目標７は「エネルギーをみんなにそしてクリーンに」です。これまでにエネルギーについて学んだことはありますか。

生徒：　19 世紀以降に使用が増大した化石燃料は，二酸化炭素を排出するため，産業革命以降の地球温暖化の一因となったことを学びました。

先生：　では，二酸化炭素を排出しないクリーンなエネルギーには，どんなものがありますか。

生徒：　古くから利用されている水力や，20 世紀後半以降に発展した原子力，さらには太陽光をはじめとする再生可能エネルギーなどが挙げられます。

先生：　その通りです。しかし，これらのエネルギーにも安全性やコスト面などの問題(b)が残されています。

生徒：　課題は多いのですね。SDGs を達成するために，大切なことは何でしょうか。

先生：　SDGs のキーワードは「誰一人取り残さない」です。国際社会全体で目標達成に向けた協力体制(c)をつくることができるかどうかが鍵ですね。

SUSTAINABLE DEVELOPMENT GOALS

SDGs のロゴデザイン

問 1　下線部分国際連合(a)について述べた文として適切なものを，次の①～④のうちから一つ選べ。解答番号は 26 。

① 九十五カ条の論題を発表した。

② 安全保障理事会が設置された。

③ アメリカ合衆国は参加しなかった。

④ ヒジュラ(聖遷)を行った。

問 2　下線部分安全性やコスト面などの問題(b)に関連して，次の**資料 1** に書かれている出来事として適切なものを，下の①～④のうちから一つ選べ。解答番号は 27 。

資料 1

観測データによると，大気中の高い放射線量が記録されたのは，1986 年 4 月 29 日にポーランド，ドイツ，オーストリア，ルーマニア，4 月 30 日にスイス，イタリア北部，5 月 1 日から 2 日にかけてフランス，ベルギー，オランダ，イギリス，ギリシア北部，…。

わたしたちは，くる日もくる日もテレビにかじりついて，ゴルバチョフが演説するのを待っていた。政府は沈黙していた…。5 月の祝日騒ぎが一段落したあと，ゴルバチョフがやっと口を開いた。みなさん，心配しないでください。状況は管理下にあります…。

① レントゲンが，X 線を発見した。

② 石油や電力を新しい動力源とする，第 2 次産業革命がおこった。

③ ヨーロッパで，ペスト(黒死病)が流行した。

④ チェルノブイリ原子力発電所で，事故がおこった。

問 3　下線部分目標達成に向けた協力体制(c)に関連して，アジア・アフリカの新興独立国 29 カ国の協力体制構築を目標に，1955 年にインドネシアの都市で会議が開催された。この会議が開催された都市と，会議に参加した人物との組合せとして正しいものを，次の①～④のうちから一つ選べ。解答番号は 28 。

	都　市	人　物
①	バンドン	スカルノ
②	バンドン	シモン＝ボリバル
③	カイロ	スカルノ
④	カイロ	シモン＝ボリバル

2　高校生の清水さんと益子さんが，SDGsについての班発表のため，準備をしている。

清水さん：　わたしたちは目標10「人や国の不平等をなくそう」について調べ，発表しましょう。

益子さん：　目標10には，さらに具体的な達成目標(ターゲット)が示されています。いくつか挙げてみましょう。

> **10－3**
> 差別的な法律・政策や習わしをなくし，適切な法律や政策，行動を進めることなどによって，人々が平等な機会を持てるようにし，人々が得る結果についての格差を減らす。
> **10－6**
> 世界経済や金融制度(d)について何かを決めるときに開発途上国の参加や発言を増やすことによって，より効果的で，信頼できる，誰もが納得することのできる体制をつくる。

清水さん：　**10－3**で指摘されるような差別的な政策と，その解消に向けた運動について，歴史的な出来事を挙げて，格差や不平等の解消が大切だと伝える発表にしたいですね。そこで，次の**資料2**と**写真**の事例を用いてはどうでしょう。

資料2　「私には夢がある(I have a dream)」

> 私にはいつの日にかジョージア州の赤土の丘の上で，かつての奴隷の子孫たちとかつての奴隷主の子孫たちとがともに兄弟愛のテーブルに着くことができるようになるという夢がある。
> …私にはいつの日か私の4人の小さな子どもたちが，肌の色によってではなく，人格そのものによって評価される国に生きられるようになるという夢がある。

写真　聴衆に応える［ A ］

益子さん：　**資料2**は1963年の「ワシントン大行進」の際に［ A ］が行った演説の一節で，**写真**はその時のようすですね。この運動はアメリカ合衆国における［ B ］の解消を目指したものですね。

清水さん：　この事例を用いて，目標10の重要性を伝えていきましょう。

問 4　下線部分(d)世界経済や金融制度に関連して，世界史上の経済政策や金融制度について述べた次の(ア)～(ウ)を，古いものから順に正しく並べたものを，下の①～④のうちから一つ選べ。解答番号は 29 。

(ア)　フランスのコルベールが，重商主義政策を推進した。

(イ)　前漢の武帝が，塩・鉄・酒の専売を行った。

(ウ)　国際通貨基金(IMF)が設立された。

①　(ア)→(イ)→(ウ)　　②　(ア)→(ウ)→(イ)

③　(イ)→(ア)→(ウ)　　④　(ウ)→(ア)→(イ)

問 5　 A ・ B に当てはまる語句の組合せとして正しいものを，次の①～④のうちから一つ選べ。解答番号は 30 。

	A	B
①	キング牧師	黒人に対する人種差別
②	キング牧師	スンナ派とシーア派の対立
③	蔣介石	黒人に対する人種差別
④	蔣介石	スンナ派とシーア派の対立

7 次の文章と図版に関連して，**問1〜問2**に答えよ。

森林は人間の営みに様々な恩恵を与えるが，一方で，人間の営みは森林の破壊につながる。森林の破壊は，農地の開墾や焼畑農業，山火事などの災害，薪炭（しんたん）などの燃料や産業への利用などによって，古くから世界の各地でおこっていた。漢や唐が都をおいた［ A ］周辺は，大量の木材が必要とされたため，森林が大量に伐採されたことが知られている。

しかし，地球上の森林の減少速度が加速したのは19世紀以降であり，特に20世紀後半以降，熱帯雨林地域を中心に，森林破壊が急速に進んだ。**図**は，地球上の居住可能な土地における土地利用の割合を示したものである。1万年前から比べると，現在の森林の割合が約3分の2に減少していることがわかる。特に近年では，食肉生産を目的とした［ B ］のための土地，人口増加による食料用の農地の割合が大きくなってきている。また，このような土地利用による森林破壊だけでなく，(a)政治的な理由による森林破壊も行われている。

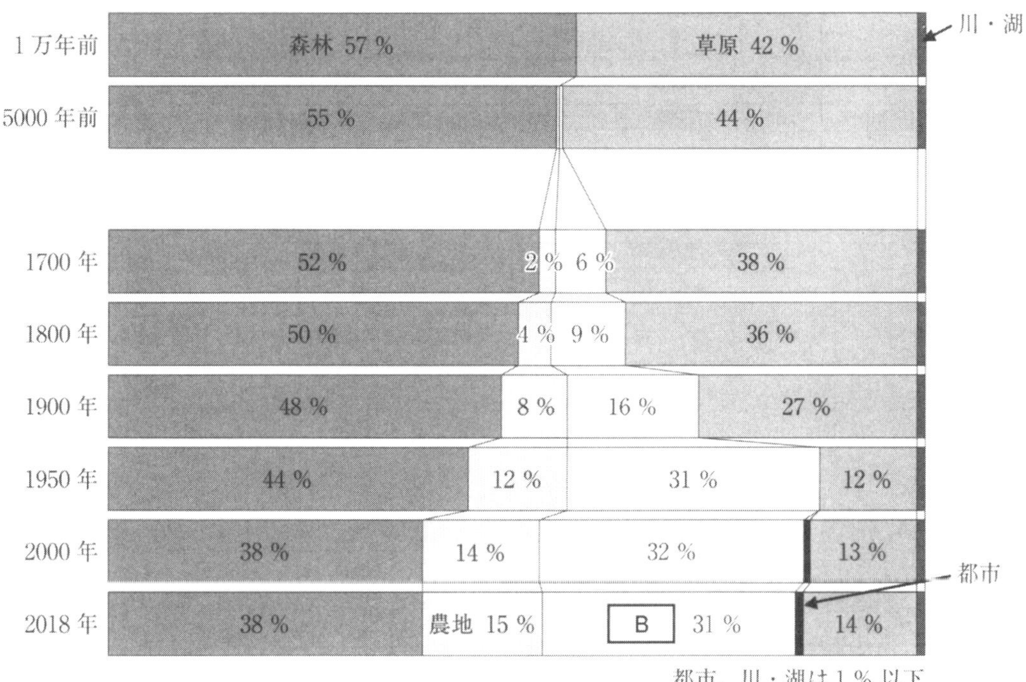

図　1万年前からの土地利用の変化

問 1 [A]・[B] に当てはまる語句の組合せとして正しいものを，次の①～④のうちから一つ選べ。解答番号は [31] 。

	A	B
①	南　京	牧　畜
②	南　京	狩　猟
③	長　安	牧　畜
④	長　安	狩　猟

問 2 下線部分(a)政治的な理由による森林破壊について述べた次の(ア)・(イ)の正誤を判断し，その組合せとして正しいものを，下の①～④のうちから一つ選べ。解答番号は [32] 。

(ア) ベトナム戦争では，ゲリラが潜むジャングルを枯らすために，枯葉剤が散布された。

(イ) 湾岸戦争は，クウェートの森林資源をめぐる争いであった。

① (ア)―正　(イ)―正　　② (ア)―正　(イ)―誤

③ (ア)―誤　(イ)―正　　④ (ア)―誤　(イ)―誤

令和４年度　第１回

解答・解説

【重要度の表記】

Ａ：重要度が高く確実に正答したい設問。しっかり復習する必要のある問題です。

Ｂ：重要度はＡレベルよりすこし下で、やや難易度が高い設問または内容を読み取る設問。高得点を狙う人は復習しましょう！

Ｃ：重要度が低い、または難解な設問。軽く復習する程度でよいでしょう！

令和4年度 第1回 高卒認定試験

【 A解答 】

1	解答番号	正答	配点	2	解答番号	正答	配点	3	解答番号	正答	配点	4	解答番号	正答	配点
問1	1	③	3	問1	3	④	3	問1	7	①	3	問1	12	④	3
問2	2	④	3	問2	4	②	4	問2	8	②	3	問2	13	③	4
-	-			問3	5	③	3	問3	9	④	3	問3	14	②	3
-	-			問4	6	①	3	問4	10	②	3	問4	15	①	3
-	-			-	-			問5	11	③	3	問5	16	③	3
-	-			-	-			-	-			問6	17	①	3

5	解答番号	正答	配点	6	解答番号	正答	配点	7	解答番号	正答	配点
問1	18	③	4	問1	25	②	3	問1	31	③	3
問2	19	④	3	問2	26	④	3	問2	32	②	3
問3	20	②	3	問3	27	①	3	-	-		
問4	21	①	3	問4	28	②	4	-	-		
問5	22	①	3	問5	29	③	3	-	-		
問6	23	②	3	問6	30	④	3	-	-		
問7	24	③	3	-	-			-	-		

【 A解説 】

1

問1　空欄Aの前に「東北アジアで建国し、北京に遷都して中国支配を開始した」とあります。よって、空欄Aに当てはまるのは「清」です。清は朱元璋（洪武帝）が南京を都として建国し、後に永楽帝が北京に遷都しています。空欄Bについて、その1行前に「『韃靼人』たちは独特の髪型をしており」とあります。清を建国した満州民族には辮髪という伝統的な髪形があり、漢人男性もこの髪型にすることを求められる辮髪令が出ていました。したがって、正解は③となります。

解答番号【1】：③　　⇒重要度B

問2　（ア）ロシアがウラジヴォストークを建設したのは、アロー戦争の講和条約である北京条約で沿海州を獲得した1860年以降です。（イ）日本がシベリア出兵を行ったのは第一次世界大戦後の1918～1922年です。（ウ）渤海が建国されたのは7世紀末です。したがって、正解は④となります。

解答番号【2】：④　　⇒重要度B

2

問1　①塩の行進は20世紀前半に植民地政府による塩の専売制に反対したガンディーらが行いました。②ミドハト憲法を発布したのは19世紀後半のオスマン帝国宰相ケマル＝パシャです。③ムガル帝国は16世紀前半にバーブルによって建国されました。④紀元前3世紀に、インドのマウリヤ朝のアショーカ王は仏教を保護し、仏典結集を行いました。したがって、正解は④となります。

解答番号【3】:④　　⇒**重要度B**

問2　①「ジャンヌ＝ダルク」は15世紀にフランスで百年戦争を戦った少女です。②「イエス」はキリスト教を創始しました。③「サラディン（サラーフ＝アッディーン）」は12世紀アイユーブ朝を創始しました。④「始皇帝」は紀元前3世紀に中国に秦を統一した皇帝です。したがって、正解は②となります。

解答番号【4】:②　　⇒**重要度A**

問3　バグダードは現在のイラクの首都にあたり、ここにかつて存在していたのは「アッバース朝」です。したがって、正解は③となります。なお、「北宋」は現在の中国、「ブルボン朝」は現在のフランス、「アステカ王国」は現在のメキシコにありました。

解答番号【5】:③　　⇒**重要度C**

問4　イベリア半島からイスラーム勢力を追い払う運動を「国土回復運動（レコンキスタ）」といいます。また、資料に示されている矢印をたどっていくと、インド→北アフリカ→イベリア半島→ヨーロッパというルートで数字が普及していっていることがわかります。したがって、正解は①となります。

解答番号【6】:①　　⇒**重要度A**

3

問1　空欄Aにはサファヴィー朝の首都である「イスファハーン」が当てはまります。もうひとつの選択肢の「ボストン」はアメリカの都市名です。サファヴィー朝は現在のイランを中心とした国でしたので、およその位置は「あ」となります。したがって、正解は①となります。

解答番号【7】:①　　⇒**重要度C**

問2　①非ムスリムへのジズヤ（人頭税）を廃止したのはムガル帝国のアクバルです。②ナントの王令（ナントの勅令）を廃止したのはフランスのルイ14世です。③スターリンの個人崇拝を否定したのはソ連のフルシチョフです。④権利の章典を制定したのはイギリスの議会です。したがって、正解は②となります。

解答番号【8】:②　　⇒**重要度A**

問3　空欄Cについて、現在のフィリピンの首都は「マニラ」です。もうひとつの選択肢の「ロンドン」はイギリスの首都です。マニラで生糸と取引されていたものは新大陸（南北アメリカ大陸）産の銀です。したがって、正解は④となります。

解答番号【9】：④　　⇒重要度Ｂ

問４　①「ヘロドトス」は古代ギリシアの歴史家、②「マテオ＝リッチ」はイエズス会の宣教師、③「クック」はイギリスの海洋探検家、④「ナポレオン３世」はフランス第二帝政期の王です。したがって、正解は②となります。

解答番号【10】：②　　⇒重要度Ａ

問５　①ペロポネソス戦争は紀元前５世紀後半のギリシアでの戦いです。②駅伝制度は 13 世紀はじめに建国されたモンゴル帝国の交通網です。③三十年戦争は 17 世紀のヨーロッパの戦いです。④ファショダ事件は 19 世紀のアフリカ分割に関するイギリスとフランスの対立です。したがって、正解は③となります。

解答番号【11】：③　　⇒重要度Ａ

4

問１　①王権神授説は近世ヨーロッパの絶対王政の背景になった思想です。②ヴィクトリア女王は 19 世紀後半のイギリス女王でインド帝国の皇帝も兼任しました。③パリ＝コミューンは 19 世紀にフランスで成立した社会主義政権です。④フランクフルト国民議会は 19 世紀にドイツで開催され、ドイツ統一と憲法制定を中心テーマとして話し合いが行われました。したがって、正解は④となります。

解答番号【12】：④　　⇒重要度Ａ

問２　19 世紀にスティーブンソンによって蒸気機関車が発明されました。これはイギリスでの出来事です。したがって、正解は③となります。なお、18 世紀後半～ 19 世紀にかけて産業革命がおこり、イギリスは「世界の工場」と呼ばれるようになりました。

解答番号【13】：③　　⇒重要度Ｃ

問３　アルジェリアはアフリカ北部の国ですので、およその位置は「あ」です。アルジェリアは 19 世紀に「フランス」によって支配されました。したがって、正解は②となります。

解答番号【14】：②　　⇒重要度Ｃ

問４　①モンロー教書（モンロー宣言）は 19 世紀のアメリカで南北アメリカ大陸とヨーロッパの相互不干渉を提唱したものです。②三部会は 14 世紀に設置された身分制議会で、18 世紀末のフランス革命の時期には特権身分への課税を巡って招集されました。③チャールズ１世は 17 世紀のイギリス王で、強権政治によって国民の反感を買い、議会派が設置した特別法廷で有罪となり処刑されました。④諸子百家は中国の春秋戦国時代の思想家で、『論語』で有名な孔子などがいます。したがって、正解は①となります。

解答番号【15】：①　　⇒重要度Ａ

問５　①紅巾の乱は 14 世紀の中国でおきました。②下関条約は 19 世紀の日清戦争の講和条約です。③サルデーニャ王国は 18 ～ 19 世紀にイタリアに存在した国で、赤シャツ隊を率いたガリバルディが建国したナポリ王国を併合しイタリア統一を進めました、④レパン

トの海戦は16世紀にオスマン帝国がスペイン・ローマ教皇・ヴェネツィアの連合軍に敗れた戦いです。したがって、正解は③となります。

解答番号【16】:③　⇒重要度A

問6　最初の空欄Aの前に「敵味方の区別なく負傷兵を看護する近隣の村人の姿に感銘を受け」とあります。この部分から、空欄Aに当てはまるのは医療に関する団体であると推察できます。したがって、正解は①となります。

解答番号【17】:①　⇒重要度C

5

問1　最初の空欄Aの直前に「ファン＝ボイ＝チャウは、ベトナムの青年を日本に留学させる」とあります。よって、空欄Aに当てはまるのは「東遊（ドンズー）運動」です。したがって、正解は③となります。①「チャーティスト運動」は19世紀のイギリスで選挙法改正等を要求した政治運動、②「ラダイト運動」は19世紀にイギリスで産業革命によって仕事を失った職人たちがおこした機会打ちこわし運動、④「洋務運動」は19世紀後半に中国で李鴻章や曽国藩によって行われた西洋化政策です。

解答番号【18】:③　⇒重要度A

問2　変法運動は19世紀後半に中国で行われた政治改革運動です。この説明として正しいのは④です。したがって、正解は④となります。①パン＝イスラーム主義は19世紀後半の中東諸国で帝国主義に基づく植民地支配に反発した思想です。②正統主義はナポレオン戦争後のウィーン会議で提唱されました。③人民戦線はファシズムの台頭に対抗することを目的として結成されました。

解答番号【19】:④　⇒重要度A

問3　「ロシア革命」は20世紀に、「名誉革命」は17世紀にイギリスでおきました。また、ジェファソンが独立宣言を起草したのは18世紀のアメリカ独立戦争期です。「平和に関する布告」はロシア革命期にレーニンが提唱した即時停戦提案です。したがって、正解は②となります。

解答番号【20】:②　⇒重要度B

問4　①ヴィシー政府は第二次世界大戦中にフランスでペタンを元首として成立しました。②ローマ進軍は20世紀にイタリアでおこったもので、これをきっかけにムッソリーニ政権が成立しました。③天安門事件は20世紀後半に中国で民主化を求めたものです。④マグナ＝カルタ（大憲章）は13世紀にイギリスで王権を制限した法律文書です。したがって、正解は①となります。

解答番号【21】:①　⇒重要度A

問5　設問文に津田梅子の米国滞在期間は「1872年～1882年」とありますから、体験できたと考えられる事柄はこの間にすでに存在していた事柄でなくてはなりません。①大陸横断鉄道は1869年に開通しました。②ラジオ放送はアメリカでは1920年に、日本では1925年にはじまりました。③ディズニーの初めての長編アニメーション映画（『白雪姫』）

と実写映画（『宝島』）は、いずれも1950年に公開されました。④アメリカで携帯電話のサービスが開始されたのは1945年です。したがって、正解は①となります。

解答番号【22】:①　　⇒重要度B

問6　1921～1922年のワシントン会議では、海軍の軍備制限条約、中国の主権尊重・領土保全を決めた九カ国条約、太平洋地域の現状維持を決めた四カ国条約などが定められました。したがって、正解は②となります。①イギリスが香港島を獲得したのはアヘン戦争後の南京条約を結んだ1842年、③十字軍が派遣されたのは11～13世紀、④北大西洋条約機構（NATO）が成立したのは1949年です。

解答番号【23】:②　　⇒重要度B

問7　空欄Bの直後に「自立できるように、英語の教師を養成する学校をつくった」とあります。この記述から、空欄Bには「女性が職業を持ち」が当てはまることがわかります。「ココ＝シャネル」はフランスのファッションデザイナーで、「サッチャー」はイギリスの政治家です。したがって、正解は③となります。

解答番号【24】:③　　⇒重要度C

6

問1　国際連合は第二次世界大戦後に発足しました。①「九十五カ条の論題」は16世紀にルターによって発表されました。②安全保障理事会は国際連合内の機関です。③アメリカ合衆国が参加しなかったのは国際連合の前身である国際連盟です。④ヒジュラ（聖遷）は7世紀にムハンマドがメッカからメディナへ移住したことを指します。したがって、正解は②となります。

解答番号【25】:②　　⇒重要度A

問2　資料内には「放射線量」「1986年」「ゴルバチョフ」（ソ連の政治家）といったことばが見られます。①X線が発見されたのは19世紀前半のドイツです。②第2次産業革命は19世紀後半にドイツとアメリカを中心におきました。③ペストが流行したのは14世紀のヨーロッパです。④チェルノブイリ原子力発電所は、ソ連（現在のウクライナ）にあり、1986年に爆発事故がおきています。したがって、正解は④となります。

解答番号【26】:④　　⇒重要度C

問3　1955年に開かれたアジア＝アフリカ会議はインドネシアの「バンドン」で行われました。もうひとつの選択肢の「カイロ」はエジプトの都市です。この会議の出席者はアジア・アフリカ地域の政治家です。「スカルノ」はインドネシアの政治家であり、「シモン＝ボリバル」はベネズエラの政治家です。したがって、正解は①となります。

解答番号【27】:①　　⇒重要度A

問4　①「ニューディール」は世界恐慌期のアメリカの政策です。②「アパルトヘイト」はアフリカで行われていた人種隔離政策です。③「カースト」はインドの身分制度です。④「カピチュレーション」はオスマン帝国とフランスが結んだ通商特権です。したがって、正解は②となります。

解答番号【28】：②　　　⇒ 重要度A

問５　冷戦は 1945 ～ 1989 年のアメリカとソ連を中心とした対立です。①スペイン内戦は 1936 ～ 1939 年におきました。②インカ帝国の滅亡は 16 世紀です。③ドイツの東西分裂は 1949 年です。④倭寇が活動していたのは 14 ～ 16 世紀です。したがって、正解は③となります。

解答番号【29】：③　　　⇒ 重要度A

問６　文章内にある「ティトー」という人物名から、この文章が「ユーゴスラヴィア」について説明されていることがわかります。したがって、正解は④となります。

解答番号【30】：④　　　⇒ 重要度B

7

問１　空欄Aについて、漢や唐の首都があったのは「長安」です。空欄Bについて、図のグラフを見ると 5000 年前から現代に近づくにつれて割合が増えていることから、空欄Bに当てはまるのは「牧畜」と推察できます。したがって、正解は③となります。

解答番号【31】：③　　　⇒ 重要度C

問２　（ア）ベトナム戦争時の正しい内容が書かれています。（イ）湾岸戦争のきっかけはクウェートの石油資源を狙ったイラクに対して多国籍軍が侵攻したことです。したがって、正解は②となります。

解答番号【32】：②　　　⇒ 重要度C

【 Ｂ解答 】

1	解答番号	正答	配点	2	解答番号	正答	配点	3	解答番号	正答	配点	4	解答番号	正答	配点
問１	1	③	3	問１	3	④	3	問１	11	①	3	問１	16	④	3
問２	2	④	3	問２	4	②	4	問２	12	②	3	問２	17	③	4
-	-			問３	5	③	3	問３	13	④	3	問３	18	③	3
-	-			問４	6	①	3	問４	14	①	3	問４	19	②	3
-	-			問５	7	②	3	問５	15	④	3	-	-		
-	-			問６	8	③	3	-	-			-	-		
-	-			問７	9	④	3	-	-			-	-		
-	-			問８	10	②	3	-	-			-	-		

5	解答番号	正答	配点	6	解答番号	正答	配点	7	解答番号	正答	配点
問１	20	③	4	問１	26	②	3	問１	31	③	3
問２	21	④	3	問２	27	④	3	問２	32	②	3
問３	22	②	3	問３	28	①	3	-	-		
問４	23	①	3	問４	29	③	3	-	-		
問５	24	③	3	問５	30	①	3	-	-		
問６	25	②	4	-	-			-	-		

【 Ｂ解説 】

1

問１　空欄Ａの前に「東北アジアで建国し、北京に遷都して中国支配を開始した」とあります。よって、空欄Ａに当てはまるのは「清」です。清は朱元璋（洪武帝）が南京を都として建国し、後に永楽帝が北京に遷都しています。空欄Ｂについて、その１行前に「『韃靼人』たちは独特の髪型をしており」とあります。清を建国した満州民族には辮髪という伝統的な髪形があり、漢人男性もこの髪型にすることを求められる辮髪令が出ていました。したがって、正解は③となります。

解答番号【１】：③　　⇒ **重要度Ｂ**

問２　（ア）ロシアがウラジヴォストークを建設したのは、アロー戦争の講和条約である北京条約で沿海州を獲得した 1860 年以降です。（イ）日本がシベリア出兵を行ったのは第一次世界大戦後の 1918 ～ 1922 年です。（ウ）渤海が建国されたのは７世紀末です。したがって、正解は④となります。

解答番号【２】：④　　⇒ **重要度Ｂ**

2

問1　①塩の行進は20世紀前半に植民地政府による塩の専売制に反対したガンディーらが行いました。②ミドハト憲法を発布したのは19世紀後半のオスマン帝国宰相ミドハト=パシャです。③ムガル帝国は16世紀前半にバーブルによって建国されました。④紀元前3世紀に、インドのマウリヤ朝のアショーカ王は仏教を保護し、仏典結集を行いました。したがって、正解は④となります。

解答番号【3】：④　　⇒重要度B

問2　①「ジャンヌ＝ダルク」は15世紀にフランスで百年戦争を戦った少女です。②「イエス」はキリスト教を創始しました。③「サラディン（サラーフ＝アッディーン）」は12世紀アイユーブ朝を創始しました。④「始皇帝」は紀元前3世紀に中国に秦を統一した皇帝です。したがって、正解は②となります。

解答番号【4】：②　　⇒重要度A

問3　バグダードは現在のイラクの首都にあたり、ここにかつて存在していたのは「アッバース朝」です。したがって、正解は③となります。なお、「北宋」は現在の中国、「ブルボン朝」は現在のフランス、「アステカ王国」は現在のメキシコにありました。

解答番号【5】：③　　⇒重要度C

問4　イベリア半島からイスラーム勢力を追い払う運動を「国土回復運動（レコンキスタ）」といいます。また、資料に示されている矢印をたどっていくと、インド→北アフリカ→イベリア半島→ヨーロッパというルートで数字が普及していっていることがわかります。したがって、正解は①となります。

解答番号【6】：①　　⇒重要度A

問5　①マヤ文字はマヤ文明において、②神聖文字（ヒエログリフ）は古代エジプトにおいて、③訓民正音（ハングル）は朝鮮半島において、④西夏文字は中国西部において使用されていた文字です。したがって、正解は②となります。

解答番号【7】：②　　⇒重要度A

問6　シュメール人はメソポタミアで都市文明を生み出した民族です。「六十進法」は古代オリエントでシュメール人によって発案されました。もうひとつの選択肢の「ゼロの概念」はインドで確立されました。また、空欄Bの直前に「洪水により土地の境界線が消えてしまうので」とありますから、空欄Bには測量に関する語句が当てはまることがわかります。したがって、正解は③となります。

解答番号【8】：③　　⇒重要度C

問7　①『神曲』はダンテ、②『種の起源』はダーウィン、③『阿Q正伝』は魯迅、④『大唐西域記』は玄奘によって著されました。したがって、正解は④となります。

解答番号【9】：④　　⇒重要度A

問８　①スエズ運河は地中海と紅海を結ぶ運河で、1869 年に開通しました。②ムワッヒド朝は 12 〜 13 世紀に北アフリカにあった王朝です。③第１回三頭政治は紀元前１世紀のローマにおいて行われていました。④ 9.11 同時多発テロは 21 世紀のアメリカでおきました。したがって、正解は②となります。

解答番号【10】：②　　⇒**重要度Ａ**

3

問１　空欄Ａにはサファヴィー朝の首都である「イスファハーン」が当てはまります。もうひとつの選択肢の「ボストン」はアメリカの都市名です。サファヴィー朝は現在のイランを中心とした国でしたので、およその位置は「あ」となります。したがって、正解は①となります。

解答番号【11】：①　　⇒**重要度Ｃ**

問２　①非ムスリムへのジズヤ（人頭税）を廃止したのはムガル帝国のアクバルです。②ナントの王令（ナントの勅令）を廃止したのはフランスのルイ 14 世です。③スターリンの個人崇拝を否定したのはソ連のフルシチョフです。④権利の章典を制定したのはイギリスの議会です。したがって、正解は②となります。

解答番号【12】：②　　⇒**重要度Ａ**

問３　①ネルチンスク条約はロシアと清の間で結ばれた国境に関する条約です。②ポエニ戦争は紀元前３〜紀元前２世紀のヨーロッパでおきました。③三・一独立運動は 20 世紀の朝鮮半島で発生しました。④朝鮮通信使の来日は室町時代（14 世紀）〜江戸時代（19 世紀）の間で行われていました。したがって、正解は④となります。

解答番号【13】：④　　⇒**重要度Ｂ**

問４　社会契約説は 17 〜 18 世紀のヨーロッパで展開されたもので、ホッブズやロック、ルソーらが説いています。したがって、正解は①となります。②「アウグスティヌス」は３〜４世紀の初期キリスト教の教父で、『神の国』や『告白録』を著しました。③「チャーチル」は 20 世紀のイギリスの首相です。④「チュラロンコン（ラーマ５世）」は 19 〜 20 世紀のタイの国王です。

解答番号【14】：①　　⇒**重要度Ｂ**

問５　東インド会社は 17 世紀にヨーロッパ諸国で設立された貿易会社で、そのうちオランダ東インド会社は 1602 年に設立された世界初の株式会社です。当時、ヨーロッパに輸出されていた日本産の商品は「陶磁器」です。したがって、正解は④となります。①「香辛料」は東南アジアで生産が行われていました。②「コーヒー」は中東やアフリカなどのイスラーム諸国で生産されていました。③「自動車」が誕生したのは 18 世紀で、普及しはじめたのは 20 世紀になってからです。

解答番号【15】：④　　⇒**重要度Ａ**

4

問１　①王権神授説は近世ヨーロッパの絶対王政の背景になった思想です。②ヴィクトリア女王は 19 世紀後半のイギリス女王でインド帝国の皇帝も兼任しました。③パリ＝コミューンは 19 世紀にフランスで成立した社会主義政権です。④フランクフルト国民議会は 19 世紀にドイツで開催され、ドイツ統一と憲法制定を中心として話し合いが行われました。したがって、正解は④となります。

解答番号【16】：④　⇒**重要度Ａ**

問２　19 世紀にスティーブンソンによって蒸気機関車が発明されました。これはイギリスでの出来事です。したがって、正解は③となります。なお、18 世紀後半～ 19 世紀にかけて産業革命がおこり、イギリスは「世界の工場」と呼ばれるようになりました。

解答番号【17】：③　⇒**重要度Ｃ**

問３　『ラーマーヤナ』は、３～４世紀にインドのグプタ朝で書かれたサンスクリット文学における古典叙事詩です。『共産党宣言』は、19 世紀にロンドンでマルクスとエンゲルスが発表しました。また、空欄Ａの直前に「1864 年に、労働者の国際組織である」とありますので、空欄Ａには「第１インターナショナル」が当てはまります。もうひとつの選択肢の「ヨーロッパ連合（EU）」は、1993 年にマーストリヒト条約にしたがって経済的・政治的連合として結成されました。したがって、正解は③となります。

解答番号【18】：③　⇒**重要度Ａ**

問４　①ユトレヒト条約は 18 世紀のスペイン継承戦争の講和条約です。②アロー戦争は 19 世紀のイギリス・フランス連合軍と清の戦争です。これに勝利したイギリスは南京条約で九竜半島南部を得ました。③節度使は、古代中国において辺境地域に置かれた兵を指揮しました。④大東亜共栄圏の建設をうたったのは 20 世紀半ばの太平洋戦争中の日本です。したがって、正解は②となります。

解答番号【19】：②　⇒**重要度Ａ**

5

問１　最初の空欄Ａの直前に「ファン＝ボイ＝チャウは、ベトナムの青年を日本に留学させる」とあります。よって、空欄Ａに当てはまるのは「東遊（ドンズー）運動」です。したがって、正解は③となります。①「チャーティスト運動」は 19 世紀のイギリスで選挙法改正等を要求した政治運動、②「ラダイト運動」は 19 世紀にイギリスで産業革命によって仕事を失った職人たちがおこした機械打ちこわし運動、④「洋務運動」は 19 世紀後半に中国で李鴻章や曽国藩によって行われた西洋化政策です。

解答番号【20】：③　⇒**重要度Ａ**

問２　変法運動は 19 世紀後半に中国で行われた政治改革運動です。この説明として正しいのは④です。したがって、正解は④となります。①パン＝イスラーム主義は 19 世紀後半の中東諸国で帝国主義に基づく植民地支配に反発した思想です。②正統主義はナポレオン戦争後のウィーン会議で提唱されました。③人民戦線はファシズムの台頭に対抗することを目的として結成されました。

解答番号【21】：④　　⇒重要度Ａ

問３　「ロシア革命」は 20 世紀に、「名誉革命」は 17 世紀にイギリスでおきました。また、ジェファソンが独立宣言を起草したのは 18 世紀のアメリカ独立戦争期です。「平和に関する布告」はロシア革命期にレーニンが提唱した即時停戦提案です。したがって、正解は②となります。

解答番号【22】：②　　⇒重要度Ｂ

問４　①ヴィシー政府は第二次世界大戦中にフランスでペタンを元首として成立しました。②ローマ進軍は 20 世紀にイタリアでおこったもので、これをきっかけにムッソリーニ政権が成立しました。③天安門事件は 20 世紀後半に中国で民主化を求めたものです。④マグナ＝カルタ（大憲章）は 13 世紀にイギリスで王権を制限した法律文書です。したがって、正解は①となります。

解答番号【23】：①　　⇒重要度Ａ

問５　年表には、空欄Ｂが 1911 〜 1934 年の間にありますから、この間にポーランドでおきた出来事を考えます。①人民公社は 20 世紀に中国の農村で編成されました。②第１回対仏大同盟は 18 世紀のフランス革命に干渉したヨーロッパ諸国が結成しました。③パリ講和会議では「民族自決」のもとに独立が認められ、ヨーロッパ諸国のうち、ポーランドは 1918 年にロシア帝国から独立しています。④北緯 38 度線を境界に分割占領されたのは朝鮮半島で、1950 年に勃発した朝鮮戦争の休戦協定でも北緯 38 度線を停戦ラインとしました。したがって、正解は③となります。

解答番号【24】：③　　⇒重要度Ｃ

問６　設問文から、空欄Ｃには「マリ＝キュリーとも親交があり、相対性理論を発表した科学者」が当てはまることがわかります。①「フビライ」はモンゴル帝国５代目のハン（君主）です。②「アインシュタイン」は 19 〜 20 世紀の理論物理学者で、相対性理論を提唱しました。③「チャップリン」は 19 〜 20 世紀のイギリス生まれの映画俳優・監督です。④「ニュートン」は 17 〜 18 世紀の物理学者・数学者で、光のスペクトル分析や万有引力の法則、微分・積分法を発見しました。したがって、正解は②となります。

解答番号【25】：②　　⇒重要度Ｃ

6

問１　国際連合は第二次世界大戦後に発足しました。①「九十五カ条の論題」は16世紀にルターによって発表されました。②安全保障理事会は国際連合内の機関です。③アメリカ合衆国が参加しなかったのは国際連合の前身である国際連盟です。④ヒジュラ（聖遷）は７世紀にムハンマドがメッカからメディナへ移住したことを指します。したがって、正解は②となります。

解答番号【26】：②　　⇒重要度Ａ

問２　資料内には「放射線量」「1986 年」「ゴルバチョフ」（ソ連の政治家）といったことば

が見られます。①X線が発見されたのは19世紀前半のドイツです。②第2次産業革命は19世紀後半にドイツとアメリカを中心におきました。③ペストが流行したのは14世紀のヨーロッパです。④チェルノブイリ原子力発電所は､ソ連（現在のウクライナ）にあり、1986年に爆発事故がおきています。したがって、正解は④となります。

解答番号【27】：④　　⇒重要度C

問3　1955年に開かれたアジア･アフリカ会議はインドネシアの「バンドン」で行われました。もうひとつの選択肢の「カイロ」はエジプトの都市です。この会議の出席者はアジア・アフリカ地域の政治家です。「スカルノ」はインドネシアの政治家であり、「シモン＝ボリバル」はベネズエラの政治家です。したがって、正解は①となります。

解答番号【28】：①　　⇒重要度A

問4　（ア）コルベールは17世紀のフランスの財務長官です。（イ）前漢は紀元前2世紀に中国で成立した王朝です。(ウ)国際通貨基金(IMF)が設立されたのは1945年です。したがって、正解は③となります。

解答番号【29】：③　　⇒重要度B

問5　空欄Aの人物が行った演説について､資料2の7～9行目に「肌の色によってではなく、人格そのものによって評価される国に生きられるようになる」とあります。この記述から、この演説は人種差別に関連するものであることが推測できます。「キング牧師」と「蒋介石」のうち、人種差別撤廃のために活動をしていたのは「キング牧師」です。したがって、正解は①となります。

解答番号【30】：①　　⇒重要度A

7

問1　空欄Aについて、漢や唐の首都があったのは「長安」です。空欄Bについて、図のグラフを見ると5000年前から現代に近づくにつれて割合が増えていることから、空欄Bに当てはまるのは「牧畜」と推察できます。したがって、正解は③となります。

解答番号【31】：③　　⇒重要度C

問2　（ア）ベトナム戦争時の正しい内容が書かれています。（イ）湾岸戦争のきっかけはクウェートの石油資源を狙ったイラクに対して多国籍軍が侵攻したことです。したがって、正解は②となります。

解答番号【32】：②　　⇒重要度C

令和３年度 第２回
高卒認定試験

世界史Ａ・Ｂ

解答時間　50分

注　意　事　項（抜粋）

＊　試験開始の合図前に，監督者の指示に従って，解答用紙の該当欄に以下の内容をそれぞれ正しく記入し，マークすること。

①**氏名欄**

氏名を記入すること。

②**受験番号**，③**生年月日**，④**受験地欄**

受験番号，**生年月日を記入**し，さらにマーク欄に**受験番号**（数字），**生年月日**（年号・数字），**受験地をマーク**すること。

＊　**受験番号，生年月日，受験地が正しくマークされていない場合は，採点できないことがある。**

＊　解答は，解答用紙の解答欄にマークすること。例えば， 10 と表示のある解答番号に対して②と解答する場合は，次の(例)のように**解答番号** 10 の**解答欄**の②に**マーク**すること。

（例）

解答番号	解　答　欄
10	① ●（②をマーク） ③ ④ ⑤ ⑥ ⑦ ⑧ ⑨ ⓪

世　界　史　A

（解答番号 1 ～ 32 ）

1 次の文章と図版に関連して，問1～問2に答えよ。

世界史の授業で感染症の歴史について調べることになった2人の高校生が，天然痘について発表した。

関さん：天然痘は，1980年に世界保健機関(WHO)によって根絶が宣言されましたが，それまで，高い致死率を持つ感染症として，世界中で長く恐れられてきました。

南さん：感染症の流行は，ある程度多くの人口がいるところで定期的に発生します。天然痘は，最初に都市文明の成立した古代オリエント(a)地域で，すでに確認されています。

関さん：感染症が流行すると，多くの人が亡くなる代わりに，社会全体で感染症に対する抵抗力もつきます。これに対し，流行を経験していない地域に感染症が持ち込まれると，大きな被害が出ました。代表的な例が，ラテンアメリカです。天然痘などのヨーロッパから持ち込まれた感染症のために先住民の人口が激減しました。そこで，減少した労働力を補うために　A　ことになり，住民構成が変わってしまいました。

南さん：天然痘の脅威は，要人にとっても例外ではありませんでした。例えば，清の康熙帝も，顔に天然痘の痕(あと)があったということです。フランス王　B　によって17世紀末に派遣され，康熙帝に仕えたカトリック宣教師のブーヴェは次のように伝えています。

> この皇帝は…顔立はそれぞれよく整い…少しばかり痘痕(あばた)が残っておりますが，そのために玉体から発する好(よ)い感じが毫(ごう)も損なわれてはおりません。

関さん：満洲人やモンゴル人は天然痘に対する抵抗力が弱く，中国に入ると罹患(りかん)して命を落とすことも多かったそうです。康熙帝が皇帝に選ばれたのは，一度かかったけれども生き延びたので，もうかからないと考えられたからだ，ともいわれているそうです。

南さん：人類の歴史は，病気とどう戦い，どう共存していくかの歴史であったといえますね。

康熙帝の肖像(ブーヴェ『康熙帝伝』)

問 1　下線部分古代オリエント(a)について述べた文として適切なものを，次の①〜④のうちから一つ選べ。解答番号は 1 。

① 諸子百家とよばれる思想家が活躍した。

② 仏教寺院のボロブドゥール寺院が建てられた。

③ 四つの身分からなるヴァルナ(種姓)が成立した。

④ 王(ファラオ)の権威を象徴するピラミッドが建造された。

問 2　 A に当てはまる文と， B に当てはまる人物との組合せとして正しいものを，次の①〜④のうちから一つ選べ。解答番号は 2 。

	A	B
①	アフリカから黒人奴隷が移入される	ド＝ゴール
②	アフリカから黒人奴隷が移入される	ルイ 14 世
③	華僑や印僑とよばれる労働移民が流入する	ド＝ゴール
④	華僑や印僑とよばれる労働移民が流入する	ルイ 14 世

2 次の文章と図版に関連して，**問1～問4**に答えよ。

原田さんは港町の歴史について調べ，次の**カード1**・**カード2**を作成した。

カード1　博多

○1世紀に後漢の皇帝 **A** が，倭の奴国に印綬を与えたことが『後漢書』東夷伝に記録されている。この印綬と考えられる金印が，1784年に博多湾にある志賀島で発見された。このことから，博多が古くから中国と交流していたことが推察できる。

○遣隋使や遣唐使らは，博多から隋・唐や新羅(a)へ向かって出発した。また東アジア各地からの使者や商人も博多を訪れ，博多は大陸文化の窓口となった。

○12世紀には平氏政権が，博多を中継地の一つとして宋(b)との貿易を進めたことによって，交流は一層盛んになり，港やその周辺には中国人街が形成されるほどであった。

発見された金印

カード2　イスタンブル

○紀元前7世紀，ギリシア人の一派によって植民市として建設され，ビザンティオンと名付けられた。天然の良港である金角湾を擁して栄えた。

○4世紀になるとローマ帝国(c)の都となった。遷都した皇帝の名にちなみ， **B** とよばれるようになった。

○6世紀にはビザンツ帝国(東ローマ帝国)のユスティニアヌス帝によって，聖ソフィア聖堂が建立された。7世紀になるとビザンツ帝国は次第に勢力圏を縮小した(d)が，その後も， **B** は東西交易ルートの要衝となった。

○14世紀中頃，ペストが流行し，多くの死者が出た。 **B** は交易が盛んな都市だったため，ペストはここから内陸部へ広がっていった。

○この都市がイスタンブルとよばれるようになったのは，後世のことである。

ユスティニアヌス帝

問 1 [A] に当てはまる人物と，下線部分新羅(a)に関する説明との組合せとして正しいものを，次の①～④のうちから一つ選べ。解答番号は [3] 。

	[A]	説　明
①	光武帝	ゲルマン人が建国した。
②	光武帝	百済を滅ぼした。
③	玄　宗	ゲルマン人が建国した。
④	玄　宗	百済を滅ぼした。

問 2 下線部分宋(b)について，北宋のようすを述べた文として適切なものを，次の①～④のうちから一つ選べ。解答番号は [4] 。

① ガンダーラ美術が生まれた。

② 「プラハの春」とよばれる民主化運動がおこった。

③ ワッハーブ運動がおこった。

④ 王安石が改革を行った。

問 3 下線部分ローマ帝国(c)に関する説明と，[B] に当てはまる語句との組合せとして正しいものを，次の①～④のうちから一つ選べ。解答番号は [5] 。

	説　明	[B]
①	マグナ＝カルタ(大憲章)が発布された。	コンスタンティノープル
②	マグナ＝カルタ(大憲章)が発布された。	アムステルダム
③	五賢帝時代に最盛期を迎えた。	コンスタンティノープル
④	五賢帝時代に最盛期を迎えた。	アムステルダム

問 4 下線部分7世紀になるとビザンツ帝国は次第に勢力圏を縮小した(d)とあるが，その原因として考えられる事柄について述べた文として適切なものを，次の①～④のうちから一つ選べ。解答番号は [6] 。

① イスラーム勢力が進出した。

② ファシスト党が政権を獲得した。

③ ファショダ事件がおこった。

④ 二月革命がおこった。

3 1～2の文章と図版に関連して，問1～問5に答えよ。

1　生徒と先生が，図1～図3を見ながら，医学の歴史について会話している。

生徒：　医学の歴史を調べていたら，イスラーム世界(a)における『イル＝ハーン外科術』という本を見つけました。図1の医者は何をしているのでしょうか。

先生：　医療道具を使って出血を止めているシーンです。図2は歯科用の医療道具ですが，他にも多くの医療道具が使われていました。近代医学が始まる前は，イスラーム世界の医学の方がヨーロッパよりも進んでいたのです。特に，イブン＝シーナーが11世紀に著した『医学典範』は，図3のようにラテン語に翻訳され，中世ヨーロッパの大学の教科書として尊重されていたのです。

生徒：　そうなのですね。『医学典範』の表紙の左から2番目の人物は，古代ギリシアのヒポクラテスでしょうか。

先生：　そうです。『医学典範』は古代ギリシアの影響を色濃く受けていたのです。

生徒：　そういえば，ルネサンス(b)も古代ギリシアの影響を受けていましたよね。興味が湧いてきたので，古代ギリシアの文化をもう一度学び直そうと思います。

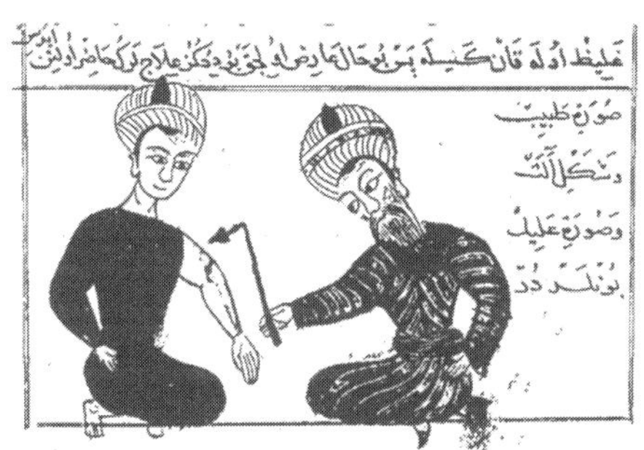

図1　『イル＝ハーン外科術』の医療場面(15世紀)

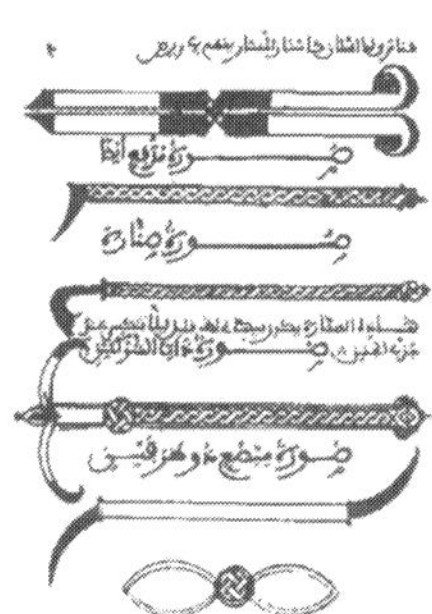

図2　ザフラーウィー(1013年頃没)の著作に描かれた歯科用の医療道具

図3　ヴェネツィアで出版された『医学典範』ラテン語版の表紙(1608年)

問 1　下線部分イスラーム世界(a)の出来事について述べた次の(ア)～(ウ)を，古いものから順に正しく並べたものを，下の①～④のうちから一つ選べ。解答番号は 7 。

(ア)　青年トルコ革命がおこった。

(イ)　サファヴィー朝が，イスファハーンを都にした。

(ウ)　ハールーン＝アッラシードの時代に，アッバース朝が最盛期を迎えた。

① (イ)→(ア)→(ウ)　　② (イ)→(ウ)→(ア)

③ (ウ)→(ア)→(イ)　　④ (ウ)→(イ)→(ア)

問 2　下線部分ルネサンス(b)期の作品を，次の①～④のうちから一つ選べ。解答番号は 8 。

①

ピカソ「ゲルニカ」

②

ボッティチェリ「ヴィーナスの誕生」

③

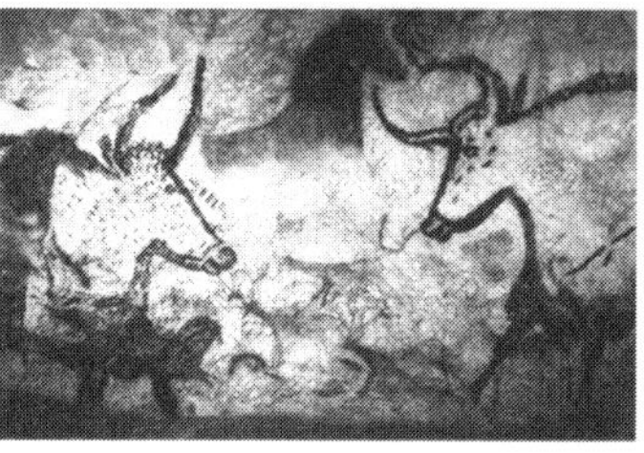

ラスコーの洞穴絵画

④

ドラクロワ「民衆を導く自由の女神」

2 調理師を目指す栄さんと先生が，**資料1**・**資料2**を見ながら，料理やレシピの歴史について会話している。

先　生： 興味のある料理の歴史を調べ，資料にまとめる宿題はしてきましたか。

栄さん： はい。ホットチョコレートの歴史を調べていたら，16世紀半ばのカカオ料理のことが書かれた，『メキシコ征服記』(c)を見つけたので，一部を抜粋して**資料1**を作りました。

先　生： この後，スペインにカカオ豆を持ち帰って，ホットチョコレートを作ったそうですが，最初の頃は苦く，あまり評判は良くなかったようです。**資料2**はサラダドレッシングのレシピですね。気になったことはありましたか。

栄さん： イギリスで書かれた1699年頃のレシピのようなのですが，コショウを混ぜているのが面白いなと思いました。

先　生： すでに東南アジアとヨーロッパの間での交易(d)が盛んでしたからね。コショウがレシピに登場していることからも，そのようすをうかがい知ることができますね。レシピを読むと，その時代に，どの地域とどの地域が関係していたのかが分析できるので，面白いですね。

資料1　ホットチョコレートの歴史

> モンテスマの食事が終わると，すぐに続いて警護の者やその他宮中で働く大勢の使用人達の食事が始まった。先に述べたような料理を盛った皿の数は1000を超え，メキシコ風に泡立てたカカオの壺も2000個以上あったように思う。
>
> （ベルナール＝ディアス＝デル＝カスティーリョ『メキシコ征服記』）

資料2　サラダドレッシングのレシピ

> 油はよく澄んだものを使い，あまりこってりしたものや，あまり黄色いものはよくない。…卵にオリーヴ・オイル，酢，塩，コショウ，カラシを混ぜてつぶす。サラダを磁器(e)の器…に入れ，ドレッシングが中身すべてに等しく行き渡るようにフォークとスプーンでかき混ぜる。
>
> （ジョン＝イーヴリン『サラダ談義』）

問 3　下線部分メキシコ(c)の16世紀のようすについて述べた文として適切なものを，次の①～④のうちから一つ選べ。解答番号は 9 。

① オバマが，「核なき世界」を唱えた。

② 張騫が，西域に派遣された。

③ ナポレオン1世が，大陸封鎖令を出した。

④ コルテスが，アステカ王国を滅ぼした。

問 4　下線部分東南アジアとヨーロッパの間での交易(d)について，交易の中心地の一つとしてマラッカ王国があった。次の**資料3**は，1405年からの鄭和の南海大遠征に同行した人物がマラッカ王国について記したものである。鄭和の南海大遠征を命じた明の皇帝と，**資料3**から読み取れる内容との組合せとして正しいものを，下の①～④のうちから一つ選べ。
解答番号は 10 。

資料3

この国の王様も民もイスラーム教徒で，教えをかたく信じている。土地の物産は，黄連香(おうれんこう)，烏木(こくたん)，打麻児香(ダマル)，錫(すず)などの類である。…各地に行く船舶がここに来ると，交易品を船に積み込み，5月中旬に航海を開始し中国に向かう。

	明の皇帝	**資料3**から読み取れる内容
①	永楽帝	マラッカ王国では，錫がとれた。
②	永楽帝	マラッカの国王は，イスラーム教を信仰していなかった。
③	フェリペ2世	マラッカ王国では，錫がとれた。
④	フェリペ2世	マラッカの国王は，イスラーム教を信仰していなかった。

問 5　下線部分磁器(e)は宋や明で盛んに作られ，後にヨーロッパに輸出された。陶磁器の名産地である明の都市を，次の①～④のうちから一つ選べ。解答番号は 11 。

① 香　港　　② 上　海

③ 景徳鎮　　④ 青　島

4 1～2の文章と図版に関連して，問1～問6に答えよ。

1 アメリカ合衆国の捕鯨業は独立前から盛んであった。当初はニューイングランド地方の沿岸捕鯨だったが，やがて公海捕鯨に転じ，アメリカ合衆国の独立(a)の頃より太平洋に進出した。19世紀半ば頃には700隻を超える漁船が操業していた。

当時の捕鯨業は常に危険が伴い，海難は跡を絶たなかった。1853年のペリー来航(b)をきっかけに，日本とアメリカ合衆国の間で［ A ］条約が結ばれ，下田と箱館の2港が開港されたが，アメリカ合衆国の動機の一つは，捕鯨船団のための寄港地を確保することにあった。しかしこの頃より，鯨油の需要が減退し，鯨資源の枯渇もあり，捕鯨業は急速に衰退することとなった。

19世紀初めのアメリカ合衆国の捕鯨

問1 下線部分アメリカ合衆国の独立(a)に関連して，独立運動に関わる出来事について述べた文として適切なものを，次の①～④のうちから一つ選べ。解答番号は［ 12 ］。

① 選挙権を求めるチャーティスト運動が展開された。

② 印紙法に対する反対運動がおこった。

③ サンフランシスコ会議で，国際連合憲章が採択された。

④ ファン＝ボイ＝チャウが東遊(ドンズー)運動を組織した。

問 2　下線部分ペリー来航(b)について，次の**資料**はペリー来航の記録の一部である。**資料**からわかる，ペリーが日本に向かった地図中のおよその航路と， A の条約名との組合せとして正しいものを，下の①～④のうちから一つ選べ。解答番号は 13 。

資料

> 遅滞にしびれをきらした提督は，これ以上僚艦を待つ気になれず，1852 年 11 月 24 日，ミシシッピ号のみでノーフォークを出発し，石炭と食料の供給の便を考えて外回り航路を取り，マデイラ，喜望峰，モーリシャス，シンガポールを経由する計画で，日本への遣使の途についたのである。
>
> （宮崎壽子監訳『ペリー提督日本遠征記』より）

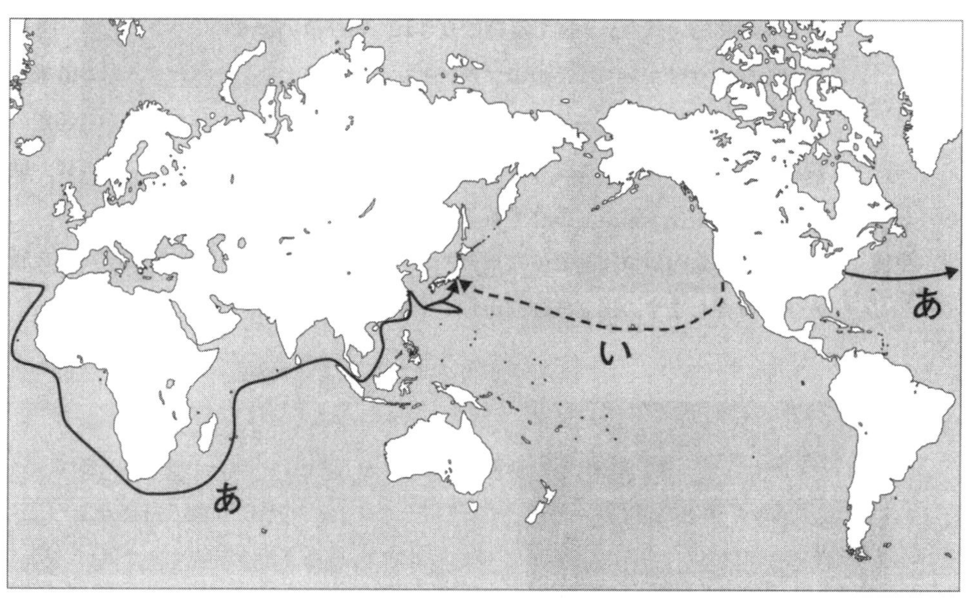

	航　路	A
①	あ	日米和親
②	あ	天　津
③	い	日米和親
④	い	天　津

2　生徒と先生が，図1・図2を見ながら会話している。

先生：　図1はある施設内のようすを描いた絵です。どこにある施設だと思いますか。

生徒：　南国の植物に見えるものが多くあります。赤道付近の地域でしょうか。

先生：　これはイギリスの(c)ロンドンのテムズ川右岸にある王立植物園(キューガーデン)の内部を描いたものです。18世紀半ばにつくられ，1840年に王立植物園となりました。

生徒：　イギリスの植物とは思えません。

先生：　はい。これらの多くはイギリスが進出した地域の植物を採取してきたものです。これらの植物を栽培するために(d)ヴィクトリア女王の治世に建造されたのが図2のパームハウスです。

生徒：　巨大な施設ですね。植物はなんのためにロンドンで育てられたのでしょうか。

先生：　これらの植物は王立植物園で品種改良され，再び植民地に移植されました。その後，天然ゴムやカカオなどが植民地のプランテーションで大量生産され，本国や欧米諸国へ輸出されていきました。植民地にされた地域の経済は，自給自足の経済から特定の種類の農産物を生産・輸出することに限定された経済に変化しました。このように，経済が特定の産物の生産・輸出に依存することを［ B ］といいます。

生徒：　かつて欧米諸国の植民地だった(e)東南アジアなどの地域は，現代でも特定の農産物の輸出が多い気がします。王立植物園からイギリスの世界進出が見えてきますね。

図1

図2

問 3　下線部分(c)ロンドンのテムズ川に関連して，次の絵と文章は，1850 年代に水質が悪化したテムズ川のようすを描いた風刺画と，当時のテムズ川についての説明文である。説明文中の X に入る語句と，1850 年代のヨーロッパのようすとの組合せとして正しいものを，下の①～④のうちから一つ選べ。解答番号は 14 。

首都ロンドンを流れるテムズ川は，中世以来人々の飲料水を提供してきた。1850 年代のイギリスは 18 世紀半ばから始まった X を経て「世界の工場」として繁栄期にあったが，商工業の発展は都市への人口集中を招いた。テムズ川は，工場からの産業排水と人口増による生活排水によって汚染がひどくなった。

	X	1850 年代のヨーロッパのようす
①	ニューディール	ナポレオン 3 世が，帝政を始めた。
②	ニューディール	カストロが，キューバ革命をおこした。
③	産業革命	ナポレオン 3 世が，帝政を始めた。
④	産業革命	カストロが，キューバ革命をおこした。

問 4　下線部分(d)ヴィクトリア女王の時代の出来事について述べた文として適切なものを，次の①～④のうちから一つ選べ。解答番号は 15 。

① 黄巾の乱がおこった。

② 湾岸戦争がおこった。

③ ポーランド分割が行われた。

④ インド帝国が成立した。

問 5　B に当てはまる語句を，次の①～④のうちから一つ選べ。解答番号は 16 。

① バブル経済　　② アパルトヘイト

③ モノカルチャー経済　　④ 科学革命

問6 下線部分(e)東南アジアに関連して，東南アジア地域で植民地とならず独立を保ったタイの略地図中のおよその位置と，19世紀のタイのようすとの組合せとして正しいものを，下の①～④のうちから一つ選べ。解答番号は 17 。

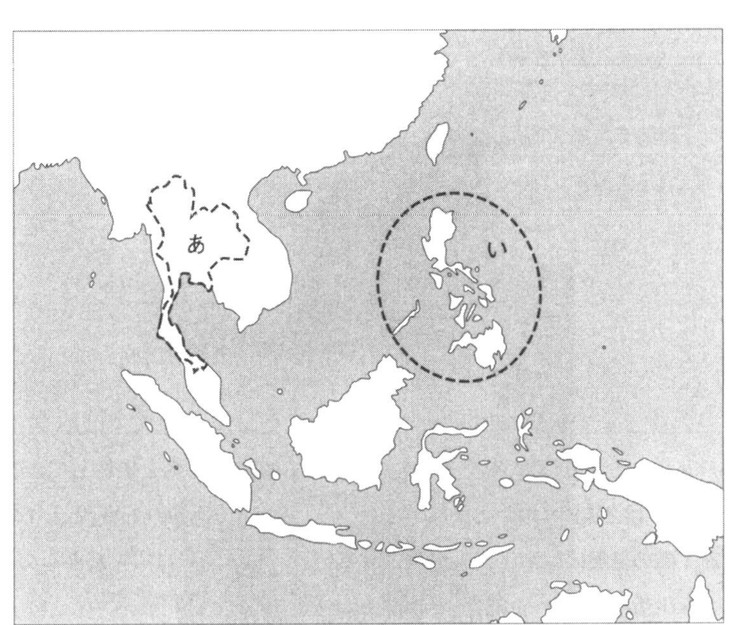

	位　置	19世紀のタイのようす
①	あ	近代化を目指したチュラロンコン王(ラーマ5世)が即位した。
②	あ	ミドハト＝パシャがアジア初の憲法を起草した。
③	い	近代化を目指したチュラロンコン王(ラーマ5世)が即位した。
④	い	ミドハト＝パシャがアジア初の憲法を起草した。

5 1～2の文章と図版に関連して，**問1～問7**に答えよ。

1　イギリス人のジョージ＝オーウェルは，1922年，父と同じくインド(a)の官吏となった。しかし，植民地を蔑視する任務のあり方に疑問を持ち，帰国して貧しい生活をしながら，作家を志すようになった。そして，1929年に始まる［A］の下での貧民を描いた『パリ・ロンドン放浪記』を，1933年に発表した。

1936年，オーウェルはスペイン内戦(b)に義勇兵として参加し，人民戦線とともに戦った。その経験を，帰国後の1938年に『カタロニア讃歌』として発表した。第二次世界大戦が始まると，ドイツの侵攻に備えるための義勇隊にも参加した。その後も，ソ連(c)の支配を風刺した『動物農場』(1945年刊行)や，生活の隅々まで管理される未来社会を予想した『1984年』(1949年刊行)など，人間らしさを主題とする小説を発表した。

ジョージ＝オーウェル

問1　下線部分インド(a)の1920年代のようすについて述べた文として適切なものを，次の①～④のうちから一つ選べ。解答番号は［18］。

① スエズ運河が開通した。

② アラビア文字からローマ字への文字改革を行った。

③ 非暴力・不服従の抵抗運動が行われた。

④ 権利の章典を定めた。

問2 [A] は，ニューヨークのウォール街における株価の暴落を直接の原因として始まった出来事である。[A] に当てはまる語句を，次の①～④のうちから一つ選べ。解答番号は [19] 。

① タバコ＝ボイコット運動　② 世界恐慌
③ 百年戦争　④ 大躍進政策

問3 下線部分スペイン内戦(b)で，人民戦線と敵対する反乱軍を率いた軍人を，次の①～④のうちから一つ選べ。解答番号は [20] 。

①

トゥサン＝ルヴェルチュール

②

ナセル

③

ワット

④

フランコ

問4 下線部分ソ連(c)の20世紀前半のようすについて述べた文として適切なものを，次の①～④のうちから一つ選べ。解答番号は [21] 。

① アクバルが，ジズヤを廃止した。
② ガリレイが，地動説を唱えた。
③ スターリンが，一国社会主義を唱えた。
④ ジョン＝ヘイが，中国の門戸開放を唱えた。

2　ドイツの版画家・彫刻家のケーテ＝コルヴィッツは，1890年代より貧しい人々の苦悩や怒りを題材とする作品を発表し，注目を集めた。世界政策を唱えて積極的に海外に進出しようとしていたドイツ皇帝 [B] から，賞の授与を拒否されることもあったが，名声は高まり，女性初のプロイセン芸術院会員となった。1914年，第一次世界大戦に従軍した息子が戦死すると，その悲しみを戦争と平和を題材とする作品で表現しようとした。また，第一次世界大戦後(d)の社会主義運動や平和運動にも関与した。

1933年に首相に就任したヒトラーは，政府に立法権を与える法律(e)を制定するなどして，ドイツに独裁体制を築いた。こうした中で，ケーテ＝コルヴィッツは，反政府的な作家として迫害を受けるようになったが，屈することなく制作を続けた。1942年には第二次世界大戦に従軍した孫を亡くし，翌年には空襲で家や多くのデッサンを失った。1945年4月22日，ドイツ降伏の直前に世を去った。

ケーテ＝コルヴィッツ「母たち」(1922年)

問5 B に当てはまる人物と，B の世界政策の一環で建設された鉄道との組合せとして正しいものを，次の①～④のうちから一つ選べ。解答番号は 22 。

	B	鉄　道
①	ヴィルヘルム2世	バグダード鉄道
②	ヴィルヘルム2世	大陸横断鉄道
③	カール大帝	バグダード鉄道
④	カール大帝	大陸横断鉄道

問6 下線部分第一次世界大戦後(d)の西アジアのようすについて述べた文として適切なものを，次の①～④のうちから一つ選べ。解答番号は 23 。

① ロベスピエールが，恐怖政治を行った。

② ホー＝チ＝ミンが，ベトナム民主共和国の建国を宣言した。

③ 李成桂が，朝鮮王朝を建てた。

④ レザー＝ハーンが，パフレヴィー朝を樹立した。

問7 下線部分政府に立法権を与える法律(e)である全権委任法(1933年制定)の条文を，次の①～④のうちから一つ選べ。解答番号は 24 。

①
> 第1条　国の法律は，憲法の定める手続によるほか，政府によっても制定され得る。…
> 第2条　政府が制定した国の法律は，憲法と背反し得る。…

②
> 第119条　ドイツは海外領土に関わるすべての権益，権利を放棄し，これらは主要連合国と協調国に与えられる。

③
> 第1条　人間は自由で権利において平等なものとして生まれ，かつ生き続ける。社会的区別は共同の利益にもとづいてのみ設けることができる。

④
> 余は…確信した。…新しい規程により，農奴は，然るべき時期に，自由な農村住民としての完全な権利を受け取る。

6 1～2の文章と図版に関連して，**問1～問6**に答えよ。

1　第二次世界大戦後の日本は，様々な困難に向き合いながら，復興と経済成長をはたしていった。**資料1**は，1956年度(昭和31年度)の『経済白書』の一部である。

資料1

> 戦後10年日本経済は目ざましい復興を遂げた。…国民所得は，戦前の五割増の水準に達し，一人当りにしても戦前の最高記録昭和14年の水準を超えた。工業生産も戦前の2倍に達し，軍需を含めた戦時中の水準をはるかに上回っている。…
>
> ことに最近その実績が明らかにされた昭和30年度の経済発展にはまことにめざましいものがあった。…世界第二位の輸出増加率を示した昨年の日本経済の姿を，世界経済の奇蹟と称せられた(a)西独経済の発展に比すべきものとして目をみはっている。…今回，発表した経済白書においては，復興過程を終えたわが国が，経済の成長を鈍化させないためには，如何なる方途に進まねばならぬかをその主題としている。…(b)もはや「戦後」ではない。…回復を通じての成長は終わった。…(c)世界の二つの体制の間の対立も，原子兵器の競争から平和的競存に移った。平和的競存とは，経済成長率の闘いであり，生産性向上のせり合いである。…

1956年度(昭和31年度)の『経済白書』の表紙

問 1 下線部分西独(a)(西ドイツ)に関連して，1961 年に建設が始まった建造物はドイツの東西分裂の象徴として知られている。**資料 2** の証言を参考にして，建造物の名称と，その建造目的との組合せとして正しいものを，下の①～④のうちから一つ選べ。解答番号は 25 。

資料 2

体制に忠実な東ドイツの若い男は，国境警備兵として召集されたとき，自分の世界観が変わらざるをえないと納得した。彼はのちに語っている。

「私が壁の全体構造をみたのは，そのときがはじめてです。…私たちの側から実際には誰もむこうへ越えられないように，すべてが造られていました。…」

	建造物	建造目的
①	万里の長城	東ドイツの人々が西ドイツへ亡命することを防ぐ。
②	万里の長城	西ドイツの軍が東ドイツへ侵入することを防ぐ。
③	ベルリンの壁	東ドイツの人々が西ドイツへ亡命することを防ぐ。
④	ベルリンの壁	西ドイツの軍が東ドイツへ侵入することを防ぐ。

問 2 下線部分もはや「戦後」ではない(b)に関連して，この言葉の根拠と考えられる経済的状況として**資料 1** から読み取れることと，その経済的状況をもたらしたと考えられる背景との組合せとして正しいものを，次の①～④のうちから一つ選べ。解答番号は 26 。

	資料 1 から読み取れる経済的状況	経済的状況をもたらしたと考えられる背景
①	工業生産が戦前の 2 倍に達している。	ユグノー戦争がおこった。
②	工業生産が戦前の 2 倍に達している。	朝鮮戦争がおこった。
③	戦費が戦前の 2 倍に達している。	ユグノー戦争がおこった。
④	戦費が戦前の 2 倍に達している。	朝鮮戦争がおこった。

問 3 下線部分世界の二つの体制の間の対立(c)に関連して，この対立に関する国際的な動きについて述べた文として適切なものを，次の①～④のうちから一つ選べ。解答番号は 27 。

① 北大西洋条約機構(NATO)が成立した。

② トリエント公会議が開催された。

③ ウェストファリア条約が結ばれた。

④ ウィーン会議が開催された。

2 **資料3**は，1989年度(平成元年度)の『経済白書』の一部である。

資料3

> 世界においても新しい動きがみられる。まず，アジアのNIEsやASEAN(d)の重層的発展である。対米輸出の急増によって急成長を遂げた韓国，台湾などに続いてASEAN諸国も目ざましい発展を示した。次いで，ヨーロッパでは，ECの1992年統合を目指して調整が続けられているが，企業もまたこれを契機に積極的な活動を展開し，設備投資ブームが生じている。さらに，ソ連では経済の停滞を打破するための［A］が推進されている。…ソ連の経済改革には種々の困難が予想される。…また，中南米(e)など発展途上国の累積債務問題の解決にもさらに，先進国の協力が必要とされている。…

小渕恵三官房長官(当時)による元号発表

問4 下線部分ASEAN(d)の加盟国の歴史について述べた文として適切なものを，次の①～④のうちから一つ選べ。解答番号は［28］。

① フランスで，バスティーユ牢獄の襲撃がおこった。

② インドネシアで，スハルトが開発独裁を行った。

③ オランダで，東インド会社が設立された。

④ イギリスで，クロムウェルが共和政を樹立した。

問5 ［A］に当てはまる語句を，次の①～④のうちから一つ選べ。解答番号は［29］。

① ブロック経済　② タンジマート(恩恵改革)

③ 洋務運動　④ ペレストロイカ

問６ 下線部分中南米(e)に関連して，次の略地図中の斜線部は，中南米のメキシコ，ペルー，チリを含む国際的な経済協力の組織に加盟する国々を表したものである。組織の名称を，下の①～④のうちから一つ選べ。解答番号は 30 。

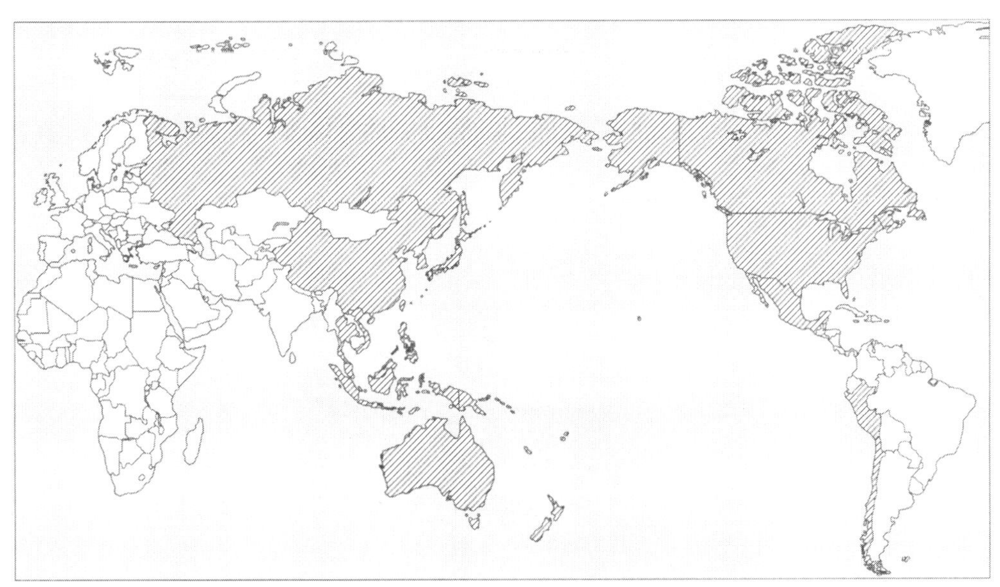

① APEC（アジア太平洋経済協力会議）
② 国際赤十字社
③ 第１インターナショナル
④ ハンザ同盟

7

7 次の文章と図版に関連して，問1～問2に答えよ。

天気は人間の生活に大きく影響する。そのため，雲や風の動きから天気を経験的に予測することは，古来より行われてきた。現在では，天気の予測のために天気図が用いられている。天気図は，ドイツの気象学者ハインリヒ＝ブランデスによって構想されたが，その時は天気の予測に使うことは想定されていなかった。しかし，電信の発明により，[A]が可能になったため，天気図を用いた天気の予測が可能になった。天気の変化に関する情報量は膨大であり，20世紀半ば以降には，その情報の処理のためにコンピューターが用いられるようになる。さらに，地球全体の天気に関する情報を収集するために，現在では人工衛星(a)が利用されている。

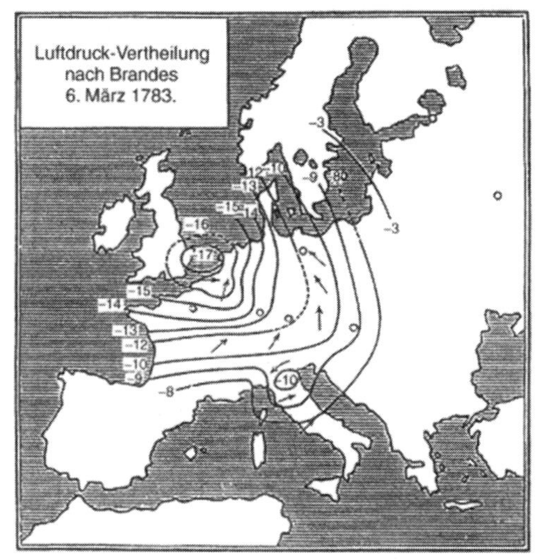

ブランデスの著作のデータをもとに作成された天気図

問1 [A]に当てはまる語句を，次の①～④のうちから一つ選べ。
解答番号は[31]。

① 物体を透過して見ること
② 瞬時に遠隔地の情報を得ること
③ 船の方位を測定し，長距離の航海を行うこと
④ 空を飛ぶことで，高速で長距離を移動すること

問 2 下線部分人工衛星[(a)]について述べた次の(ア)・(イ)の正誤を判断し，その組合せとして正しいものを，下の①～④のうちから一つ選べ。解答番号は 32 。

(ア) 人工衛星の開発が成功した結果，原子爆弾が開発された。

(イ) 人工衛星の打ち上げに世界で最初に成功したのはソ連である。

① (ア)―正　(イ)―正
② (ア)―正　(イ)―誤
③ (ア)―誤　(イ)―正
④ (ア)―誤　(イ)―誤

（これで世界史Ａの問題は終わりです。）

世界史B

(解答番号 1 ～ 32)

1 次の文章と図版に関連して，問1～問2に答えよ。

世界史の授業で感染症の歴史について調べることになった2人の高校生が，天然痘について発表した。

関さん：　天然痘は，1980年に世界保健機関(WHO)によって根絶が宣言されましたが，それまで，高い致死率を持つ感染症として，世界中で長く恐れられてきました。

南さん：　感染症の流行は，ある程度多くの人口がいるところで定期的に発生します。天然痘は，最初に都市文明の成立した古代オリエント(a)地域で，すでに確認されています。

関さん：　感染症が流行すると，多くの人が亡くなる代わりに，社会全体で感染症に対する抵抗力もつきます。これに対し，流行を経験していない地域に感染症が持ち込まれると，大きな被害が出ました。代表的な例が，ラテンアメリカです。天然痘などのヨーロッパから持ち込まれた感染症のために先住民の人口が激減しました。そこで，減少した労働力を補うために [A] ことになり，住民構成が変わってしまいました。

南さん：　天然痘の脅威は，要人にとっても例外ではありませんでした。例えば，清の康熙帝も，顔に天然痘の痕(あと)があったということです。フランス王 [B] によって17世紀末に派遣され，康熙帝に仕えたカトリック宣教師のブーヴェは次のように伝えています。

> この皇帝は…顔立はそれぞれよく整い…少しばかり痘痕(あばた)が残っておりますが，そのために玉体から発する好(よ)い感じが毫(ごう)も損なわれてはおりません。

関さん：　満洲人やモンゴル人は天然痘に対する抵抗力が弱く，中国に入ると罹患(りかん)して命を落とすことも多かったそうです。康熙帝が皇帝に選ばれたのは，一度かかったけれども生き延びたので，もうかからないと考えられたからだ，ともいわれているそうです。

南さん：　人類の歴史は，病気とどう戦い，どう共存していくかの歴史であったといえますね。

康熙帝の肖像(ブーヴェ『康熙帝伝』)

問1　下線部分古代オリエント(a)について述べた文として適切なものを，次の①～④のうちから一つ選べ。解答番号は［1］。

① 諸子百家とよばれる思想家が活躍した。

② 仏教寺院のボロブドゥール寺院が建てられた。

③ 四つの身分からなるヴァルナ(種姓)が成立した。

④ 王(ファラオ)の権威を象徴するピラミッドが建造された。

問2　［A］に当てはまる文と，［B］に当てはまる人物との組合せとして正しいものを，次の①～④のうちから一つ選べ。解答番号は［2］。

	A	B
①	アフリカから黒人奴隷が移入される	ド＝ゴール
②	アフリカから黒人奴隷が移入される	ルイ 14 世
③	華僑や印僑とよばれる労働移民が流入する	ド＝ゴール
④	華僑や印僑とよばれる労働移民が流入する	ルイ 14 世

2 1～2の文章と図版に関連して，**問1～問8**に答えよ。

1　原田さんは港町の歴史について調べ，次の**カード1・カード2**を作成した。

カード1　博多

○1世紀に後漢の皇帝 **A** が，倭の奴国に印綬を与えたことが『後漢書』東夷伝に記録されている。この印綬と考えられる金印が，1784年に博多湾にある志賀島で発見された。このことから，博多が古くから中国と交流していたことが推察できる。

○遣隋使や遣唐使らは，博多から隋・唐や新羅(a)へ向かって出発した。また東アジア各地からの使者や商人も博多を訪れ，博多は大陸文化の窓口となった。

○12世紀には平氏政権が，博多を中継地の一つとして宋(b)との貿易を進めたことによって，交流は一層盛んになり，港やその周辺には中国人街が形成されるほどであった。

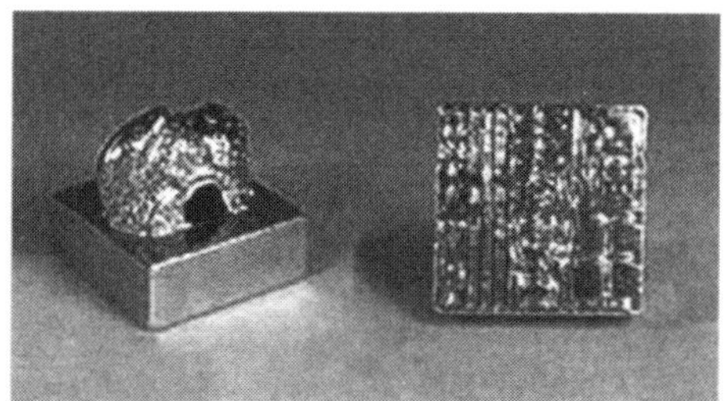

発見された金印

カード2　イスタンブル

○紀元前7世紀，ギリシア人の一派によって植民市として建設され，ビザンティオンと名付けられた。天然の良港である金角湾を擁して栄えた。

○4世紀になるとローマ帝国(c)の都となった。遷都した皇帝の名にちなみ， **B** とよばれるようになった。

○6世紀にはビザンツ帝国(東ローマ帝国)のユスティニアヌス帝によって，聖ソフィア聖堂が建立された。7世紀になるとビザンツ帝国は次第に勢力圏を縮小した(d)が，その後も， **B** は東西交易ルートの要衝となった。

○14世紀中頃，ペストが流行し，多くの死者が出た。 **B** は交易が盛んな都市だったため，ペストはここから内陸部へ広がっていった。

○この都市がイスタンブルとよばれるようになったのは，後世のことである。

ユスティニアヌス帝

問 1 [A] に当てはまる人物と，下線部分新羅(a)に関する説明との組合せとして正しいものを，次の①～④のうちから一つ選べ。解答番号は [3] 。

	A	説　明
①	光武帝	ゲルマン人が建国した。
②	光武帝	百済を滅ぼした。
③	玄　宗	ゲルマン人が建国した。
④	玄　宗	百済を滅ぼした。

問 2 下線部分宋(b)について，北宋のようすを述べた文として適切なものを，次の①～④のうちから一つ選べ。解答番号は [4] 。

① ガンダーラ美術が生まれた。

② 「プラハの春」とよばれる民主化運動がおこった。

③ ワッハーブ運動がおこった。

④ 王安石が改革を行った。

問 3 下線部分ローマ帝国(c)に関する説明と， [B] に当てはまる語句との組合せとして正しいものを，次の①～④のうちから一つ選べ。解答番号は [5] 。

	説　明	B
①	マグナ＝カルタ（大憲章）が発布された。	コンスタンティノープル
②	マグナ＝カルタ（大憲章）が発布された。	アムステルダム
③	五賢帝時代に最盛期を迎えた。	コンスタンティノープル
④	五賢帝時代に最盛期を迎えた。	アムステルダム

問 4 下線部分7世紀になるとビザンツ帝国は次第に勢力圏を縮小した(d)とあるが，その原因として考えられる事柄について述べた文として適切なものを，次の①～④のうちから一つ選べ。解答番号は [6] 。

① イスラーム勢力が進出した。

② ファシスト党が政権を獲得した。

③ ファショダ事件がおこった。

④ 二月革命がおこった。

2　生徒と先生が，図1～図4を見ながら，歴史上の船について会話している。

生徒：　先生，様々な形の船がありますね。図1はいつの時代の，どこの船ですか。

先生：　図1は紀元前2550年頃のエジプトの船です。当時，エジプトやギリシアなどの東地中海の交易は，現在の<u>レバノン</u>(e)に住む人々が担っていました。この船は，彼らによって，エジプトにもたらされたレバノン杉を用いて，つくられた船です。

生徒：　現在のレバノンの国旗には，レバノン杉がデザインされています。杉はレバノンの人々にとって，大切なものなのですね。ところで図2は何でしょうか。帆の形が特徴的です。

先生：　これは［C］といいます。帆が折り畳み式になっていて，操作が簡単だったようです。中国商人はこの船に乗り，羅針盤などを活用して，南・東シナ海で活動しました。図3はどんな人たちが使っていた船かわかりますか。

生徒：　図3は，ヴァイキングともよばれた<u>ノルマン人</u>(f)が使っていた船です。水中に沈んでいる部分が浅いので，川をさかのぼることができ，各地に進出して国を建てたことを学習しました。図4は甲板に建物が見られます。何でしょうか。

先生：　これは遣唐使船ですよ。

生徒：　そうですか。甲板の建物の中で嵐をしのいだりしながら，遣唐使や留学生が中国へ渡り，<u>様々なものを日本へもたらした</u>(g)のですね。

図1

図2

図3

図4

問５　下線部分(e)レバノンのティルスなどを拠点として，交易で活躍したフェニキア人について述べた文として適切なものを，次の①～④のうちから一つ選べ。解答番号は 7 。

① ペリクレスのもとで，民主政が実現された。

② ビスマルクが，鉄血政策を進めた。

③ 北アフリカに植民市のカルタゴを建設した。

④ プラッシーの戦いで勝利した。

問６　 C に当てはまる語句を，次の①～④のうちから一つ選べ。解答番号は 8 。

① ジャンク船　　② 亀甲船(亀船)

③ 蒸気船　　④ 三段櫂船

問７　下線部分(f)ノルマン人について，彼らが建てた国の略地図中のおよその位置と，その国名との組合せとして正しいものを，下の①～④のうちから一つ選べ。解答番号は 9 。

	位　置	国　名
①	あ	ガーナ王国
②	あ	ノヴゴロド国
③	い	ガーナ王国
④	い	ノヴゴロド国

問 8　下線部分(g)様々なものを日本へもたらしたことについて，次の資料は，日本に影響を与えた中国の制度を述べたものである。この制度の名称として適切なものを，下の①～④のうちから一つ選べ。解答番号は 10 。

> 16歳(のちには18歳)から59歳までの男性は80畝(は)を給し，病気の男性には40畝を給し，寡婦には30畝を給し，戸を為す若者は20畝を給う。授くるところの田，十分の二を永業田とし，八を口分田と為す。…

① 均田制　　② 三圃制

③ イクター制　　④ 地丁銀

3 1～2の文章と図版に関連して，問1～問5に答えよ。

1 生徒と先生が，図1～図3を見ながら，医学の歴史について会話している。

生徒： 医学の歴史を調べていたら，イスラーム世界(a)における『イル＝ハーン外科術』という本を見つけました。図1の医者は何をしているのでしょうか。

先生： 医療道具を使って出血を止めているシーンです。図2は歯科用の医療道具ですが，他にも多くの医療道具が使われていました。近代医学が始まる前は，イスラーム世界の医学の方がヨーロッパよりも進んでいたのです。特に，イブン＝シーナーが11世紀に著した『医学典範』は，図3のようにラテン語に翻訳され，中世ヨーロッパの大学の教科書として尊重されていたのです。

生徒： そうなのですね。『医学典範』の表紙の左から2番目の人物は，古代ギリシアのヒポクラテスでしょうか。

先生： そうです。『医学典範』は古代ギリシアの影響を色濃く受けていたのです。

生徒： そういえば，ルネサンス(b)も古代ギリシアの影響を受けていましたよね。興味が湧いてきたので，古代ギリシアの文化をもう一度学び直そうと思います。

図1 『イル＝ハーン外科術』の医療場面(15世紀)

図2 ザフラーウィー(1013年頃没)の著作に描かれた歯科用の医療道具

図3 ヴェネツィアで出版された『医学典範』ラテン語版の表紙(1608年)

問1　下線部分イスラーム世界(a)の出来事について述べた次の(ア)～(ウ)を，古いものから順に正しく並べたものを，下の①～④のうちから一つ選べ。解答番号は［11］。

(ア)　青年トルコ革命がおこった。

(イ)　サファヴィー朝が，イスファハーンを都にした。

(ウ)　ハールーン＝アッラシードの時代に，アッバース朝が最盛期を迎えた。

① (イ)→(ア)→(ウ)　　② (イ)→(ウ)→(ア)

③ (ウ)→(ア)→(イ)　　④ (ウ)→(イ)→(ア)

問2　下線部分ルネサンス(b)期の作品を，次の①～④のうちから一つ選べ。解答番号は［12］。

①

ピカソ「ゲルニカ」

②

ボッティチェリ「ヴィーナスの誕生」

③

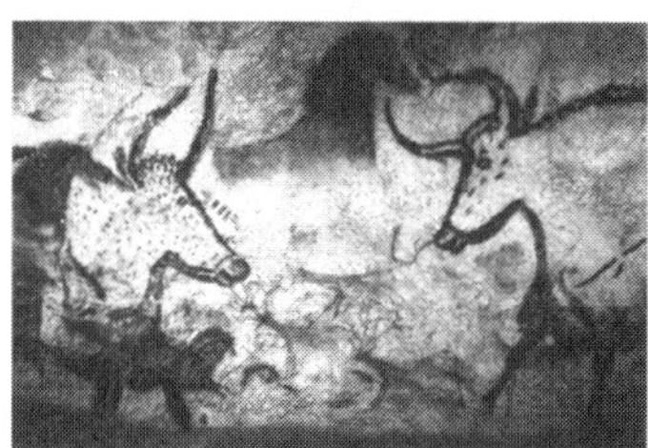

ラスコーの洞穴絵画

④

ドラクロワ「民衆を導く自由の女神」

2　3人の生徒が，図4～図6を見ながら，様々な地域の労働のようすについて会話している。

谷さん：　僕は，アメリカ植民地の銀鉱山で働く，図4の人々を調べました。彼らの過酷な労働の結果，ボリビアやメキシコの銀がヨーロッパ大陸に流入し，16世紀後半のヨーロッパ(c)に影響を与えたそうです。

森さん：　私は，図5の商人を調べました。詳しく調べたところ，南インドに位置したヒンドゥー教国の　A　で馬を売っている商人のようでした。　A　では北方のイスラーム諸王国に対抗していたため，ペルシアやアラビア産の馬が大量に売れたそうです。

西さん：　私は，図6の印刷工房の人々を調べました。それまでの写本に比べ，活版印刷術によって，本を安価で大量に印刷することができるようになり，宗教改革(d)の促進にも影響を与えたそうです。

谷さん：　こう見ると，当時は地域ごとのニーズや事情に沿った色々な仕事があったのですね。

図4

図5

図6

問3　下線部分16世紀後半のヨーロッパ(c)のようすとして適切なものを，次の①～④のうちから一つ選べ。解答番号は　13　。

① ミッドウェー海戦がおこった。
② ヘレニズム文化が生まれた。
③ イェルサレム王国が建てられた。
④ 価格革命がおこった。

問4　A　に当てはまる国を，次の①～④のうちから一つ選べ。解答番号は　14　。

① ヴィジャヤナガル王国　　② 神聖ローマ帝国
③ フランク王国　　④ ハワイ王国

問 5 下線部分宗教改革(d)に関連して，次の資料は，「九十五カ条の論題」の一部である。「九十五カ条の論題」を掲げた人物と，資料から読み取れる主張との組合せとして正しいものを，下の①～④のうちから一つ選べ。解答番号は **15** 。

> [32 条] 贖宥の文書で自分たちの救いが確かであると自ら信じる人たちは，その教師たちとともに永遠に罪に定められるであろう。
>
> [47 条] 贖宥を買うのは自由であって，命ぜられたことでないのだと，キリスト者は教えられねばならない。

	人　物	資料から読み取れる主張
①	ルター	贖宥状を買うのはキリスト者の義務である。
②	ルター	贖宥状で必ず救われるという考え方は誤っている。
③	サッチャー	贖宥状を買うのはキリスト者の義務である。
④	サッチャー	贖宥状で必ず救われるという考え方は誤っている。

4 1～2の文章と図版に関連して，問1～問4に答えよ。

1 アメリカ合衆国の捕鯨業は独立前から盛んであった。当初はニューイングランド地方の沿岸捕鯨だったが，やがて公海捕鯨に転じ，アメリカ合衆国の独立(a)の頃より太平洋に進出した。19世紀半ば頃には700隻を超える漁船が操業していた。

当時の捕鯨業は常に危険が伴い，海難は跡を絶たなかった。1853年のペリー来航(b)をきっかけに，日本とアメリカ合衆国の間で [A] 条約が結ばれ，下田と箱館の2港が開港されたが，アメリカ合衆国の動機の一つは，捕鯨船団のための寄港地を確保することにあった。しかしこの頃より，鯨油の需要が減退し，鯨資源の枯渇もあり，捕鯨業は急速に衰退することとなった。

19世紀初めのアメリカ合衆国の捕鯨

問1 下線部分アメリカ合衆国の独立(a)に関連して，独立運動に関わる出来事について述べた文として適切なものを，次の①～④のうちから一つ選べ。解答番号は [16] 。

① 選挙権を求めるチャーティスト運動が展開された。

② 印紙法に対する反対運動がおこった。

③ サンフランシスコ会議で，国際連合憲章が採択された。

④ ファン＝ボイ＝チャウが東遊(ドンズー)運動を組織した。

問2　下線部分ペリー来航(b)について，次の**資料**はペリー来航の記録の一部である。**資料**からわかる，ペリーが日本に向かった地図中のおよその航路と，［A］の条約名との組合せとして正しいものを，下の①～④のうちから一つ選べ。解答番号は［17］。

資料

> 遅滞にしびれをきらした提督は，これ以上僚艦を待つ気になれず，1852年11月24日，ミシシッピ号のみでノーフォークを出発し，石炭と食料の供給の便を考えて外回り航路を取り，マデイラ，喜望峰，モーリシャス，シンガポールを経由する計画で，日本への遣使の途についたのである。
> （宮崎壽子監訳『ペリー提督日本遠征記』より）

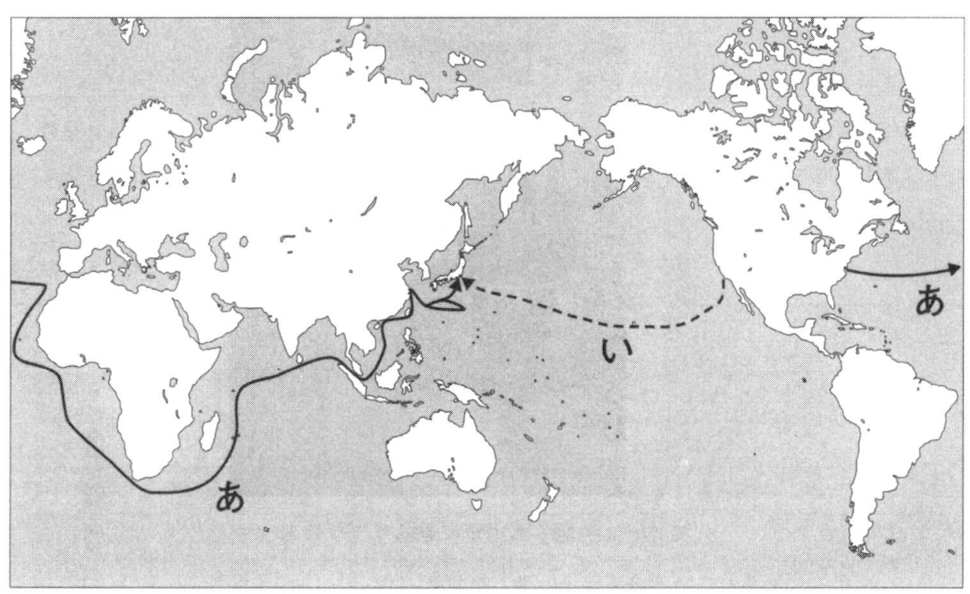

	航　路	A
①	あ	日米和親
②	あ	天　津
③	い	日米和親
④	い	天　津

2 図の人物は，日本に来日したアブデュルレシト＝イブラヒムである。イブラヒムは1857年，西シベリアに生まれ，メッカ巡礼後メディナのマドラサで学んだ。帰国後，1889年には$\underset{(c)}{\text{エジプト}}$など各地で活動していたパン＝イスラーム主義者のアフガーニーと接触し，その思想に触れ，共鳴した。後にはロシアのムスリム宗務協議会の要職を務めた。しかし，協議会の実態に反発し辞職，アブデュルハミト2世治世のオスマン帝国に移住し，ジャーナリストとして$\underset{(d)}{\text{帝政ロシア}}$の政策を批判した。1909年2月に来日し，大隈重信や伊藤博文らと会談を行っている。このとき日本の大アジア主義者との思惑が合致し，亜細亜議会を結成した。その後，日本側から要請されて再度来日し，東京モスクの初代イマームとして活動した。

図 人力車に乗るイブラヒム

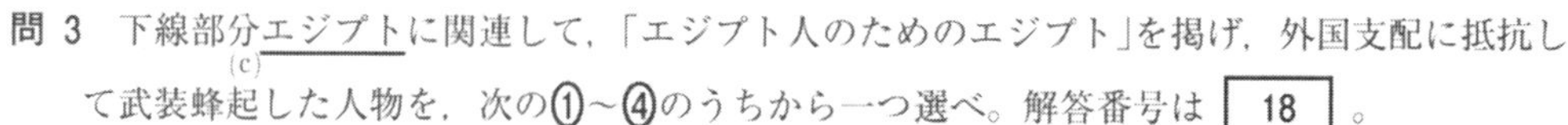

問 3 下線部分(c)エジプトに関連して，「エジプト人のためのエジプト」を掲げ，外国支配に抵抗して武装蜂起した人物を，次の①～④のうちから一つ選べ。解答番号は 18 。

①

シモン＝ボリバル

②

ウラービー(オラービー)

③

チャーチル

④

スレイマン１世

問 4 下線部分(d)帝政ロシアについて，19 世紀のロシアのようすについて述べた文として適切なものを，次の①～④のうちから一つ選べ。解答番号は 19 。

① 公民権法が成立した。

② バルフォア宣言を出した。

③ 袁世凱政府に二十一カ条の要求を出した。

④ ナロードニキ(人民主義者)が活動した。

5 1～2の文章と図版に関連して，**問1～問6**に答えよ。

1　イギリス人のジョージ＝オーウェルは，1922年，父と同じくインド(a)の官吏となった。しかし，植民地を蔑視する任務のあり方に疑問を持ち，帰国して貧しい生活をしながら，作家を志すようになった。そして，1929年に始まる **A** の下での貧民を描いた『パリ・ロンドン放浪記』を，1933年に発表した。

1936年，オーウェルはスペイン内戦(b)に義勇兵として参加し，人民戦線とともに戦った。その経験を，帰国後の1938年に『カタロニア讃歌』として発表した。第二次世界大戦が始まると，ドイツの侵攻に備えるための義勇隊にも参加した。その後も，ソ連(c)の支配を風刺した『動物農場』(1945年刊行)や，生活の隅々まで管理される未来社会を予想した『1984年』(1949年刊行)など，人間らしさを主題とする小説を発表した。

ジョージ＝オーウェル

問1　下線部分インド(a)の1920年代のようすについて述べた文として適切なものを，次の①～④のうちから一つ選べ。解答番号は **20** 。

① スエズ運河が開通した。

② アラビア文字からローマ字への文字改革を行った。

③ 非暴力・不服従の抵抗運動が行われた。

④ 権利の章典を定めた。

問 2 [A] は，ニューヨークのウォール街における株価の暴落を直接の原因として始まった出来事である。[A] に当てはまる語句を，次の①〜④のうちから一つ選べ。解答番号は [21] 。

① タバコ＝ボイコット運動　② 世界恐慌

③ 百年戦争　④ 大躍進政策

問 3 下線部分スペイン内戦(b)で，人民戦線と敵対する反乱軍を率いた軍人を，次の①〜④のうちから一つ選べ。解答番号は [22] 。

①

トゥサン＝ルヴェルチュール

②

ナセル

③

ワット

④

フランコ

問 4 下線部分ソ連(c)の 20 世紀前半のようすについて述べた文として適切なものを，次の①〜④のうちから一つ選べ。解答番号は [23] 。

① アクバルが，ジズヤを廃止した。

② ガリレイが，地動説を唱えた。

③ スターリンが，一国社会主義を唱えた。

④ ジョン＝ヘイが，中国の門戸開放を唱えた。

2 何香凝(かこうぎょう)は，中国の女性革命家として知られている。1902年，画家を夢見て日本に留学した。やがて社会問題や女性の地位向上に関心を持つようになり，孫文が率いた中国同盟会に加入した。辛亥革命がおこると帰国し，第一次世界大戦後(d)には中国国民党の指導部として活躍した。しかし，1927年，蔣介石が南京に国民政府を建て，中国共産党員を弾圧する方針をとると，国共合作を推進してきた何香凝は地位を失った。それでも，1931年に満洲事変がおこると，絵を売って生活しながら，抗日民族統一戦線(e)の呼びかけにも加わった。

第二次世界大戦後は，中華人民共和国で政治の要職を歴任しつつ，絵を描く活動も続け，1972年に没した。

何香凝とその家族の写真(1909年，東京で撮影)

問 5 下線部分第一次世界大戦後(d)のパリ講和会議について述べた文として適切なものを，次の①～④のうちから一つ選べ。解答番号は 24 。

① マーシャル＝プランが発表された。

② 私有財産制度の廃止が目指された。

③ 十四カ条の平和原則を基本方針とした。

④ アリウス派を異端とした。

問 6　次の資料は，下線部分抗日民族統一戦線(e)の成立に影響した出来事に関するものである。その出来事を，下の①～④のうちから一つ選べ。解答番号は 25 。

> 東北喪失からすでに五年を経たが，国権は衰え，領土は日ましに縮小し…およそ国民たるもの心を痛めないものはない。…(張)学良ら永年の軍人僚友は，…蔣(介石)公に最後の諫言(かんげん)を行い，その安全を保証するとともに反省を促すこととした。西北の軍民は，一致して以下のことを主張するものである。
>
> 一，南京政府を改組し，各党各派を容れて，共同で救国の責を負うこと。
>
> 二，いっさいの内戦を停止すること。…

① 叙任権闘争　　② アンボイナ事件

③ 聖像禁止令　　④ 西安事件

6 1～2の文章と図版に関連して，問1～問5に答えよ。

1 第二次世界大戦後の日本は，様々な困難に向き合いながら，復興と経済成長をはたしていった。**資料1**は，1956年度(昭和31年度)の『経済白書』の一部である。

資料1

戦後10年日本経済は目ざましい復興を遂げた。…国民所得は，戦前の五割増の水準に達し，一人当りにしても戦前の最高記録昭和14年の水準を超えた。工業生産も戦前の2倍に達し，軍需を含めた戦時中の水準をはるかに上回っている。…

ことに最近その実績が明らかにされた昭和30年度の経済発展にはまことにめざましいものがあった。…世界第二位の輸出増加率を示した昨年の日本経済の姿を，世界経済の奇蹟と称せられた西独(a)経済の発展に比すべきものとして目をみはっている。…今回，発表した経済白書においては，復興過程を終えたわが国が，経済の成長を鈍化させないためには，如何なる方途に進まねばならぬかをその主題としている。…もはや「戦後」ではない(b)。…回復を通じての成長は終わった。…世界の二つの体制の間の対立(c)も，原子兵器の競争から平和的競存に移った。平和的競存とは，経済成長率の闘いであり，生産性向上のせり合いである。…

1956年度(昭和31年度)の『経済白書』の表紙

問 1　下線部分西独(a)(西ドイツ)に関連して，1961 年に建設が始まった建造物はドイツの東西分裂の象徴として知られている。**資料 2** の証言を参考にして，建造物の名称と，その建造目的との組合せとして正しいものを，下の①～④のうちから一つ選べ。解答番号は 26 。

資料 2

体制に忠実な東ドイツの若い男は，国境警備兵として召集されたとき，自分の世界観が変わらざるをえないと納得した。彼はのちに語っている。

「私が壁の全体構造をみたのは，そのときがはじめてです。…私たちの側から実際には誰もむこうへ越えられないように，すべてが造られていました。…」

	建造物	建造目的
①	万里の長城	東ドイツの人々が西ドイツへ亡命することを防ぐ。
②	万里の長城	西ドイツの軍が東ドイツへ侵入することを防ぐ。
③	ベルリンの壁	東ドイツの人々が西ドイツへ亡命することを防ぐ。
④	ベルリンの壁	西ドイツの軍が東ドイツへ侵入することを防ぐ。

問 2　下線部分もはや「戦後」ではない(b)に関連して，この言葉の根拠と考えられる経済的状況として**資料 1** から読み取れることと，その経済的状況をもたらしたと考えられる背景との組合せとして正しいものを，次の①～④のうちから一つ選べ。解答番号は 27 。

	資料 1 から読み取れる経済的状況	経済的状況をもたらしたと考えられる背景
①	工業生産が戦前の 2 倍に達している。	ユグノー戦争がおこった。
②	工業生産が戦前の 2 倍に達している。	朝鮮戦争がおこった。
③	戦費が戦前の 2 倍に達している。	ユグノー戦争がおこった。
④	戦費が戦前の 2 倍に達している。	朝鮮戦争がおこった。

問 3　下線部分世界の二つの体制の間の対立(c)に関連して，この対立に関する国際的な動きについて述べた文として適切なものを，次の①～④のうちから一つ選べ。解答番号は 28 。

① 北大西洋条約機構(NATO)が成立した。

② トリエント公会議が開催された。

③ ウェストファリア条約が結ばれた。

④ ウィーン会議が開催された。

2　資料3は，1980年度(昭和55年度)の『経済白書』の一部である。

資料3

世界経済，特に先進国経済は，過去10年間の中で次の5つの大きな問題に直面した。しかも，これらは1980年代にも引き継がれている。

第1は，自由な経済交流を生かす世界経済秩序の維持である。(d)1971年におけるアメリカの経済政策の転換は，第二次大戦後の世界経済の発展を支えてきたブレトンウッズ体制に大きな影響を及ぼした。…以来世界経済においては，為替相場は， A に移行し，その中で，主要国の経済政策・貿易制度調整のための真剣な努力が重ねられた。…

第4に，こうした過程で(e)石油危機が勃発した。石油危機そのものには，民族的，政治的対立が背景にあるとはいえ，経済的には，石油資源の供給限界に対する不安，上述の発展途上国の現行世界経済秩序に対する不満，そして，70年代におけるドルの減価傾向等が働いた。…

石油危機の際，品不足が噂されたトイレットペーパーを求めて行列をつくる人々

問 4　下線部分1971年におけるアメリカの経済政策の転換(d)の結果，世界の為替相場は大きく変化した。政策を主導したアメリカ合衆国の大統領と，［A］に当てはまる文との組合せとして正しいものを，次の①～④のうちから一つ選べ。解答番号は［29］。

	大統領	A
①	ニクソン	固定制から変動制
②	ニクソン	変動制から固定制
③	ジャクソン	固定制から変動制
④	ジャクソン	変動制から固定制

問 5　下線部分石油危機(e)について，石油危機(第1次)がおこった背景について述べた文として適切なものを，次の①～④のうちから一つ選べ。解答番号は［30］。

① 日中戦争が始まった。

② インドシナ戦争が始まった。

③ スペイン継承戦争が始まった。

④ 第4次中東戦争が始まった。

7 次の文章と図版に関連して，**問1～問2**に答えよ。

天気は人間の生活に大きく影響する。そのため，雲や風の動きから天気を経験的に予測することは，古来より行われてきた。現在では，天気の予測のために天気図が用いられている。天気図は，ドイツの気象学者ハインリヒ＝ブランデスによって構想されたが，その時は天気の予測に使うことは想定されていなかった。しかし，電信の発明により， A が可能になったため，天気図を用いた天気の予測が可能になった。天気の変化に関する情報量は膨大であり，20世紀半ば以降には，その情報の処理のためにコンピューターが用いられるようになる。さらに，地球全体の天気に関する情報を収集するために，現在では人工衛星(a)が利用されている。

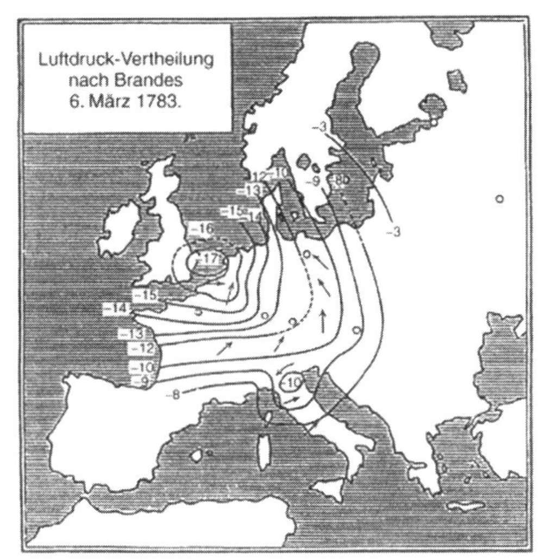

ブランデスの著作のデータをもとに作成された天気図

問1 A に当てはまる語句を，次の①～④のうちから一つ選べ。
解答番号は 31 。

① 物体を透過して見ること
② 瞬時に遠隔地の情報を得ること
③ 船の方位を測定し，長距離の航海を行うこと
④ 空を飛ぶことで，高速で長距離を移動すること

問 2　下線部分人工衛星(a)について述べた次の(ア)・(イ)の正誤を判断し，その組合せとして正しいものを，下の①～④のうちから一つ選べ。解答番号は 32 。

(ア)　人工衛星の開発が成功した結果，原子爆弾が開発された。

(イ)　人工衛星の打ち上げに世界で最初に成功したのはソ連である。

① (ア)―正　(イ)―正
② (ア)―正　(イ)―誤
③ (ア)―誤　(イ)―正
④ (ア)―誤　(イ)―誤

令和３年度　第２回

解答・解説

【重要度の表記】

Ａ：重要度が高く確実に正答したい設問。しっかり復習する必要のある問題です。

Ｂ：重要度はＡレベルよりすこし下で、やや難易度が高い設問または内容を読み取る設問。高得点を狙う人は復習しましょう！

Ｃ：重要度が低い、または難解な設問。軽く復習する程度でよいでしょう！

令和３年度　第２回　高卒認定試験

【　Ａ解答　】

1	解答番号	正答	配点	2	解答番号	正答	配点	3	解答番号	正答	配点	4	解答番号	正答	配点
問１	1	④	4	問１	3	②	3	問１	7	④	3	問１	12	②	4
問２	2	②	3	問２	4	④	3	問２	8	②	4	問２	13	①	3
-	-			問３	5	③	3	問３	9	④	3	問３	14	③	3
-	-			問４	6	①	3	問４	10	①	3	問４	15	④	3
-	-			-	-			問５	11	③	3	問５	16	③	3
-	-			-	-			-	-			問６	17	①	3

5	解答番号	正答	配点	6	解答番号	正答	配点	7	解答番号	正答	配点
問１	18	③	3	問１	25	③	3	問１	31	②	3
問２	19	②	4	問２	26	②	3	問２	32	③	3
問３	20	④	3	問３	27	①	3	-	-		
問４	21	③	3	問４	28	②	3	-	-		
問５	22	①	3	問５	29	④	3	-	-		
問６	23	④	3	問６	30	①	3	-	-		
問７	24	①	3	-	-			-	-		

【　Ａ解説　】

1

問１　古代オリエントは紀元前3000年頃に都市文明が発達した、現在の西アジア・中東・エジプト周辺地域を指します。①諸子百家は中国の春秋戦国時代の思想家で、『論語』で有名な孔子などがいます。②ボロブドゥール寺院は世界三大仏教遺跡のひとつで、インドネシアで８世紀後半から９世紀前半に建立されました。③ヴァルナはヒンドゥー教の身分制度でカーストを形成するものです。④ピラミッドは古王国時代の紀元前27～紀元前22世紀に盛んに建造されました。したがって、正解は④です。

解答番号【１】：④　　⇒**重要度Ｃ**

問２　Ａの２行前から見てみましょう。「代表的な例が、ラテンアメリカです。天然痘などのヨーロッパから持ち込まれた感染症のために先住民の人口が激減しました。そこで、減少した労働力を補うためにＡことになり」とあります。大航海時代をきっかけに勢力を伸ばして

いたヨーロッパ諸国は黒人奴隷をラテンアメリカに送り込みました。よって、Aには「アフリカから黒人奴隷が移入される」が入ります。Bについては空欄の直前の「フランス王」という部分から「ルイ 14 世」が入ります。もうひとつの選択肢のド=ゴールは 20 世紀のフランスの大統領です。したがって、正解は②です。

解答番号【2】：②　　⇒重要度A

2

問1　Aには後漢の皇帝である光武帝が当てはまります。もうひとつの選択肢の玄宗は8世紀の唐の皇帝です。新羅は7世紀に高句麗と結んで百済を滅ぼしました。したがって、正解は②です。

解答番号【3】：②　　⇒重要度C

問2　北宋は 10 ～ 12 世紀の中国の王朝です。①ガンダーラ美術は1世紀以降、クシャーナ朝の頃のインドの美術です。②「プラハの春」は第二次世界大戦後のチェコスロバキアの民主化運動です。③ワッハーブ運動は 18 世紀にアラビア半島で起きたイスラーム改革です。④王安石は宋の宰相で新法と呼ばれる改革を行いました。したがって、正解は④です。

解答番号【4】：④　　⇒重要度C

問3　マグナ=カルタは 13 世紀のイギリスでジョン王が承認した憲章で、王の徴税制限や不当逮捕の禁止などが定められました。五賢帝は1～2世紀の間にローマ帝国を治めた5人の皇帝のことで、この5人の皇帝の頃がローマ帝国全盛期であると言われています。カード2はイスタンブルについての説明ですが、この都市はローマ帝国のコンスタンティヌス帝が都を置いたことからコンスタンティノープルとも呼ばれました。したがって、正解は③です。

解答番号【5】：③　　⇒重要度A

問4　①ビザンツ帝国にイスラーム勢力が進出してきたのは7世紀以降の出来事です。②ファシスト党は 20 世紀前半のイタリアの政党で第二次世界大戦時には一党独裁体制となりました。③ファショダ事件は 19 世紀後半にイギリスとフランスによるアフリカの植民地化を巡る対立事件です。フランスが譲歩したことで衝突は回避されました。④二月革命は七月王政が普通選挙の実現などを拒否したことに市民が蜂起し、1848 年にフランスではじまったものです。後のナポレオン3世の第二帝政につながります。したがって、正解は①です。

解答番号【6】：①　　⇒重要度B

3

問1　（ア）青年トルコ革命がはじまったのは 1908 年です。（イ）イスファハーンに遷都したのはアッバース1世で 1597 年です。（ウ）ハールーン=アッラシードは8世紀後半～9世紀前半の君主です。したがって、正解は④です。

解答番号【7】：④　　⇒重要度C

問２　ルネサンス期とは西ヨーロッパで文化･芸術運動が展開された14～16世紀を指します。①ピカソは19世紀後半～20世紀前半の画家で、「ゲルニカ」は1937年にドイツ軍が無差別爆撃をした様子をモチーフに作成されました。②ボッティチェリは15～16世紀の画家で、「ヴィーナスの誕生」以外にも「春」「反逆者たちの懲罰」などの作品で知られています。③「ラスコーの洞穴絵画」は旧石器時代後期にフランス西南部の洞窟に描かれた壁画で、1979年に世界遺産に登録されました。④ドラクロワは19世紀のフランスの画家で、「民衆を導く自由の女神」以外に「サルダナパールの死」「キオス島の虐殺」などの作品で知られています。したがって、正解は②です。

解答番号【8】：②　　⇒**重要度B**

問３　①オバマは21世紀のアメリカの大統領です。②張騫は前漢（紀元前202年～８年）の政治家です。③ナポレオン１世は19世紀のフランスの皇帝です。ナポレオンがワーテルローの戦いに敗れた後にウィーン会議が開かれ、フランス革命前の絶対王政期の体制に戻されました。④14～16世紀にかけてメキシコ中央部に栄えたアステカ王国をコルテスが滅ぼしたのは1521年のことです。したがって、正解は④です。

解答番号【9】：④　　⇒**重要度A**

問４　鄭和に南海大遠征を命じたのは明の３代目の皇帝である永楽帝です。資料３の「土地の物産は、黄連香、烏木、打麻児香、錫などの類である」という部分から、資料３から読み取れる内容としては「マラッカ王国では、錫がとれた」となります。したがって、正解は①です。

解答番号【10】：①　　⇒**重要度A**

問５　明代に陶磁器の生産で有名だったのは景徳鎮です。したがって、正解は③です。

解答番号【11】：③　　⇒**重要度C**

4

問１　①チャーティスト運動は19世紀のイギリスで労働者たちが普通選挙の実施を要求したものです。②印紙法はイギリスが七年戦争後の財政難を補うためにアメリカの十三植民地に対して課したものです。この後の茶法などによって植民地への課税が強化され続けたことによってアメリカ独立戦争が開始されました。③サンフランシスコ会議は1945年に行われ、国際連合の発足が決定しました。④東遊運動は20世紀はじめにファン=ボイ=チャウが主導した、ベトナム青年の日本への留学を促進した運動のことです。したがって、正解は②です。

解答番号【12】：②　　⇒**重要度A**

問２　航路については「ノーフォーク（アメリカ）を出発し～マデイラ（アフリカ大陸北西沖）、喜望峰（南アフリカ共和国）、モーリシャス（インド洋）、シンガポールを経由」という資料の記述から「あ」を選択します。Ａには1854年に日米間で結ばれた「日米和親」条約が入ります。もうひとつの選択肢の天津条約は1858年にアロー戦争の講和条約として結ばれました。また清仏戦争後の1885年にも同名の条約が結ばれました。したがって、正解は①です。

解答番号【13】：①　　⇒**重要度A**

問3　「1850年代のイギリスは18世紀半ばから始まったXを経て『世界の工場』として繁栄期にあった」という文があります。Xに当てはまるのは「産業革命」です。もうひとつの選択肢のニューディールは1930年代の世界恐慌におけるアメリカのローズヴェルト大統領による政策です。ナポレオン3世が帝政をはじめたのは1852年、カストロがキューバ革命を起こしたのは1959年です。したがって、正解は③です。

解答番号【14】：③　　⇒**重要度A**

問4　ヴィクトリア女王は19世紀前半～20世紀初頭のイギリス女王です。①黄巾の乱は後漢末期の中国で起きた農民反乱です。②湾岸戦争は1990年にイラクがクウェートを侵攻したことからはじまりました。③ポーランド分割は18世紀後半の出来事で、ロシアのエカチェリーナ2世、プロイセンのフリードリヒ2世、オーストリアのヨーゼフ2世によって行われました。④インド帝国の成立は1877年です。したがって、正解は④です。

解答番号【15】：④　　⇒**重要度A**

問5　Bの周辺を読んでみましょう。「経済が特定の産物の生産・輸出に依存することをBといいます」とあります。これはモノカルチャー経済の説明です。したがって、正解は③です。

解答番号【16】：③　　⇒**重要度C**

問6　タイの位置は「あ」です。「い」の位置はフィリピンです。19世紀のタイの様子について正しい文は「近代化を目指したチュラロンコン王（ラーマ5世）が即位した」です。もうひとつの選択肢の「ミドハト=パシャがアジア初の憲法を起草した」というのは19世紀のオスマン帝国の内容です。したがって、正解は①です。

解答番号【17】：①　　⇒**重要度A**

5

問1　①スエズ運河はエジプトの近くにある、地中海と紅海を結ぶ運河で1869年に開通しました。②アラビア文字からローマ字に変更したのはトルコのムスタファ・ケマル・アタテュルクによる近代化の一環です。③非暴力・不服従はインドのガンディーによるイギリスへの抵抗運動の際に提唱されたものです。④権利の章典は名誉革命後の1689年、ウィリアム3世とメアリ2世が共同君主として認めたものです。したがって、正解は③です。

解答番号【18】：③　　⇒**重要度A**

問2　「ニューヨークのウォール街における株価の暴落を直接の原因として始まった出来事」という文から、Aには世界恐慌が当てはまります。①タバコ=ボイコット運動は1891年にカージャール朝で起きた反イギリス運動で、当時の国王がタバコに関する権利をイギリスに渡したことから起こりました。②世界恐慌は1929年にニューヨークで株が暴落したことをきっかけに全世界に広がった不況のことを言います。したがって、正解は②です。

解答番号【19】：②　　⇒**重要度A**

問３　①トゥサン=ルヴェルチュールはハイチの独立運動を指導した人物で、1804 年に独立を宣言しました。②ナセルは 20 世紀後半にエジプト革命を成功させた人物です。③ワットは 18 〜 19 世紀の発明家で、蒸気機関の改良などによって産業革命に貢献しました。④フランコは 20 世紀のスペインの軍人で、スペイン領モロッコでクーデターを起こし、これがスペイン内戦のきっかけとなりました。したがって、正解は④です。

解答番号【20】：④　　⇒重要度Ａ

問４　①アクバルがジズヤを廃止したのは 16 世紀のムガル帝国(現在のインド)においてです。②ガリレイは 16 〜 17 世紀のイタリアの天文学者で、地動説を唱えましたが宗教裁判で有罪とされ終身禁固となりました。③スターリンは 20 世紀のソ連で、五か年計画を推し進めた人物です。④ジョン=ヘイはアメリカの政治家で 19 世紀末に「門戸開放・機会均等」を唱えました。したがって、正解は③です。

解答番号【21】：③　　⇒重要度Ａ

問５　Ｂにはドイツ皇帝であったヴィルヘルム２世が当てはまります。もうひとつの選択肢のカール大帝はフランク王国全盛期の王で、８〜９世紀の人物です。ドイツの世界政策は３Ｂ政策です。この３Ｂとは「ベルリン・ビザンティウム・バグダード」の３都市を指しています。したがって、正解は①です。

解答番号【22】：①　　⇒重要度Ｂ

問６　第一次世界大戦が終わったのは 1918 年です。①ロベスピエールは 18 世紀フランスの政治家で、テルミドールのクーデターで処刑されました。②ホー=チ=ミンはベトナムで 1920 年代から始まる独立運動を指導しました。③李成桂は 14 世紀に高麗を滅ぼし李氏朝鮮を建国しました。④レザー=ハーンは 1921 年に起こしたクーデターでイランの実権を握り、パフレヴィー朝を創始しました。したがって、正解は④です。

解答番号【23】：④　　⇒重要度Ｂ

問７　全権委任法は第二次世界大戦前にドイツのヒトラー内閣で制定された法律で、議会での審議なしに法律をつくることが可能になりました。②は第一次世界大戦後のベルサイユ条約です。③は 18 世紀にフランス国民議会が制定したフランス人権宣言です。④は 19 世紀のロシアで発布された農奴解放令について書かれています。したがって、正解は①です。

解答番号【24】：①　　⇒重要度Ｃ

6

問１　20 世紀に東西ドイツを分断した建造物はベルリンの壁です。もうひとつの選択肢の万里の長城は春秋時代に斉（現在の中国）が防衛のために築いたのがはじまりで、現在世界遺産として登録されています。ベルリンの壁で分けられたドイツのうち、東ドイツはソ連を中心とした社会主義諸国、西ドイツはアメリカを中心とした資本主義諸国の影響を強く受けていました。この背景によって、東西ドイツの経済格差は大きくなっていきます。東ドイツの計画経済による経済的発展の遅れによって生活にも格差が発生し、約 270 万人の東ドイツ市民は自由で豊かな西ドイツへ脱出しました。それを防ぐために建てられたのがベルリンの壁です。したがって、正解は③です。

解答番号【25】：③　　　⇒重要度B

問２　第二次世界大戦から約10年後の1956年の経済白書で「もはや戦後ではない」と書かれた背景には朝鮮戦争による特需があります。資料１から読み取れる内容としては２～３行目に「工業生産も戦前の２倍に達し」とあります。したがって、正解は②です。

解答番号【26】：②　　　⇒重要度A

問３　世界の２つの体制の間の対立とは、第二次世界大戦後の冷戦を指しています。冷戦の中で資本主義諸国の軍事同盟として結成されたのが北大西洋条約機構（NATO）、社会主義諸国の軍事同盟として結成されたのがワルシャワ条約機構です。②トリエント公会議は16世紀の宗教改革の中でカトリック教会側で行われたものです。③ウェストファリア条約は17世紀の三十年戦争の講和条約です。④ウィーン会議は19世紀のヨーロッパでナポレオンがエルバ島に流された後に行われたもので、ヨーロッパの秩序についてフランス革命前のものを正統とすることが定められました。したがって、正解は①です。

解答番号【27】：①　　　⇒重要度A

問４　ASEANは日本では東南アジア諸国連合とも呼ばれ、その名前のとおり東南アジアの国々が加盟しています。東南アジアの国について述べた文として適切なのは②のインドネシアについてのもののみで、それ以外のものはヨーロッパの歴史について述べています。したがって、正解は②です。

解答番号【28】：②　　　⇒重要度A

問５　Aの前後を読んでみましょう。「ソ連では経済の停滞を打破するためのAが推進されている」とあります。①ブロック経済は1929年からはじまった世界恐慌に対する各国の対応です。②タンジマートは19世紀のオスマン帝国の近代化政策です。③洋務運動は19世紀後半の清で行われた西欧化政策です。④ペレストロイカはソ連のゴルバチョフが進めた改革で、グラスノスチ（情報公開）などが行われました。したがって、正解は④です。

解答番号【29】：④　　　⇒重要度A

問６　地図中の斜線部の国々の特徴を考えてみましょう。太平洋に面している国がほとんどです。この特徴に当てはまるのは① APEC（アジア太平洋経済協力会議）です。②国際赤十字社は戦争や自然災害などのときに、公平かつ中立の立場から治療を必要とする人を救護することを目的に結成されました。③第１インターナショナルは19世紀のロンドンでマルクスらの指導によって組織された労働者の組織です。④ハンザ同盟はヨーロッパで結成された都市同盟で、最盛期は14～15世紀です。したがって、正解は①です。

解答番号【30】：①　　　⇒重要度C

7

問１　Aの前後を見てみましょう。「電信の発明により、Aが可能になった」とあります。電信とは電気を利用した通信のことで、音声ではなく符号を使用して情報を伝達する方法のことです。例としてはモールス式電信などがあげられます。これによって遠くの状況を素早く知ることができるようになりました。したがって、正解は②です。

解答番号【31】：② ⇒**重要度Ｃ**

問２ 人類初の人工衛星は、1957 年にソビエト連邦が打ち上げています。原子爆弾が投下されたのは第二次世界大戦中の 1945 年で、人工衛星の打ち上げより前の出来事ですから（ア）の文は誤りです。（イ）の文は正しい内容となります。したがって、正解は③です。

解答番号【32】：③ ⇒**重要度Ｃ**

【　B解答　】

1	解答番号	正答	配点	2	解答番号	正答	配点	3	解答番号	正答	配点	4	解答番号	正答	配点
問1	1	④	4	問1	3	②	3	問1	11	④	3	問1	16	②	4
問2	2	②	3	問2	4	④	3	問2	12	②	4	問2	17	①	3
-	-			問3	5	③	3	問3	13	④	3	問3	18	②	3
-	-			問4	6	①	3	問4	14	①	3	問4	19	④	3
-	-			問5	7	③	3	問5	15	②	3	-	-		
-	-			問6	8	①	3	-	-			-	-		
-	-			問7	9	④	3	-	-			-	-		
-	-			問8	10	①	3	-	-			-	-		

5	解答番号	正答	配点	6	解答番号	正答	配点	7	解答番号	正答	配点
問1	20	③	3	問1	26	③	3	問1	31	②	3
問2	21	②	4	問2	27	②	3	問2	32	③	3
問3	22	④	3	問3	28	①	3	-	-		
問4	23	③	3	問4	29	①	3	-	-		
問5	24	③	3	問5	30	④	3	-	-		
問6	25	④	3	-	-			-	-		

【　B解説　】

1

問１　古代オリエントは紀元前3000年頃に都市文明が発達した、現在の西アジア・中東・エジプト周辺地域を指します。①諸子百家は中国の春秋戦国時代の思想家で、『論語』で有名な孔子などがいます。②ボロブドゥール寺院は世界三大仏教遺跡のひとつで、インドネシアで８世紀後半から９世紀前半に建立されました。③ヴァルナはヒンドゥー教の身分制度でカーストを形成するものです。④ピラミッドは古王国時代の紀元前27～紀元前22世紀に盛んに建造されました。したがって、正解は④です。

解答番号【１】：④　　⇒ 重要度C

問２　Ａの２行前から見てみましょう。「代表的な例が、ラテンアメリカです。天然痘などのヨーロッパから持ち込まれた感染症のために先住民の人口が激減しました。そこで、減少した労働力を補うためにＡことになり」とあります。大航海時代をきっかけに勢力を伸ばしていたヨーロッパ諸国は黒人奴隷をラテンアメリカに送り込みました。よって、Ａには「アフリカから黒人奴隷が移入される」が入ります。Ｂについては空欄の直前の「フランス王」という部分から「ルイ14世」が入ります。もうひとつの選択肢のド=ゴールは20世紀のフランスの大統領です。したがって、正解は②です。

解答番号【2】:②　　⇒重要度A

2

問１　Ａには後漢の皇帝である光武帝が当てはまります。もうひとつの選択肢の玄宗は８世紀の唐の皇帝です。新羅は７世紀に高句麗と結んで百済を滅ぼしました。したがって、正解は②です。

解答番号【3】:②　　⇒重要度C

問２　北宋は 10 ～ 12 世紀の中国の王朝です。①ガンダーラ美術は１世紀以降、クシャーナ朝の頃のインドの美術です。②「プラハの春」は第二次世界大戦後のチェコスロバキアの民主化運動です。③ワッハーブ運動は 18 世紀にアラビア半島で起きたイスラーム改革です。④王安石は宋の宰相で新法と呼ばれる改革を行いました。したがって、正解は④です。

解答番号【4】:④　　⇒重要度C

問３　マグナ=カルタは 13 世紀のイギリスでジョン王が承認した憲章で、王の徴税制限や不当逮捕の禁止などが定められました。五賢帝は１～２世紀の間にローマ帝国を治めた５人の皇帝のことで、この５人の皇帝の頃がローマ帝国全盛期であると言われています。カード２はイスタンブルについての説明ですが、この都市はローマ帝国のコンスタンティヌス帝が都を置いたことからコンスタンティノープルとも呼ばれました。したがって、正解は③です。

解答番号【5】:③　　⇒重要度A

問４　①ビザンツ帝国にイスラーム勢力が進出してきたのは７世紀以降の出来事です。②ファシスト党は 20 世紀前半のイタリアの政党で第二次世界大戦時には一党独裁体制となりました。③ファショダ事件は 19 世紀後半にイギリスとフランスによるアフリカの植民地化を巡る対立事件です。フランスが譲歩したことで衝突は回避されました。④二月革命は七月王政が普通選挙の実現などを拒否したことに市民が蜂起し、1848 年にフランスではじまったものです。後のナポレオン３世の第二帝政につながります。したがって正解は①です。

解答番号【6】:①　　⇒重要度B

問５　レバノンはシリアやイスラエルに接する中東の国です。①ペリクレスの民主制は古代ギリシアで行われました。②ビスマルクの鉄血政策は 19 世紀のドイツで実施されました。③カルタゴは紀元前９世紀頃、フェニキア人によって植民都市のひとつとして建設されました。④プラッシーの戦いは 18 世紀に起きたインドを巡るイギリス・フランスの対立です。したがって、正解は③です。

解答番号【7】:③　　⇒重要度C

問６　Ｃの後ろを見てみましょう。「帆が折り畳み式になっていて、操作が簡単だったようです」と書かれています。この特徴に当てはまる、レバノンの人々が使用していた船はジャンク船です。②亀甲船は李氏朝鮮で使用されていた軍艦の一種です。③蒸気船は 18 世紀の産

業革命後に開発され、帆船に代わって多く活用されるようになりました。④三段櫂船は紀元前5世紀ごろから地中海で使用された軍船です。したがって、正解は①です。

解答番号【8】:①　　　⇒重要度C

問7　ノルマン人はスカンディナビア半島やバルト海沿岸に住んでいました。地図中では「い」の位置になります。ノルマン人がスラヴ人を支配してこの地域に建国されたのがノヴゴロド国です。もうひとつの選択肢のガーナ王国はアフリカの国です。したがって、正解は④です。

解答番号【9】:④　　　⇒重要度B

問8　資料で示されているのは均田制についての説明です。②三圃制は中世ヨーロッパの農業のシステムで、農地を3つに分けて順番に休耕地とする方法です。③イクター制は、10世紀半ば以降のイスラームにおいて、軍人と官僚に土地の徴税権を与えた制度です。④地丁銀制は清の税制で、人頭税を地税に含めて銀納させた制度です。したがって、正解は①です。

解答番号【10】:①　　　⇒重要度B

3

問1　(ア) 青年トルコ革命がはじまったのは1908年です。(イ) イスファハーンに遷都したのはアッバース1世で1597年です。(ウ) ハールーン=アッラシードは8世紀後半　9世紀前半の君主です。したがって、正解は④です。

解答番号【11】:④　　　⇒重要度C

問2　ルネサンス期とは西ヨーロッパで文化・芸術運動が展開された14～16世紀を指します。①ピカソは19世紀後半～20世紀前半の画家で、「ゲルニカ」は1937年にドイツ軍が無差別爆撃をした様子をモチーフに作成されました。②ボッティチェリは15～16世紀の画家で、「ヴィーナスの誕生」以外にも「春」「反逆者たちの懲罰」などの作品で知られています。③「ラスコーの洞穴絵画」は旧石器時代後期にフランス西南部の洞窟に描かれた壁画で、1979年に世界遺産に登録されました。④ドラクロワは19世紀のフランスの画家で、「民衆を導く自由の女神」以外に「サルダナパールの死」「キオス島の虐殺」などの作品で知られています。したがって、正解は②です。

解答番号【12】:②　　　⇒重要度B

問3　①ミッドウェー海戦は20世紀の第二次世界大戦中の出来事です。②ヘレニズム文化は紀元前4世紀から紀元前後のヨーロッパの文化です。③イェルサレム王国は1099年に十字軍によって建国されました。④価格革命は16世紀半ば以降に大航海時代の影響で新大陸産の銀が流入したことで物価が高騰したことを指します。したがって、正解は④です。

解答番号【13】:④　　　⇒重要度B

問4　Aの前を読んでみましょう。「南インドに位置したヒンドゥー教国」とあります。①ヴィジャヤナガル王国は14～17世紀に南インドにあったヒンドゥー教国です。②神聖ローマ帝国は9～19世紀にヨーロッパに存在した国です。③フランク王国は5世紀のヨーロッパにあった国です。④ハワイ王国は 18 世紀終わり頃～ 19 世紀の終わり頃まで存在した国で、アメリカに併合されて滅びました。したがって、正解は①です。

解答番号【14】：①　　⇒重要度Ｃ

問５　「九十五カ条の論題」を著したのはドイツで宗教改革をはじめたルターです。もうひとつの選択肢のサッチャーは 20 世紀の政治家でイギリス初の女性首相となった人です。資料の 32 条を読むと、贖宥の文書で自分たちの救いが確かであると信じる人は罪に定められると書かれています。罪に定められるのは間違ったことをしたからと考えます。したがって、正解は②です。

解答番号【15】：②　　⇒重要度Ａ

4

問１　①チャーティスト運動は 19 世紀のイギリスで労働者たちが普通選挙の実施を要求したものです。②印紙法はイギリスが七年戦争後の財政難を補うためにアメリカの十三植民地に対して課したものです。この後の茶法などによって植民地への課税が強化され続けたことによってアメリカ独立戦争が開始されました。③サンフランシスコ会議は 1945 年に行われ、国際連合の発足が決定しました。④東遊運動は 20 世紀はじめにファン=ボイ=チャウが主導した、ベトナム青年の日本への留学を促進した運動のことです。したがって、正解は②です。

解答番号【16】：②　　⇒重要度Ａ

問２　航路については「ノーフォーク（アメリカ）を出発し～マデイラ（アフリカ大陸北西沖）、喜望峰（南アフリカ共和国）、モーリシャス（インド洋）、シンガポールを経由」という資料の記述から「あ」を選択します。Ａには 1854 年に日米間で結ばれた「日米和親」条約が入ります。もうひとつの選択肢の天津条約は 1858 年にアロー戦争の講和条約として結ばれました。また清仏戦争後の 1885 年にも同名の条約が結ばれました。したがって、正解は①です。

解答番号【17】：①　　⇒重要度Ａ

問３　①シモン=ボリバルは 19 世紀にラテンアメリカの国々の独立を指導した人物です。②ウラービーは 19 世紀後半にエジプトの反英運動を指導した人物です。③チャーチルは第二次世界大戦期のイギリスの首相です。④スレイマン１世はオスマン帝国最盛期である 16 世紀半ばのスルタンです。したがって、正解は②です。

解答番号【18】：②　　⇒重要度Ａ

問４　①公民憲法が成立したのは第二次世界大戦後のアメリカです。②バルフォア宣言は 1917 年にイギリスがユダヤ人にパレスチナ建設を認めたものです。これは 1915 年にイギリスとアラブが結んだフセイン=マクマホン協定および 1916 年にイギリス・ロシア・フランスが旧オスマン帝国領分割にあたって結んだサイクス・ピコ協定と矛盾し、パレスチナ問題の原因となりました、③二十一カ条の要求は第一次世界大戦中に日本が中国に対して行った中国におけるドイツ権益の継承をはじめとした要求で、そのうちのほとんどが

受け入れられました。④ナロードニキは19世紀のロシアの知識層が行った革命です。したがって、正解は④です。

解答番号【19】:④　⇒**重要度A**

5

問1　①スエズ運河はエジプトの近くにある、地中海と紅海を結ぶ運河で1869年に開通しました。②アラビア文字からローマ字に変更したのはトルコのムスタファ・ケマル・アタテュルクによる近代化の一環です。③非暴力・不服従はインドのガンディーによるイギリスへの抵抗運動の際に提唱されたものです。④権利の章典は名誉革命後の1689年、ウィリアム3世とメアリ2世が共同君主として認めたものです。したがって、正解は③です。

解答番号【20】:③　⇒**重要度A**

問2　「ニューヨークのウォール街における株価の暴落を直接の原因として始まった出来事」という文から、Aには世界恐慌が当てはまります。①タバコ=ボイコット運動は1891年にカージャール朝で起きた反イギリス運動で、当時の国王がタバコに関する権利をイギリスに渡したことから起こりました。②世界恐慌は1929年にニューヨークで株が暴落したことをきっかけに全世界に広がった不況のことを言います。したがって、正解は②です。

解答番号【21】:②　⇒**重要度A**

問3　①トゥサン=ルヴェルチュールはハイチの独立運動を指導した人物で、1800年に独立を宣言しました。②ナセルは20世紀後半にエジプト革命を成功させた人物です。③ワットは18～19世紀の発明家で、蒸気機関の改良などによって産業革命に貢献しました。④フランコは20世紀のスペインの軍人で、スペイン領モロッコでクーデターを起こし、これがスペイン内戦のきっかけとなりました。したがって、正解は④です。

解答番号【22】:④　⇒**重要度A**

問4　①アクバルがジズヤを廃止したのは16世紀のムガル帝国(現在のインド)においてです。②ガリレイは16～17世紀のイタリアの天文学者で、地動説を唱えましたが宗教裁判で有罪とされ終身禁固となりました。③スターリンは20世紀のソ連で、五か年計画を推し進めた人物です。④ジョン=ヘイはアメリカの政治家で19世紀末に「門戸開放・機会均等」を唱えました。したがって、正解は③です。

解答番号【23】:③　⇒**重要度A**

問5　パリ講和会議は1919年に行われました。①マーシャル=プランは第二次世界大戦後の1947年に資本主義諸国の戦後復興支援計画としてアメリカの国務長官マーシャルが発表したものです。②私有財産制度の廃止を目指したのは共産主義です。③十四カ条の平和原則は1918年にアメリカ大統領ウィルソンが演説の中で発表した第一次世界大戦の講和原則です。④アリウス派が異端とされたのは325年のニケーア公会議です。したがって、正解は③です。

解答番号【24】:③　⇒**重要度A**

問6　1937年の抗日民族統一戦線成立に影響したのは西安事件です。西安事件の内容については、資料の「蒋（介石）公に最後の諫言を行い、その安全を保証するとともに反省を促す」「各党各派を容れて、共同で救国の責を負うこと」「いっさいの内戦を停止すること」という部分に示されています。①叙任権闘争は教皇グレゴリウス７世と神聖ローマ皇帝ハインリヒ４世の抗争など、聖職叙任権を巡るローマ教皇と神聖ローマ皇帝の争いを指します。②アンボイナ事件は 1623 年に現在のインドネシアのイギリス東インド会社商館をオランダが襲ったことで、これをきっかけに東南アジアの香辛料貿易をオランダが独占するようになりました。③聖像禁止令は８世紀に東ローマ帝国皇帝レオ３世が発布しました。したがって、正解は④です。

解答番号【25】：④　　⇒**重要度Ａ**

6

問１　20 世紀に東西ドイツを分断した建造物はベルリンの壁です。もうひとつの選択肢の万里の長城は春秋時代に斉（現在の中国）が防衛のために築いたのがはじまりで、現在世界遺産として登録されています。ベルリンの壁で分けられたドイツのうち、東ドイツはソ連を中心とした社会主義諸国、西ドイツはアメリカを中心とした資本主義諸国の影響を強く受けていました。この背景によって、東西ドイツの経済格差は大きくなっていきます。東ドイツの計画経済による経済的発展の遅れによって生活にも格差が発生し、約 270 万人の東ドイツ市民は自由で豊かな西ドイツへ脱出しました。それを防ぐために建てられたのがベルリンの壁です。したがって、正解は③です。

解答番号【26】：③　　⇒**重要度Ｂ**

問２　第二次世界大戦から約 10 年後の 1956 年の経済白書で「もはや戦後ではない」と書かれた背景には朝鮮戦争による特需があります。資料１から読み取れる内容としては２～３行目に「工業生産も戦前の２倍に達し」とあります。したがって、正解は②です。

解答番号【27】：②　　⇒**重要度Ａ**

問３　世界の２つの体制の間の対立とは、第二次世界大戦後の冷戦を指しています。冷戦の中で資本主義諸国の軍事同盟として結成されたのが北大西洋条約機構（NATO）、社会主義諸国の軍事同盟として結成されたのがワルシャワ条約機構です。②トリエント公会議は 16 世紀の宗教改革の中でカトリック教会側で行われたものです。③ウェストファリア条約は 17 世紀の三十年戦争の講和条約です。④ウイーン会議は 19 世紀のヨーロッパでナポレオンがエルバ島に流された後に行われたもので、ヨーロッパの秩序についてフランス革命前のものを正統とすることが定められました。したがって、正解は①です。

解答番号【28】：①　　⇒**重要度Ａ**

問４　1971 年にアメリカ大統領だったのはニクソンです。もうひとつの選択肢のジャクソンが大統領だったのは 19 世紀前半です。この頃、為替相場はドルショックをきっかけに固定制から変動制へと変わりました。したがって、正解は①です。

解答番号【29】：①　　⇒**重要度Ｂ**

問５　第１次石油危機は 1973 年に第４次中東戦争の影響で発生しました。①日中戦争は 1937 年に盧溝橋事件をきっかけにはじまりました。②インドシナ戦争は第二次世界大戦

後から 1954 年までの間にベトナムで起こり、ジュネーヴ休戦協定を経て 1975 年に終戦したベトナム戦争に続きました。③スペイン継承戦争は 18 世紀に起こりました。したがって、正解は④です。

解答番号【30】:④　⇒**重要度A**

7

問 1　Aの前後を見てみましょう。「電信の発明により、Aが可能になった」とあります。電信とは電気を利用した通信のことで、音声ではなく符号を使用して情報を伝達する方法のことです。例としてはモールス式電信などがあげられます。これによって遠くの状況を素早く知ることができるようになりました。したがって、正解は②です。

解答番号【31】:②　⇒**重要度C**

問 2　人類初の人工衛星は、1957 年にソビエト連邦が打ち上げています。原子爆弾が投下されたのは第二次世界大戦中の 1945 年で、人工衛星の打ち上げより前の出来事ですから（ア）の文は誤りです。（イ）の文は正しい内容となります。したがって、正解は③です。

解答番号【32】:③　⇒**重要度C**

令和３年度 第１回
高卒認定試験

世界史Ａ・Ｂ

解答時間　50 分

注　意　事　項（抜粋）

＊　試験開始の合図前に，監督者の指示に従って，解答用紙の該当欄に以下の内容をそれぞれ正しく記入し，マークすること。

①**氏名欄**

氏名を記入すること。

②**受験番号**，③**生年月日**，④**受験地欄**

受験番号，**生年月日を記入**し，さらにマーク欄に**受験番号**（数字），**生年月日**（年号・数字），**受験地をマーク**すること。

＊　**受験番号，生年月日，受験地が正しくマークされていない場合は，採点できないことがある。**

＊　解答は，解答用紙の解答欄にマークすること。例えば，［10］と表示のある解答番号に対して②と解答する場合は，次の(例)のように**解答番号** 10 の**解答欄**の②に**マーク**すること。

（例）

解答番号	解　答　欄
10	① ●(2) ③ ④ ⑤ ⑥ ⑦ ⑧ ⑨ ⓪

世　界　史　A

（解答番号 1 ～ 32 ）

1 次の文章と図版に関連して，**問1～問2**に答えよ。

大分県の立花さんは，修学旅行先の奈良について，大分との関わりを調べて授業で班発表することになった。次の会話は，作りかけの**パネル**を基に，班で模擬発表をしているところである。

立花さん：　東大寺は，1567年に松永久秀(まつながひさひで)と三好三人衆の合戦の舞台となり，大仏殿が焼失しました。このとき撃ち込まれた火縄銃の銃弾が，**資料1**の南大門の金剛力士像から見つかっています。それは，現在のタイ，当時のシャムにあるソントー鉱山で採掘された鉛で作られていました。シャム産の鉛で作った鉛玉は，**資料2**のように，同じ時期の豊後(ぶんご)府内(大分市)の大友宗麟(おおともそうりん)時代の遺構からも出土しています。

高橋さん：　驚きました。シャムで採れた鉛が，全体の **A** もの割合を占めていたのですね。

立花さん：　鉛は，銃弾への加工のほか，銀(a)の精錬に用いられて，使用量が急速に伸びていました。しかし，わが国での外国産の鉛の使用は，1637年の島原・天草一揆(島原の乱)頃を最後に見られなくなっていきます。

高橋さん：　シャム産の鉛は，当時どういう勢力の手を経て日本に輸入されていたのですか？

立花さん：　それについては，**資料3**として使えそうな地図を探しているところです。

パネル

《東大寺と大分をつなぐ「タイの鉛」》

資料1　鉛玉の見つかった金剛力士像

資料2　豊後府内遺構から出土した鉛玉の推定産地

産　地	出土点数	割合(%)
日　本	8	36
朝鮮半島	2	9
中国南部	3	14
タ　イ	5	23
不　明	4	18
合　計	22	100

資料3

（当時の日本にタイ産の鉛が輸入されていた経路の参考になる地図を入れる予定）

問 1 [A] に当てはまる数値と，**パネル**中の**資料 3** に入れるのに適切と考えられる地図との組合せとして正しいものを，次の①～④のうちから一つ選べ。解答番号は [1] 。

	A	資料 3 に入れるのに適切と考えられる地図
①	約 1/4	タイだけが独立を保っている状態を示す，東南アジアの地図
②	約 1/4	大航海時代のアジアにおけるポルトガルの拠点を示した地図
③	約 1/10	タイだけが独立を保っている状態を示す，東南アジアの地図
④	約 1/10	大航海時代のアジアにおけるポルトガルの拠点を示した地図

問 2 下線部分銀(a)について述べた文として正しいものを，次の①～④のうちから一つ選べ。解答番号は [2] 。

① 通貨と同じ役割で用いられ，租調庸の納税品目にもなった。

② ドルとの交換は，アメリカ合衆国の大統領ニクソンによって停止された。

③ スペインがアメリカ大陸に植民地を領有すると，ヨーロッパに大量にもたらされた。

④ カリフォルニアで鉱山が発見されたことが，西部開発が進展するきっかけとなった。

2 次の文章と図版に関連して，問1～問4に答えよ。

古代社会において，動物と宗教は密接に結びついていた。メソポタミアには，かつてライオンが生息しており，その脅威から人々を守ることが王の使命とされていた。やがて，王は宗教的な儀式としてライオンを狩るようになり，そのようすは，図のようにアッシリア王(a)によるライオン狩りのレリーフとしても残っている。その後ヨーロッパでは，ライオンは力の象徴として様々な王家の紋章(b)に描かれるようになった。エジプト(c)では，牛やワニが聖獣として崇拝の対象となった。牛の姿で現れる神やワニの頭をした神が，豊穣(ほうじょう)をもたらす神として信仰されたためである。インドでは，宗教(d)の影響を受けて殺生を禁止する風潮が広がっていった。マウリヤ朝では，娯楽として狩猟を行うことを禁じ，宗教的に善行を積むための施設として，動物たちを世話する動物保護施設を設けた。

図　アッシリア王のライオン狩りのレリーフ

問１　下線部分アッシリア(a)滅亡後にオリエント世界を統一したアケメネス朝について述べた文として適切なものを，次の①～④のうちから一つ選べ。解答番号は［ 3 ］。

① ダレイオス１世が，中央集権体制を整えた。

② マムルークを軍の主力に用いた。

③ 荘園に三圃制を導入した。

④ ミケランジェロが，「最後の審判」を描いた。

問２　下線部分紋章(b)に関連して，次の紋章は現在のスペインの国章である。この紋章についての下の説明文が述べている出来事として適切なものを，下の①～④のうちから一つ選べ。解答番号は［ 4 ］。

> 中央の盾で強調して描かれている図柄は，あのライオンが「レオン王国」，いの城壁が「カスティーリャ王国」，うの縦のストライプが「アラゴン連合王国」，えの鎖が「ナバーラ王国」をそれぞれ表している。これらの四つの王国は，キリスト教の国々であり，中世においてイベリア半島のイスラーム勢力と戦った。

① プラハの春　　② ペロポネソス戦争

③ レコンキスタ（国土回復運動）　　④ 安史の乱

問3　下線部分(c)エジプトに関する出来事について述べた次の(ア)～(ウ)を，古いものから順に正しく並べたものを，下の①～④のうちから一つ選べ。解答番号は［5］。

(ア)　東方遠征を行ったアレクサンドロス大王に支配された。

(イ)　クフ王のピラミッドが建設された。

(ウ)　ファーティマ朝の支配者が，カリフの称号を用いた。

①　(ア)→(イ)→(ウ)　　②　(ア)→(ウ)→(イ)

③　(イ)→(ア)→(ウ)　　④　(ウ)→(ア)→(イ)

問4　下線部分(d)宗教に関連して，インドで生まれ，中央アジアを経て中国や日本に伝わった宗教の名称と，その特徴の説明との組合せとして正しいものを，次の①～④のうちから一つ選べ。解答番号は［6］。

	名　称	説　明
①	大乗仏教	善神と悪神の対立を信仰の基礎におく。
②	大乗仏教	すべての人々の救済のために修行する。
③	ゾロアスター教	善神と悪神の対立を信仰の基礎におく。
④	ゾロアスター教	すべての人々の救済のために修行する。

3　1～2の文章と図版に関連して，問1～問5に答えよ。

1　1661年，親政を始めたフランス王ルイ14世(a)は公務に精力的に取り組んだ。7時に起床，午前中に政務，午後は狩猟や乗馬，夜は演劇，音楽会などをこなして，12時過ぎに就寝した。起床から就寝に至るまで，王の生活はことごとく儀式化され，王の権威を高めるために利用された。例えば，貴族のうちでも起床時及び就寝時の王に寝室で親しく謁見できるのは，特別の寵愛(ちょうあい)を意味した。

フランスは，かつて絶対王政の典型とされてきた。ルイ14世や，18世紀(b)のルイ15世は，貴族や法によって左右されることなく，官僚制と常備軍を用いて国内の諸勢力を圧倒する絶対的な権力を行使したといわれる。しかし，近年では，実際には王権が直接に社会の末端にまで及ぶわけではなかったという見方も示されている。

ルイ14世

問 1 下線部分ルイ 14 世(a)に関連して，ルイ 14 世の権力を示す建造物として適切なものを，次の①～④のうちから一つ選べ。解答番号は 7 。

①

アンコール＝ワット

②

万里の長城

③

ヴェルサイユ宮殿

④

タージ＝マハル

問 2 下線部分 18 世紀(b)の世界のようすについて述べた文として適切なものを，次の①～④のうちから一つ選べ。解答番号は 8 。

① プラッシーの戦いがおこった。

② ハンガリーで，反ソ暴動がおこった。

③ ゲルマン人の大移動が始まった。

④ 劉邦が，漢を建てた。

2　高校生の山本さんは，世界史上の君主について調べ，**カード１・カード２**を作成した。

カード１　洪武帝(在位 1368〜98 年)

本名は朱元璋として知られているが，実は最初の名がわからないほど貧しい農民の家に生まれ，幼くして寺に預けられた。その後，流浪の身となっていた時に農民反乱に参加し，反乱の指導者として頭角を現した。他の有力者をおさえて，皇帝に即位し，明(c)を建国した。この頃，［ A ］の解体により，明をはじめ，アジア各地で新たな勢力が台頭していた。洪武帝は，中国を支配していた遊牧勢力を北方へ追い払い，以後，皇帝独裁体制を強化していった。

洪武帝

カード２　ティムール(在位 1370〜1405 年)

ティムールとはトルコ系言語で｢鉄｣という意味を持つ。貴族の末裔(まつえい)であったが，没落し，盗賊として青年時代を過ごした。［ A ］の解体が進む中で台頭し，西トルキスタンに王朝を建て，中央アジアからイラン・イラクに至る広大な地域に征服活動を展開し，1402 年にはオスマン帝国(d)を破った。その後，明遠征の途中，中央アジアで死去した。

ティムール

問 3　下線部分明代(c)の中国のようすについて述べた文として適切なものを，次の①～④のうちから一つ選べ。解答番号は 9 。

① ヴァルナ制が形成された。

② 大躍進政策を行った。

③ 七月革命がおこった。

④ 足利義満と勘合貿易を行った。

問 4　A に当てはまる国を，次の①～④のうちから一つ選べ。解答番号は 10 。

① モンゴル帝国　　② フランク王国

③ インカ帝国　　④ バビロニア王国

問 5　下線部分オスマン帝国(d)について，オスマン帝国の君主とその治世の出来事との組合せとして正しいものを，次の①～④のうちから一つ選べ。解答番号は 11 。

	君　主	出来事
①	ティトー	3C 政策を進めた。
②	スレイマン１世	ウィーンを包囲した。
③	ティトー	ウィーンを包囲した。
④	スレイマン１世	3C 政策を進めた。

4 1～2の文章と図版に関連して，**問1～問6**に答えよ。

1 生徒と先生が，**資料**を見ながら会話している。

先生：『海外新聞』は，ジョセフ＝ヒコによって，初めて日本語で定期刊行された新聞です。

生徒：ジョセフ＝ヒコとはどんな人ですか。また，なぜ新聞を発行したのですか。

先生：ヒコは，幕末の漂流民で，アメリカ合衆国で教育を受けて市民権を取得し，開港直後の横浜にアメリカ領事館の通訳として帰国した人物です。外国の話を聞かせてほしいと訪ねてくる人々の要望に応えようと，新聞発行を思いついたといわれています。

生徒：**資料**中の記事では， A 暗殺の場面が詳しく書かれていますが，新聞のニュース素材は，どのようにして手に入れたのですか。

先生：横浜に入港する船から外国新聞を入手し，翻訳すべき記事を選んで載せる(a)という手法をとりました。なお，『海外新聞』は，2年余りで廃刊となりましたが，ヒコは A と握手を交わした唯一人の日本人となりました。

生徒：ヒコは，アメリカ合衆国の民主主義を日本の人々に伝えたかったのですね。

資料 『海外新聞』(表紙と記事の一部)

アメリカ国の部

4月6日，南北戦争ありて南部大いに敗北し，…同9日…ついに降伏なせしとかや。…同14日の夜，北部大頭領(大統領) A は，ワシントンの芝居を見物に行きしに，11時とおぼしきころ，たちまち一人の狼藉(ろうぜき)ものありて…，にわかに桟敷(さじき)にかけ上がり，大頭領のうしろより袖銃を以て一発に打倒し，…裏口よりにげ去りける。

(注) 『海外新聞』は，創刊時は『新聞誌』と題したが，ほどなく改題された。

問1 A に当てはまる人物と，その人物に最も関わりの深い言葉との組合せとして正しいものを，次の①～④のうちから一つ選べ。解答番号は 12 。

	A	言　葉
①	リンカン	代表なくして課税なし
②	リンカン	人民の，人民による，人民のための政治
③	モンロー	代表なくして課税なし
④	モンロー	人民の，人民による，人民のための政治

問 2　下線部分翻訳すべき記事を選んで載せる(a)とあるが，次の地図は，『海外新聞』に，当時のヨーロッパ諸国の情勢を伝える記事とともに掲載されたものである。生徒と先生の会話文や地図中の国名を参考にして，この地図が作成された時期を，下の表中の①～④のうちから一つ選べ。解答番号は 13 。

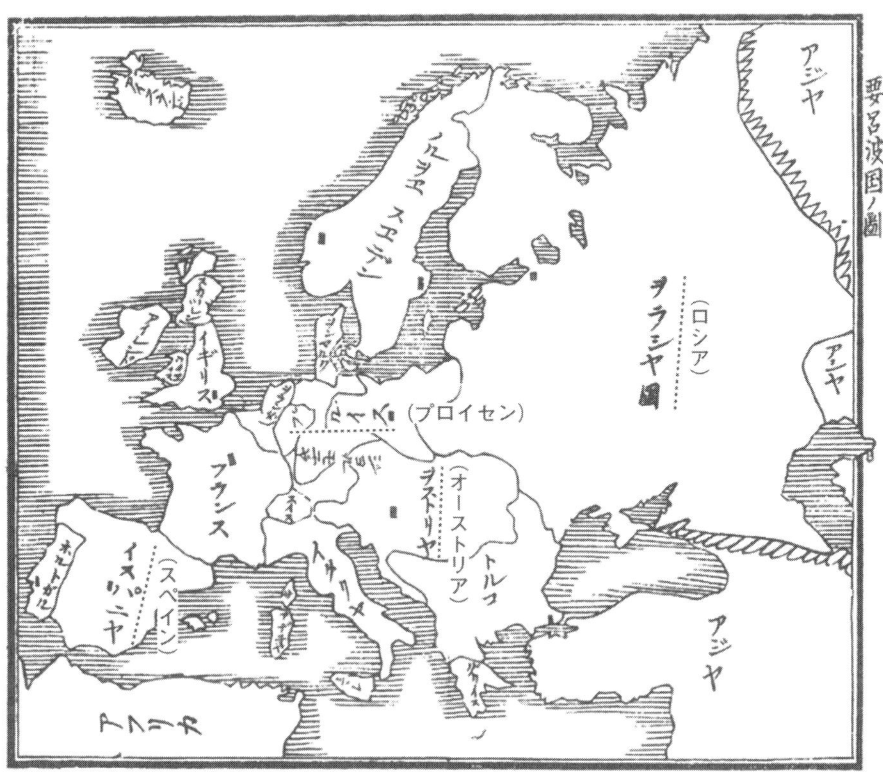

（注）一部の国名については，現在の一般的な表記を括弧内に記した。

ローマ帝国が東西に分裂する。

↕ ①

ビザンツ帝国が滅亡する。

↕ ②

ピューリタン革命がおこる。

↕ ③

サライェヴォ事件がおこる。

↕ ④

東西ドイツが統合する。

2　高校生の伊藤さんは，夏休みの自由研究で，ジョセフ＝ヒコの『海外新聞』にならって，次の『世界史新聞』を作成した。

世界史新聞　パリ万国博覧会　連日大盛況　1889年発行

パリで万国博覧会が開かれるのは，今回で4回目であるが，今年はフランス革命(b)100周年に当たる。そのため，今までにないスケールで開催され，入場者は万博史上最大の3000万人を超える勢いとなっている。

パリ万博のポスター

「19世紀の経済発展(c)を祝う」を趣旨とするパリ万博で，最大の呼び物となっているのが，エッフェルが設計した「300 m の塔」だ。このエッフェル塔には，大勢の人が押し寄せ，朝から長蛇の列ができている。

幻想的な照明の夜間公開

パリ万博では，博覧会として初めて，電灯を利用した夜間公開が実現し，噴水と照明の華やかなショーが繰り広げられている。先日は，白熱電球の発明者である［　B　］が会場を訪れ，これも自身の発明品である蓄音機をエッフェルにプレゼントした。

蓄音機の実演

エキゾチックな植民地パビリオン

諸外国のパビリオンの他に，ベトナムやジャワなどの植民地地域(d)の展示も好評だ。伝統的な楽器演奏や舞踊が披露されている。

ジャワのダンス

問 3　下線部分フランス革命(b)に関連して，次の絵画は，国民議会が行った「球戯場の誓い」を描いたものである。国民議会が，このとき目標としたものは何か，下の①～④のうちから一つ選べ。解答番号は 14 。

① 贖宥状の廃止　　② 秘密外交の廃止

③ 律令の制定　　④ 憲法の制定

問 4　下線部分19世紀の経済発展(c)に関して述べた文として適切なものを，次の①～④のうちから一つ選べ。解答番号は 15 。

① 日本は，朱印船貿易を行った。

② イギリスは，世界の工場とよばれた。

③ アジア太平洋経済協力会議(APEC)が発足した。

④ 単一通貨ユーロが導入された。

問 5 [B] に当てはまる人物を，次の①～④のうちから一つ選べ。解答番号は [16] 。

①

ベートーヴェン

②

アダム＝スミス

③

アインシュタイン

④

エディソン

問 6 下線部分ジャワなどの植民地地域(d)に関連して，次の資料は，西洋教育を受けたジャワの女性が書いた書簡の一部である。書簡の中で女性が述べている内容と，ジャワを植民地支配していた国との組合せとして正しいものを，下の①～④のうちから一つ選べ。
解答番号は [17] 。

> 私は「近代的な女性」，…自立した女性と知り合いになりたいとずっと思っていました。…考えたり感じたりすることでは，私は東インドではなく，遠い西洋にいる進歩的な白人の姉妹たちとともに生きていると言ってもいいでしょう。
> もし私の国の法律が許すならば，ヨーロッパの新しい女性たちの活動と闘いに身を投じる以上のことを望みますまい。でも，数世紀にわたる伝統が，その頑丈な腕で私たちを捕らえています。
> カルティニの書簡(1899 年 5 月 25 日)により作成

	内　容	植民地支配していた国
①	女性解放について述べている。	オランダ
②	女性解放について述べている。	ロシア
③	農奴解放について述べている。	オランダ
④	農奴解放について述べている。	ロシア

5 1～2の文章と図版に関連して，問1～問7に答えよ。

1　第一次世界大戦は連合国の勝利に終わり，民族自決(a)や植民地問題の公正な解決などが提唱された。しかし，敗戦国であるドイツには，多額の賠償金の支払いが課された。

フランスは，ドイツに対し円滑な賠償金の支払いを求め，1923年に［A］を占領した。その後，ドイツの経済は混乱を極めた。このような状況の中でドイツの首相となったのが，図1のシュトレーゼマンである。シュトレーゼマンは，新紙幣の発行によって通貨を安定させるとともに，アメリカ合衆国の協力による賠償金支払いの緩和と資本導入に成功して，ドイツ経済の立て直しを図った。さらに，1925年には［B］を締結し，ヨーロッパの緊張緩和に貢献した。その結果，ドイツの国際連盟(b)への加盟が実現した。

図1

問1　下線部分民族自決(a)の実現を求めた出来事として適切なものを，次の①～④のうちから一つ選べ。解答番号は［18］。

① 黄巾の乱　　② 三・一独立運動

③ ラダイト運動(機械打ちこわし運動)　　④ ボストン茶会事件

問 2 [A] に当てはまる語句と，その後のドイツの経済状況について述べた文との組合せとして正しいものを，次の①～④のうちから一つ選べ。解答番号は [19] 。

	A	ドイツの経済状況
①	アフガニスタン	石油危機(オイル＝ショック)がおこった。
②	アフガニスタン	激しいインフレーションが進んだ。
③	ルール	石油危機(オイル＝ショック)がおこった。
④	ルール	激しいインフレーションが進んだ。

問 3 [B] に当てはまる語句として適切なものを，次の①～④のうちから一つ選べ。解答番号は [20] 。

① パレスチナ暫定自治協定
② 下関条約
③ 日独伊防共協定
④ ロカルノ条約

問 4 下線部分国際連盟(b)について述べた文として適切なものを，次の①～④のうちから一つ選べ。解答番号は [21] 。

① アメリカ合衆国は加盟しなかった。
② ウィーン体制の維持を目的とした。
③ 旧ソ連内の 11 の共和国で形成された。
④ 排他的なブロック経済圏をつくることを目的とした。

令和3年度第1回試験

2　図2は，清の打倒を目指す革命的諸団体を結集し，1905年に日本の東京で中国同盟会を結成した人物である。この人物は，［　C　］を掲げ，組織的な革命運動を展開した。中華民国の建国後は，独裁を進める袁世凱との対立が深まり，再び日本への亡命を余儀なくされた。第一次世界大戦が終結し，反帝国主義運動が広がりを見せる中で，この人物は1919年に中国国民党を組織した。その後，1921年にコミンテルンの支援の下で中国共産党が上海(c)で結成されると，ソ連(d)と連携し，共産主義を容認し，労働者・農民を助けるという方針を掲げて，第1次国共合作を成立させた。この協力体制によって，帝国主義の打倒や民族的統一の達成などを目指していたが，1925年に病死した。

図2

問5　図2の人物名と，［　C　］に当てはまる文との組合せとして正しいものを，次の①～④のうちから一つ選べ。解答番号は［22］。

	図2の人物	C
①	孫　文	民族主義・民権主義・民生主義の三民主義
②	孫　文	種は自然淘汰によって進化するという進化論
③	ネルー	民族主義・民権主義・民生主義の三民主義
④	ネルー	種は自然淘汰によって進化するという進化論

問 6　下線部分上海(c)で 1920 年代におこった出来事を，次の①～④のうちから一つ選べ。
解答番号は 23 。

① アンボイナ事件
② 義和団事件
③ 五・三〇運動
④ ワッハーブ運動

問 7　下線部分ソ連(d)で行われた政策について述べた文として適切なものを，次の①～④のうちから一つ選べ。解答番号は 24 。

① 府兵制を実施した。
② 社会主義者鎮圧法を制定した。
③ 農業の集団化を行った。
④ 非ムスリムに課されていたジズヤを廃止した。

6 1～2の文章と図版に関連して，問1～問6に答えよ。

1 生徒と先生が，夏季オリンピックについて，**資料1**～**資料3**を見ながら会話している。

生徒： 先生，**資料1**のXの時期に参加選手数が減少し，Yの時期は参加国・地域数も減少していることが気になります。

先生： 1956年のメルボルン大会では，エジプト・レバノン・イラクが不参加を表明しました。これは同年に，［ A ］をきっかけに発生した第2次中東戦争への抗議の結果です。このようにオリンピックでは，政治的な事情で参加をボイコットする国や地域がありました。

生徒： Yの時期においても，ボイコットが発生したのでしょうか。

先生： それについては，**資料2**と**資料3**で考えてみましょう。新たにわかることはありますか。

生徒： モントリオール大会では，アフリカの国が多くボイコットしていますが，これはなぜですか。

先生： それは，当時南アフリカで実施されていた［ B ］に対する抗議の結果でした。

生徒： 一方モスクワ大会は，［ C ］がボイコットしているように見えます。この時期ならば東西冷戦(a)が影響していると思うのですが，どうでしょうか。

先生： 概ねその通りです。ただし，例えばイギリスは同じ陣営ですが参加しました。また，中国は［ C ］ではないですが，開催国との関係が悪化してボイコットしました。

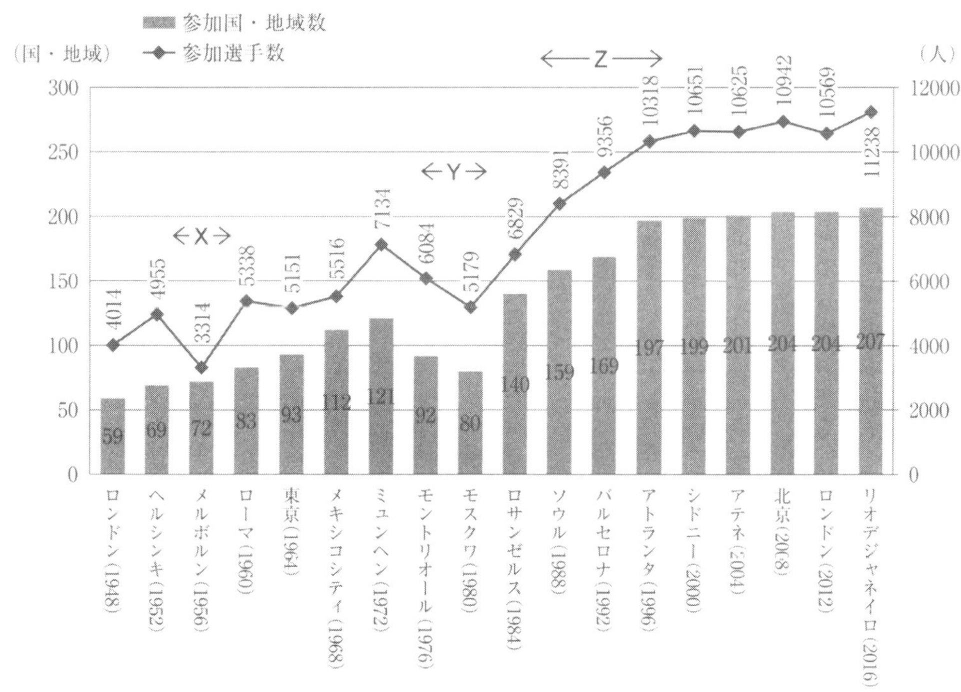

資料1 夏季オリンピックの参加国・地域数及び参加選手数の推移

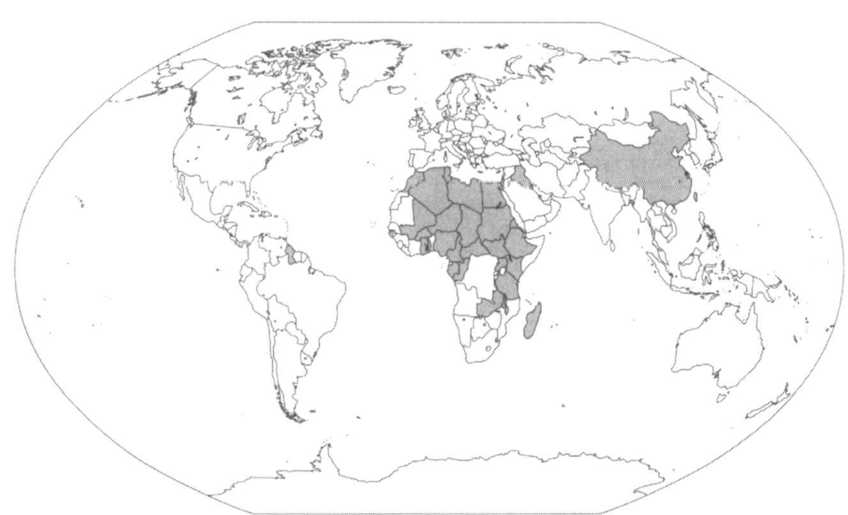

資料2　モントリオール大会をボイコットした国・地域(網掛け部分)

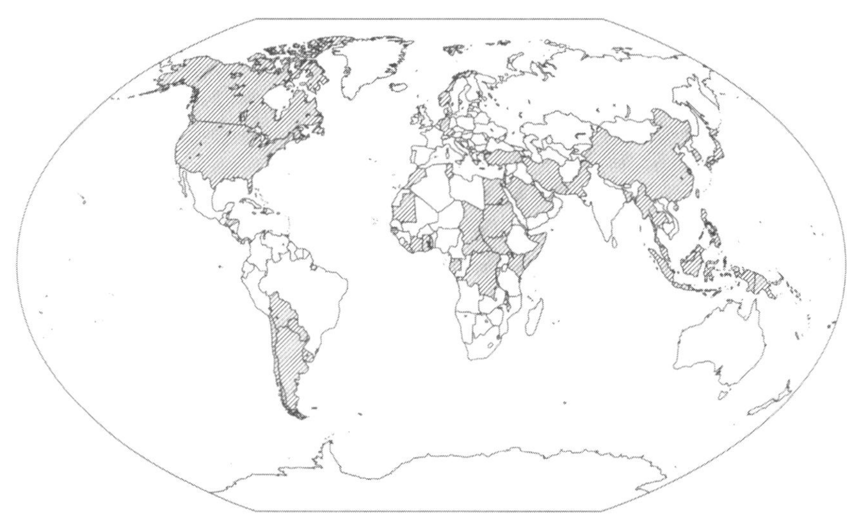

資料3　モスクワ大会をボイコットした国・地域(斜線部分)

問1　[A] に当てはまる語句として適切なものを，次の①～④のうちから一つ選べ。解答番号は [25] 。

①　シュレジエンの領有　　　②　スエズ運河の国有化

③　ヨーロッパ連合(EU)の結成　　　④　十四カ条の平和原則の発表

問 2 [B] と [C] に当てはまる語句の組合せとして正しいものを，次の①～④のうちから一つ選べ。解答番号は [26] 。

	B	C
①	アパルトヘイト	アメリカ合衆国を中心とする西側諸国
②	アパルトヘイト	ソ連を中心とする東側諸国
③	ニューディール	アメリカ合衆国を中心とする西側諸国
④	ニューディール	ソ連を中心とする東側諸国

問 3 下線部分東西冷戦(a)に関連して，**資料1**のZの時期において参加数が増加した理由の一つとして，東西冷戦の解消があげられる。東西冷戦の解消について述べた文として適切なものを，次の①～④のうちから一つ選べ。解答番号は [27] 。

① ムッソリーニが，「ローマ進軍」を行った。

② チャーチルが，「鉄のカーテン」演説を行った。

③ ワシントン海軍軍縮条約が締結された。

④ マルタ会談が開催された。

2 国際的な注目度の高いオリンピックでは，中立性を保つため，その憲章において，「いかなる種類の示威行為または，政治的，宗教的，人種的な宣伝活動も認められない」と定めている。しかし実際には，過去の大会において憲章に抵触する行為が行われることがあった。

1968年に開催され，中南米(b)で初のオリンピック開催となったメキシコシティ大会では，陸上競技男子200メートルの表彰式において，金メダルと銅メダルを獲得したアフリカ系アメリカ人が，黒い手袋をして拳を突き上げた(図1)。「ブラックパワー・サリュート」とよばれる，人種差別に抗議するこの行為の背景には，当時アメリカ合衆国で活発になっていた，人種差別の解消を目指す運動(c)があった。2016年のリオデジャネイロ大会では，男子マラソンで銀メダルを獲得したエチオピア(d)の選手が，両腕を頭上で交差させる「手錠のポーズ」を取った(図2)。これは当時のエチオピアの，強権的な政権への抗議を意味していた。

このような行為には毎回，賛否両方の声があがっており，今後も議論されていくであろう。

図1

図2

問 4 下線部分中南米(b)の 1960 年代のようすについて述べた文として適切なものを，次の①～④のうちから一つ選べ。解答番号は 28 。

① 名誉革命がおこった。

② 血の日曜日事件がおこった。

③ キューバ危機がおこった。

④ 満州事変がおこった。

問 5 下線部分人種差別の解消を目指す運動(c)について，この運動の名称と，運動の中でおこった出来事との組合せとして適切なものを，次の①～④のうちから一つ選べ。解答番号は 29 。

	名 称	出来事
①	チャーティスト運動	スパルタクスの反乱がおこった。
②	チャーティスト運動	キング牧師が，ワシントン大行進を主導した。
③	公民権運動	スパルタクスの反乱がおこった。
④	公民権運動	キング牧師が，ワシントン大行進を主導した。

問 6 下線部分エチオピア(d)について，その地図上の位置と，1963 年にこの国が中心となって設立し，アフリカ諸国の連帯・団結を目指した組織の名称との組合せとして適切なものを，次の①～④のうちから一つ選べ。解答番号は 30 。

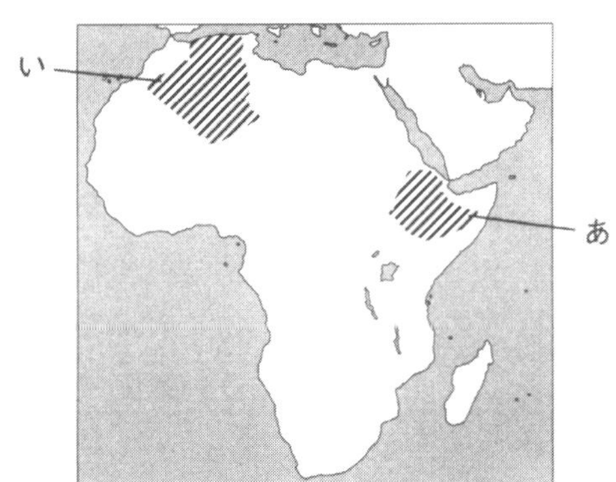

	位 置	組織の名称
①	あ	北大西洋条約機構(NATO)
②	あ	アフリカ統一機構(OAU)
③	い	北大西洋条約機構(NATO)
④	い	アフリカ統一機構(OAU)

7　次の文章と図版に関連して，**問1～問2**に答えよ。

イギリスの経済学者マルサス(1766～1834年)は，その主著『人口の原理(人口論)』(初版1798年)において，「人口は幾何級数的に増加するのに対し，食糧の増加は算術級数的にしか増加しない」と述べ， A ということを示し，不断の人口制限が必要であると主張した。マルサスは，食糧分配の不均衡から B が生じると考えていたためである。しかし，現在の観点から見ると，マルサスのこの予言は外れたといってよいだろう。それは，20世紀初頭に，科学的に窒素化合物を大量に作り出すことができるようになり，農作物に必要な養分を土壌に加えることが可能になったためである。しかし同時に，この窒素を合成する技術は，火薬の原料となる硝酸を大量に作ることを可能にした。そのため，この技術が開発された後の最初の大きな戦争となった第一次世界大戦(a)は未曽有の被害を生むこととなった。

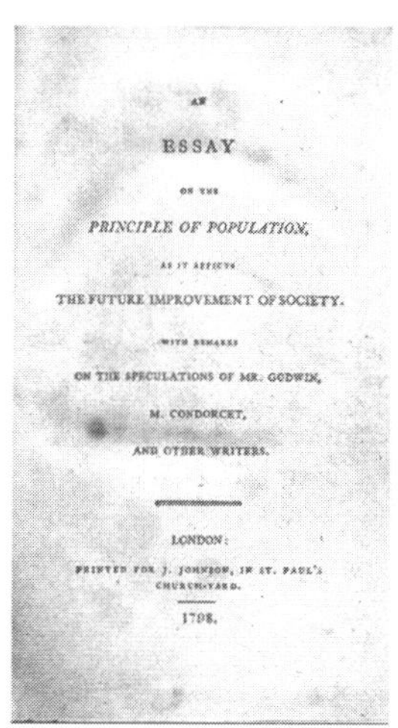
AN
ESSAY
ON THE
PRINCIPLE OF POPULATION,
AS IT AFFECTS
THE FUTURE IMPROVEMENT OF SOCIETY.
WITH REMARKS
ON THE SPECULATIONS OF MR. GODWIN,
M. CONDORCET,
AND OTHER WRITERS.

LONDON:
PRINTED FOR J. JOHNSON, IN ST. PAUL'S
CHURCH-YARD.
1798.

マルサス(左)と『人口の原理』初版の表紙(右)

問1　 A に当てはまる文と B に当てはまる語句との組合せとして正しいものを，次の①～④のうちから一つ選べ。解答番号は 31 。

	A	B
①	食糧増産の速度が人口増加の速度を上回る	貧　困
②	食糧増産の速度が人口増加の速度を上回る	地球温暖化
③	人口増加の速度が食糧増産の速度を上回る	貧　困
④	人口増加の速度が食糧増産の速度を上回る	地球温暖化

問２　下線部分第一次世界大戦[(a)]について述べた文として適切なものを，次の①～④のうちから一つ選べ。解答番号は 32 。

① ローマがカルタゴを破り，地中海の覇者となった。
② イギリスとフランスが戦い，イギリスは大陸の領地をほとんど喪失した。
③ 戦争終結の際の条約によって，ヨーロッパの主権国家体制が確立した。
④ 国家が国力を総動員して戦う総力戦となった。

（これで世界史Ａの問題は終わりです。）

世界史B

（解答番号 1 ～ 32 ）

1 次の文章と図版に関連して，問1～問2に答えよ。

大分県の立花さんは，修学旅行先の奈良について，大分との関わりを調べて授業で班発表することになった。次の会話は，作りかけの**パネル**を基に，班で模擬発表をしているところである。

立花さん： 東大寺は，1567年に松永久秀(まつながひさひで)と三好三人衆の合戦の舞台となり，大仏殿が焼失しました。このとき撃ち込まれた火縄銃の銃弾が，**資料1**の南大門の金剛力士像から見つかっています。それは，現在のタイ，当時のシャムにあるソントー鉱山で採掘された鉛で作られていました。シャム産の鉛で作った鉛玉は，**資料2**のように，同じ時期の豊後(ぶんご)府内(大分市)の大友宗麟(おおともそうりん)時代の遺構からも出土しています。

高橋さん： 驚きました。シャムで採れた鉛が，全体の **A** もの割合を占めていたのですね。

立花さん： 鉛は，銃弾への加工のほか，銀(a)の精錬に用いられて，使用量が急速に伸びていました。しかし，わが国での外国産の鉛の使用は，1637年の島原・天草一揆(島原の乱)頃を最後に見られなくなっていきます。

高橋さん： シャム産の鉛は，当時どういう勢力の手を経て日本に輸入されていたのですか？

立花さん： それについては，**資料3**として使えそうな地図を探しているところです。

パネル

《東大寺と大分をつなぐ「タイの鉛」》

資料1 鉛玉の見つかった金剛力士像

資料2 豊後府内遺構から出土した鉛玉の推定産地

産 地	出土点数	割合(%)
日 本	8	36
朝鮮半島	2	9
中国南部	3	14
タ イ	5	23
不 明	4	18
合 計	22	100

資料3

(当時の日本にタイ産の鉛が輸入されていた経路の参考になる地図を入れる予定)

問1 [A] に当てはまる数値と，パネル中の資料3に入れるのに適切と考えられる地図との組合せとして正しいものを，次の①～④のうちから一つ選べ。解答番号は [1] 。

	A	資料3に入れるのに適切と考えられる地図
①	約1/4	タイだけが独立を保っている状態を示す，東南アジアの地図
②	約1/4	大航海時代のアジアにおけるポルトガルの拠点を示した地図
③	約1/10	タイだけが独立を保っている状態を示す，東南アジアの地図
④	約1/10	大航海時代のアジアにおけるポルトガルの拠点を示した地図

問2 下線部分銀(a)について述べた文として正しいものを，次の①～④のうちから一つ選べ。解答番号は [2] 。

① 通貨と同じ役割で用いられ，租調庸の納税品目にもなった。

② ドルとの交換は，アメリカ合衆国の大統領ニクソンによって停止された。

③ スペインがアメリカ大陸に植民地を領有すると，ヨーロッパに大量にもたらされた。

④ カリフォルニアで鉱山が発見されたことが，西部開発が進展するきっかけとなった。

2 1～2の文章と図版に関連して，**問1～問8**に答えよ。

1　古代社会において，動物と宗教は密接に結びついていた。メソポタミアには，かつてライオンが生息しており，その脅威から人々を守ることが王の使命とされていた。やがて，王は宗教的な儀式としてライオンを狩るようになり，そのようすは，**図1**のように<u>アッシリア</u>(a)王によるライオン狩りのレリーフとしても残っている。その後ヨーロッパでは，ライオンは力の象徴として様々な王家の<u>紋章</u>(b)に描かれるようになった。<u>エジプト</u>(c)では，牛やワニが聖獣として崇拝の対象となった。牛の姿で現れる神やワニの頭をした神が，豊穣(ほうじょう)をもたらす神として信仰されたためである。インドでは，<u>宗教</u>(d)の影響を受けて殺生を禁止する風潮が広がっていった。マウリヤ朝では，娯楽として狩猟を行うことを禁じ，宗教的に善行を積むための施設として，動物たちを世話する動物保護施設を設けた。

図1　アッシリア王のライオン狩りのレリーフ

問１　下線部分アッシリア(a)滅亡後にオリエント世界を統一したアケメネス朝について述べた文として適切なものを，次の①～④のうちから一つ選べ。解答番号は［3］。

① ダレイオス１世が，中央集権体制を整えた。

② マムルークを軍の主力に用いた。

③ 荘園に三圃制を導入した。

④ ミケランジェロが，「最後の審判」を描いた。

問２　下線部分紋章(b)に関連して，次の紋章は現在のスペインの国章である。この紋章についての下の説明文が述べている出来事として適切なものを，下の①～④のうちから一つ選べ。解答番号は［4］。

中央の盾で強調して描かれている図柄は，あのライオンが「レオン王国」，いの城壁が「カスティーリャ王国」，うの縦のストライプが「アラゴン連合王国」，えの鎖が「ナバーラ王国」をそれぞれ表している。これらの四つの王国は，キリスト教の国々であり，中世においてイベリア半島のイスラーム勢力と戦った。

① プラハの春　② ペロポネソス戦争

③ レコンキスタ（国土回復運動）　④ 安史の乱

問 3 下線部分エジプト(c)に関する出来事について述べた次の(ア)～(ウ)を，古いものから順に正しく並べたものを，下の①～④のうちから一つ選べ。解答番号は 5 。

(ア) 東方遠征を行ったアレクサンドロス大王に支配された。

(イ) クフ王のピラミッドが建設された。

(ウ) ファーティマ朝の支配者が，カリフの称号を用いた。

① (ア)→(イ)→(ウ)　② (ア)→(ウ)→(イ)

③ (イ)→(ア)→(ウ)　④ (ウ)→(ア)→(イ)

問 4 下線部分宗教(d)に関連して，インドで生まれ，中央アジアを経て中国や日本に伝わった宗教の名称と，その特徴の説明との組合せとして正しいものを，次の①～④のうちから一つ選べ。解答番号は 6 。

	名　称	説　明
①	大乗仏教	善神と悪神の対立を信仰の基礎におく。
②	大乗仏教	すべての人々の救済のために修行する。
③	ゾロアスター教	善神と悪神の対立を信仰の基礎におく。
④	ゾロアスター教	すべての人々の救済のために修行する。

2　支配者は，自らの政治権力や経済力の象徴として動物を収集した。例えば，中国においては，周(e)の文王は，広大な土地を壁で囲み，シカ，ヤギ，鳥類，魚など様々な動物を飼育したとされる。また，13世紀にモンゴルを訪れたヴェネツィア商人は，上都の宮殿内における動物のようすを記録している(f)。一方で，キリスト教(g)が広がったヨーロッパでは，動物の収集には，図2のような動物たちと仲良く暮らしていたエデンの園を再現するという目的が結びついた。特に，キリスト教においては，ゾウは賢明で貞潔な生き物とされ，支配者はゾウを飼育することを強く望んだ。例えば，13世紀のフランス王ルイ9世は，ゾウを手に入れ(h)，イングランド王ヘンリ3世に贈っている。

図2　エデンの園

問 5　下線部分周(e)について述べた文として適切なものを，次の①～④のうちから一つ選べ。解答番号は 7 。

① 『千夜一夜物語』がまとめられた。

② スコラ学が発展した。

③ シベリア鉄道を建設した。

④ 殷を滅ぼした。

問 6　下線部分13世紀にモンゴルを訪れたヴェネツィア商人は，上都の宮殿内における動物のようすを記録している(f)とあるが，次の資料がその記録の一部である。文中の二重下線部分カーンに該当する君主について述べた文として適切なものを，下の①～④のうちから一つ選べ。解答番号は 8 。

> 苑内(えんない)には牡(おす)ジカ，黄ジカ，小ジカといった類の動物を放牧し，同じ苑内の鳥小屋に飼っているハヤブサ・タカの餌糧(じりょう)に供せしめている。ハヤブサだけでもここには二百隻(せき)以上が飼育されている。…カーンはヒョウを牽(ひ)きつれてその乗馬のあとに従わしめつつ牆壁(しょうへき)(垣根や壁)を巡らしたこの園囿(えんゆう)内を漫騎(まんき)することもしばしばである。…カーンには，淡色にせよ斑点(はんてん)一つ交えない雪白の牡ウマ・牝(めす)ウマの馬群があって，その牝ウマだけでも一万以上に達するという莫大(ばくだい)な頭数をなしている。この牝ウマの乳を飲むことを許されるのはただ帝室の者のみ，すなわちチンギス＝カーンの後裔(こうえい)だけに限定されている。
>
> （注）園囿…草木を植え，鳥や獣を飼っているところ
> 漫騎…気の向くままに馬に乗る

① フビライは，2度の日本遠征を行った。

② チュラロンコン(ラーマ5世)は，近代化を進めた。

③ 曾国藩は，洋務運動を進めた。

④ ムハンマドは，ヒジュラ(聖遷)を行った。

問 7　下線部分(g)キリスト教について述べた文として適切なものを，次の①～④のうちから一つ選べ。解答番号は 9 。

① 東学の指導者らが，甲午農民戦争をおこした。

② 『リグ＝ヴェーダ』が成立した。

③ アリーとその子孫だけを指導者とした。

④ ニケーア公会議において，アタナシウス派が正統とされた。

問 8　下線部分(h)13世紀のフランス王ルイ9世は，ゾウを手に入れとあるが，ルイ9世がゾウを手に入れるきっかけとなったと考えられる出来事を，次の①～④のうちから一つ選べ。解答番号は 10 。

① 鄭和の南海遠征

② 十字軍の遠征

③ トゥール・ポワティエ間の戦い

④ ファショダ事件

3　1～2の文章と図版に関連して，問1～問5に答えよ。

1　1661年，親政を始めたフランス王ルイ14世(a)は公務に精力的に取り組んだ。7時に起床，午前中に政務，午後は狩猟や乗馬，夜は演劇，音楽会などをこなして，12時過ぎに就寝した。起床から就寝に至るまで，王の生活はことごとく儀式化され，王の権威を高めるために利用された。例えば，貴族のうちでも起床時及び就寝時の王に寝室で親しく謁見できるのは，特別の寵愛(ちょうあい)を意味した。

フランスは，かつて絶対王政の典型とされてきた。ルイ14世や，18世紀(b)のルイ15世は，貴族や法によって左右されることなく，官僚制と常備軍を用いて国内の諸勢力を圧倒する絶対的な権力を行使したといわれる。しかし，近年では，実際には王権が直接に社会の末端にまで及ぶわけではなかったという見方も示されている。

ルイ14世

問 1 下線部分ルイ 14 世(a)に関連して，ルイ 14 世の権力を示す建造物として適切なものを，次の①～④のうちから一つ選べ。解答番号は 11 。

①

アンコール＝ワット

②

万里の長城

③

ヴェルサイユ宮殿

④

タージ＝マハル

問 2 下線部分 18 世紀(b)の世界のようすについて述べた文として適切なものを，次の①～④のうちから一つ選べ。解答番号は 12 。

① プラッシーの戦いがおこった。

② ハンガリーで，反ソ暴動がおこった。

③ ゲルマン人の大移動が始まった。

④ 劉邦が，漢を建てた。

2　高校生の山下さんは，女性君主について調べ，**カード1**・**カード2**を作成した。

カード1　エリザベス1世(在位 1558～1603 年)

母は刑死し，自身もロンドン塔に幽閉されるなど，苦難の末，25 歳で女王となった。 A を制定して宗教対立を収め，国内社会を安定させた。対外的には，全盛期のスペインに打撃を与え，(c)イギリスの海外進出を推し進めた。生涯独身を通して跡継ぎを残さなかったため，彼女の死でテューダー朝は断絶した。

エリザベス1世

カード2　エカチェリーナ2世(在位 1762～96 年)

ドイツ出身のロシア皇帝。皇帝である夫からクーデタで帝位を奪った。(d)啓蒙思想を取り入れ，ロシアの近代化を目指した。そのため，啓蒙専制君主に位置付けられている。しかし，農民反乱などを機に反動化した。対外政策に積極的であり，(e)各地へ進出した。

エカチェリーナ2世

問 3 [A] に当てはまる語句と，下線部分(c)イギリスの海外進出について述べた文との組合せとして正しいものを，次の①～④のうちから一つ選べ。解答番号は [13] 。

	A	イギリスの海外進出
①	統一法	東インド会社を設立した。
②	統一法	フィリピンに，マニラを建設した。
③	ホルテンシウス法	東インド会社を設立した。
④	ホルテンシウス法	フィリピンに，マニラを建設した。

問 4 下線部分(d)啓蒙思想に関連して，山下さんが啓蒙思想について学習するための書籍として適切なものを，次の①～④のうちから一つ選べ。解答番号は [14] 。

① 玄奘のインドへの旅を題材とした『西遊記』

② ボッカチオが著した『デカメロン』

③ 騎士道を題材とした『ローランの歌』

④ モンテスキューが著した『法の精神』

問 5 下線部分(e)各地へ進出について，エカチェリーナ２世が行った事柄として適切なものを，次の①～④のうちから一つ選べ。解答番号は [15] 。

① コロンブスの航海を支援した。

② 日本にラクスマンを派遣した。

③ メキシコに出兵した。

④ ハワイを併合した。

4 1～2の文章と図版に関連して，**問1**～**問4**に答えよ。

1 生徒と先生が，**資料**を見ながら会話している。

先生：『海外新聞』は，ジョセフ＝ヒコによって，初めて日本語で定期刊行された新聞です。
生徒：ジョセフ＝ヒコとはどんな人ですか。また，なぜ新聞を発行したのですか。
先生：ヒコは，幕末の漂流民で，アメリカ合衆国で教育を受けて市民権を取得し，開港直後の横浜にアメリカ領事館の通訳として帰国した人物です。外国の話を聞かせてほしいと訪ねてくる人々の要望に応えようと，新聞発行を思いついたといわれています。
生徒：**資料**中の記事では，［A］暗殺の場面が詳しく書かれていますが，新聞のニュース素材は，どのようにして手に入れたのですか。
先生：横浜に入港する船から外国新聞を入手し，翻訳すべき記事を選んで載せる(a)という手法をとりました。なお，『海外新聞』は，2年余りで廃刊となりましたが，ヒコは［A］と握手を交わした唯一人の日本人となりました。
生徒：ヒコは，アメリカ合衆国の民主主義を日本の人々に伝えたかったのですね。

資料『海外新聞』(表紙と記事の一部)

アメリカ国の部
4月6日，南北戦争ありて南部大いに敗北し，…同9日…ついに降伏なせしとかや。…同14日の夜，北部大頭領(大統領)［A］は，ワシントンの芝居を見物に行きしに，11時とおぼしきころ，たちまち一人の狼藉(ろうぜき)ものありて…，にわかに桟敷(さじき)にかけ上がり，大頭領のうしろより袖銃を以て一発に打倒し，…裏口よりにげ去りける。

(注)『海外新聞』は，創刊時は『新聞誌』と題したが，ほどなく改題された。

問1 ［A］に当てはまる人物と，その人物に最も関わりの深い言葉との組合せとして正しいものを，次の①～④のうちから一つ選べ。解答番号は［16］。

	A	言葉
①	リンカン	代表なくして課税なし
②	リンカン	人民の，人民による，人民のための政治
③	モンロー	代表なくして課税なし
④	モンロー	人民の，人民による，人民のための政治

問 2　下線部分翻訳すべき記事を選んで載せる(a)とあるが，次の地図は，『海外新聞』に，当時のヨーロッパ諸国の情勢を伝える記事とともに掲載されたものである。生徒と先生の会話文や地図中の国名を参考にして，この地図が作成された時期を，下の表中の①～④のうちから一つ選べ。解答番号は　17　。

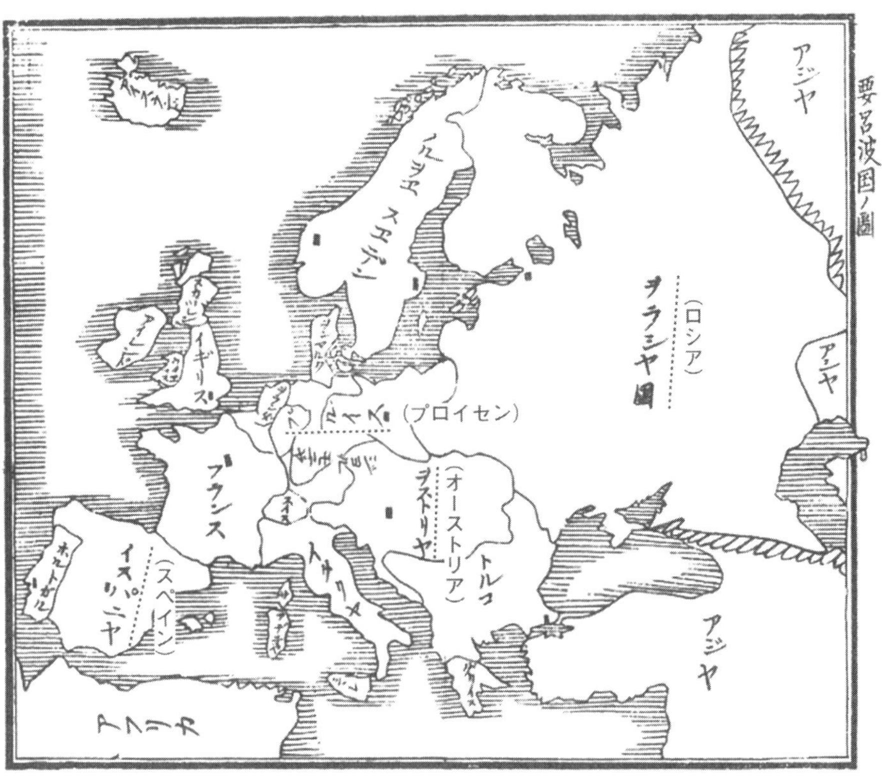

(注)　一部の国名については，現在の一般的な表記を括弧内に記した。

ローマ帝国が東西に分裂する。

↕ ①

ビザンツ帝国が滅亡する。

↕ ②

ピューリタン革命がおこる。

↕ ③

サライェヴォ事件がおこる。

↕ ④

東西ドイツが統合する。

2　高校生の谷本さんは，夏休みの自由研究で，ジョセフ＝ヒコの『海外新聞』にならって，次の『世界史新聞』を作成した。

世界史新聞　アヘン戦争終結　清国敗れる　1842年発行

アヘンの密輸問題をきっかけに始まったイギリスと清国との戦争がついに終結した。イギリス艦隊は，広州から沿岸部を北上し，さらに長江をさかのぼって南京を攻めた。このたび，和平交渉がまとまり，南京条約が結ばれた。

攻撃される清のジャンク船

南京条約の調印

南京条約の主な内容

・5港の開港と領事の駐在
・イギリスに［ B ］を割譲
・公行の廃止
・賠償金の支払い

この他にも，通商上の規定が追加される見込みで，不平等な内容が予想される。

［ C ］失脚，新疆へ左遷

広州で密輸されたアヘンを厳しく取り締まっていた［ C ］は，開戦の責任を取らされて欽差大臣を解任された。新疆へ左遷になったという情報が伝わっている。

幕府に衝撃走る

アヘン戦争の結果は，我が国の政府である幕府にも衝撃となって伝えられた。今までの方策を転換して，新たな法令を打ち出すもようだ。

問 3 [B] に当てはまる語句と，[B] の略地図中のおよその位置との組合せとして正しいものを，下の①～④のうちから一つ選べ。解答番号は [18] 。

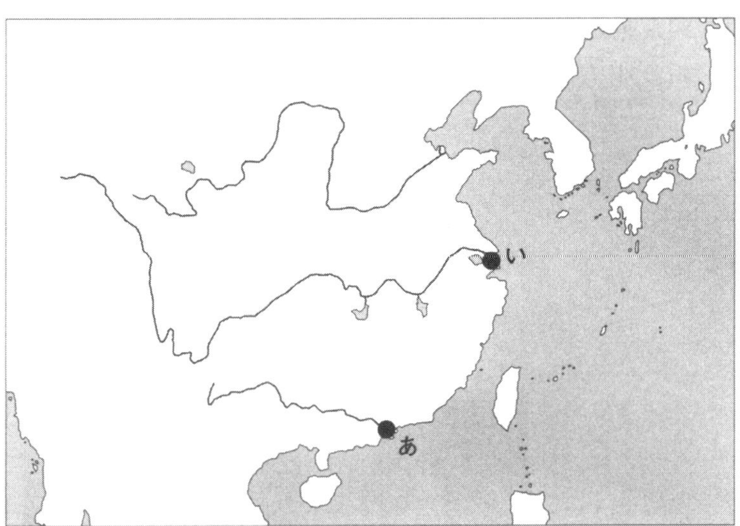

	B	位　置
①	香港島	あ
②	香港島	い
③	上　海	あ
④	上　海	い

問 4 谷本さんの作成した『世界史新聞』から読み取れることと，[C] に当てはまる人物との組合せとして正しいものを，次の①～④のうちから一つ選べ。解答番号は [19] 。

	読み取れること	C
①	イギリス・フランス連合軍が，北京を攻めた。	毛沢東
②	イギリス・フランス連合軍が，北京を攻めた。	林則徐
③	アヘン戦争の結果は，日本にも伝えられた。	毛沢東
④	アヘン戦争の結果は，日本にも伝えられた。	林則徐

5 1～2の文章と図版に関連して，**問1**～**問6**に答えよ。

1 第一次世界大戦は連合国の勝利に終わり，民族自決(a)や植民地問題の公正な解決などが提唱された。しかし，敗戦国であるドイツには，多額の賠償金の支払いが課された。

フランスは，ドイツに対し円滑な賠償金の支払いを求め，1923年に [A] を占領した。その後，ドイツの経済は混乱を極めた。このような状況の中でドイツの首相となったのが，**図1**のシュトレーゼマンである。シュトレーゼマンは，新紙幣の発行によって通貨を安定させるとともに，アメリカ合衆国の協力による賠償金支払いの緩和と資本導入に成功して，ドイツ経済の立て直しを図った。さらに，1925年には [B] を締結し，ヨーロッパの緊張緩和に貢献した。その結果，ドイツの国際連盟(b)への加盟が実現した。

図1

問1 下線部分民族自決(a)の実現を求めた出来事として適切なものを，次の①～④のうちから一つ選べ。解答番号は [20] 。

① 黄巾の乱
② 三・一独立運動
③ ラダイト運動(機械打ちこわし運動)
④ ボストン茶会事件

問 2 [A] に当てはまる語句と，その後のドイツの経済状況について述べた文との組合せとして正しいものを，次の①～④のうちから一つ選べ。解答番号は [21] 。

	[A]	ドイツの経済状況
①	アフガニスタン	石油危機(オイル＝ショック)がおこった。
②	アフガニスタン	激しいインフレーションが進んだ。
③	ルール	石油危機(オイル＝ショック)がおこった。
④	ルール	激しいインフレーションが進んだ。

問 3 [B] に当てはまる語句として適切なものを，次の①～④のうちから一つ選べ。解答番号は [22] 。

① パレスチナ暫定自治協定
② 下関条約
③ 日独伊防共協定
④ ロカルノ条約

問 4 下線部分国際連盟(b)について述べた文として適切なものを，次の①～④のうちから一つ選べ。解答番号は [23] 。

① アメリカ合衆国は加盟しなかった。
② ウィーン体制の維持を目的とした。
③ 旧ソ連内の 11 の共和国で形成された。
④ 排他的なブロック経済圏をつくることを目的とした。

2　図2は，ミュンヘン会談からの帰国後，ロンドンの飛行場で，ヒトラーとの合意書を見せているイギリスの首相ネヴィル＝チェンバレンである。彼は，首相官邸前にて，次のようにコメントした。

「親愛なる皆さん，…名誉ある平和をたずさえてドイツから戻ってきました。…皆さん，心から感謝します。ですから，皆さんに申し上げましょう。どうぞ，帰宅されてゆっくりお休みください。」

ネヴィル＝チェンバレンは，戦争を回避するために，ドイツの領土要求を認める［C］をとった。しかし，その後もドイツの東方への拡大は進み，1939年9月1日にドイツがポーランドへの侵攻を開始すると，イギリス・フランスがドイツに宣戦して(c)第二次世界大戦が始まった。

図2

問5　［C］に当てはまる語句として適切なものを，次の①〜④のうちから一つ選べ。解答番号は［24］。

① カリブ海政策　② 鉄血政策

③ ニューフロンティア政策　④ 宥和政策

問 6　下線部分第二次世界大戦(c)中の出来事について述べた文として適切なものを，次の①～④のうちから一つ選べ。解答番号は 25 。

① アナーニ事件がおこった。

② ソロンの改革が行われた。

③ ミッドウェー海戦がおこった。

④ 第1回原水爆禁止世界大会が開かれた。

6　1～2の文章と図版に関連して，問1～問5に答えよ。

1　生徒と先生が，夏季オリンピックについて，**資料1**～**資料3**を見ながら会話している。

生徒：　先生，**資料1**のXの時期に参加選手数が減少し，Yの時期は参加国・地域数も減少していることが気になります。

先生：　1956年のメルボルン大会では，エジプト・レバノン・イラクが不参加を表明しました。これは同年に，［　A　］をきっかけに発生した第2次中東戦争への抗議の結果です。このようにオリンピックでは，政治的な事情で参加をボイコットする国や地域がありました。

生徒：　Yの時期においても，ボイコットが発生したのでしょうか。

先生：　それについては，**資料2**と**資料3**で考えてみましょう。新たにわかることはありますか。

生徒：　モントリオール大会では，アフリカの国が多くボイコットしていますが，これはなぜですか。

先生：　それは，当時南アフリカで実施されていた［　B　］に対する抗議の結果でした。

生徒：　一方モスクワ大会は，［　C　］がボイコットしているように見えます。この時期ならば東西冷戦(a)が影響していると思うのですが，どうでしょうか。

先生：　概ねその通りです。ただし，例えばイギリスは同じ陣営ですが参加しました。また，中国は［　C　］ではないですが，開催国との関係が悪化してボイコットしました。

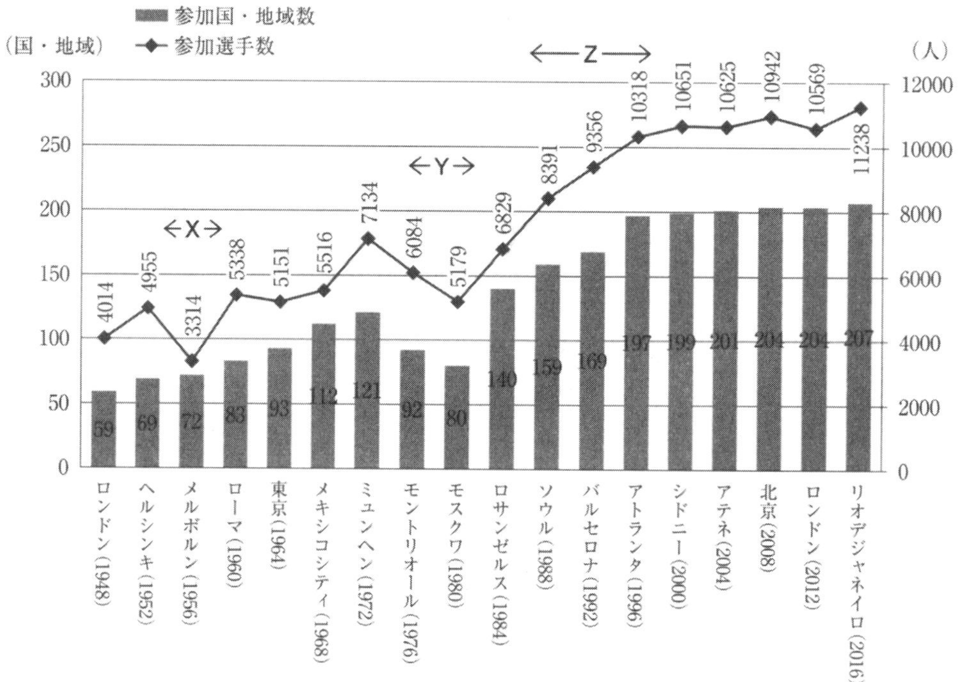

資料1　夏季オリンピックの参加国・地域数及び参加選手数の推移

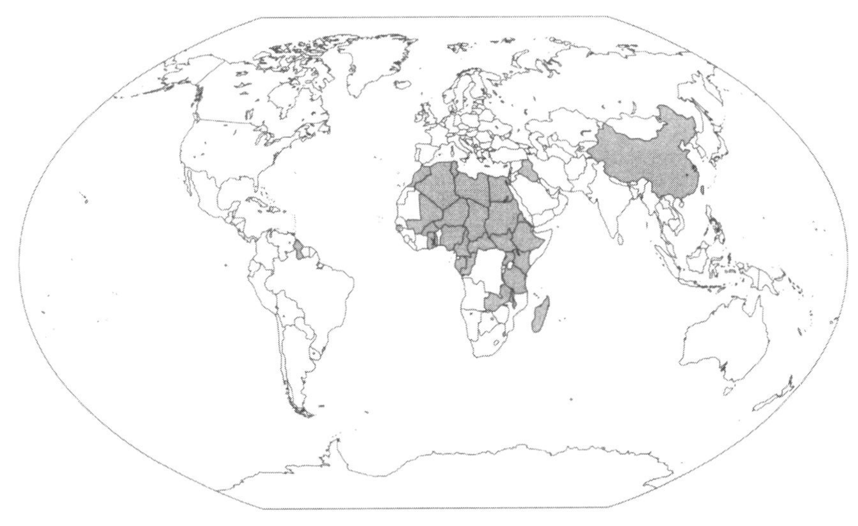

資料２　モントリオール大会をボイコットした国・地域(網掛け部分)

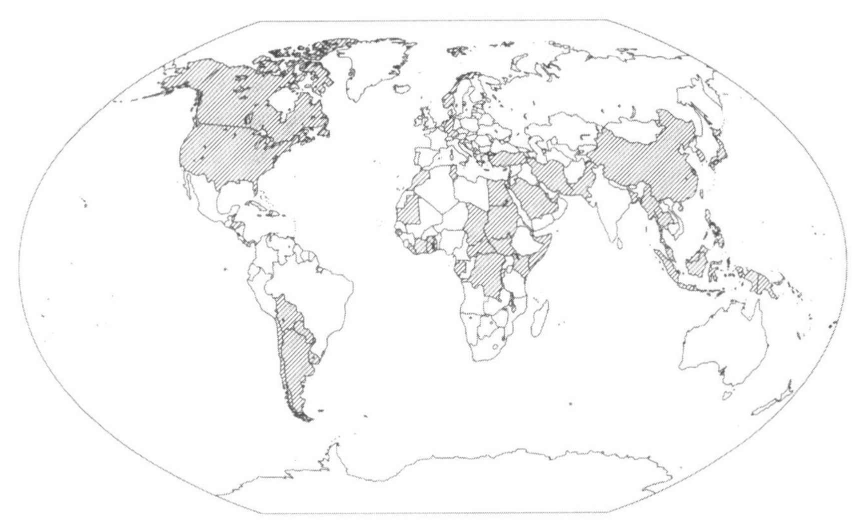

資料３　モスクワ大会をボイコットした国・地域(斜線部分)

問１　[A] に当てはまる語句として適切なものを，次の①～④のうちから一つ選べ。解答番号は [26] 。

① シュレジエンの領有
② スエズ運河の国有化
③ ヨーロッパ連合(EU)の結成
④ 十四カ条の平和原則の発表

問 2 [B] と [C] に当てはまる語句の組合せとして正しいものを，次の①～④のうちから一つ選べ。解答番号は [27] 。

	B	C
①	アパルトヘイト	アメリカ合衆国を中心とする西側諸国
②	アパルトヘイト	ソ連を中心とする東側諸国
③	ニューディール	アメリカ合衆国を中心とする西側諸国
④	ニューディール	ソ連を中心とする東側諸国

問 3 下線部分東西冷戦(a)に関連して，**資料 1** の Z の時期において参加数が増加した理由の一つとして，東西冷戦の解消があげられる。東西冷戦の解消について述べた文として適切なものを，次の①～④のうちから一つ選べ。解答番号は [28] 。

① ムッソリーニが，「ローマ進軍」を行った。

② チャーチルが，「鉄のカーテン」演説を行った。

③ ワシントン海軍軍縮条約が締結された。

④ マルタ会談が開催された。

2　障害者スポーツの祭典である，パラリンピックの起源となる大会は，イギリス(b)にあるストーク＝マンデビル病院で始まった。

病院に勤務していた医師のルートヴィヒ＝グットマンは，第二次世界大戦で負傷した兵士のリハビリテーションにスポーツが有効であると考え，障害者のスポーツ大会の必要性を提唱した。そして，1948年のロンドンオリンピックの開会式と同日に，車椅子の入院患者でアーチェリーの大会を行った。この大会は，1952年にオランダの選手が参加したことがきっかけで国際大会に発展した。これが「第1回国際ストーク＝マンデビル競技会」である。その後も参加国が増加し，1960年のローマオリンピック後に行われた第9回大会が，後に第1回パラリンピックとみなされるようになった。なお，パラリンピックという呼称に統一され，オリンピックと同都市開催が定着したのは，1988年に韓国(c)で開催されたソウル大会以降のことである。

パラリンピックは当初，肢体不自由者向けの大会であったが，現在ではそのほかの障害者も参加できるようになり，世界中の障害者アスリートたちの大きな目標となっている。

ルートヴィヒ＝グットマン

ストーク＝マンデビル病院

問 4　下線部分(b)イギリスから独立を達成し，ガーナの初代大統領となった人物を，次の①〜④のうちから一つ選べ。解答番号は 29 。

①

エンクルマ(ンクルマ)

②

アデナウアー

③

ルイ＝フィリップ

④

マンサ＝ムーサ

問 5　下線部分(c)韓国の 20 世紀後半のようすについて述べた文として適切なものを，次の①〜④のうちから一つ選べ。解答番号は 30 。

① 聖像禁止令が発布された。

② 日韓基本条約が締結された。

③ 王安石が，新法を実施した。

④ 世宗が，訓民正音を作成した。

7 次の文章と図版に関連して，**問1～問2**に答えよ。

イギリスの経済学者マルサス(1766～1834年)は，その主著『人口の原理(人口論)』(初版1798年)において，「人口は幾何級数的に増加するのに対し，食糧の増加は算術級数的にしか増加しない」と述べ， A ということを示し，不断の人口制限が必要であると主張した。マルサスは，食糧分配の不均衡から B が生じると考えていたためである。しかし，現在の観点から見ると，マルサスのこの予言は外れたといってよいだろう。それは，20世紀初頭に，科学的に窒素化合物を大量に作り出すことができるようになり，農作物に必要な養分を土壌に加えることが可能になったためである。しかし同時に，この窒素を合成する技術は，火薬の原料となる硝酸を大量に作ることを可能にした。そのため，この技術が開発された後の最初の大きな戦争となった第一次世界大戦(a)は未曽有の被害を生むこととなった。

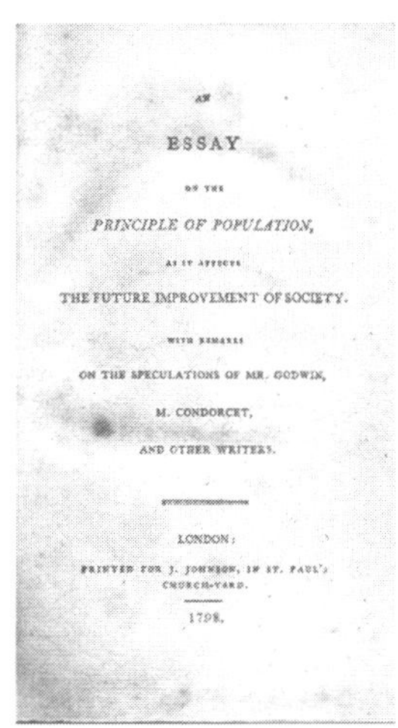

AN
ESSAY
ON THE
PRINCIPLE OF POPULATION,
AS IT AFFECTS
THE FUTURE IMPROVEMENT OF SOCIETY.
WITH REMARKS
ON THE SPECULATIONS OF MR. GODWIN,
M. CONDORCET,
AND OTHER WRITERS.

LONDON:
PRINTED FOR J. JOHNSON, IN ST. PAUL'S
CHURCH-YARD.
1798.

マルサス(左)と『人口の原理』初版の表紙(右)

問1 A に当てはまる文と B に当てはまる語句との組合せとして正しいものを，次の①～④のうちから一つ選べ。解答番号は 31 。

	A	B
①	食糧増産の速度が人口増加の速度を上回る	貧　困
②	食糧増産の速度が人口増加の速度を上回る	地球温暖化
③	人口増加の速度が食糧増産の速度を上回る	貧　困
④	人口増加の速度が食糧増産の速度を上回る	地球温暖化

問２　下線部分第一次世界大戦(a)について述べた文として適切なものを，次の①～④のうちから一つ選べ。解答番号は 32 。

① ローマがカルタゴを破り，地中海の覇者となった。

② イギリスとフランスが戦い，イギリスは大陸の領地をほとんど喪失した。

③ 戦争終結の際の条約によって，ヨーロッパの主権国家体制が確立した。

④ 国家が国力を総動員して戦う総力戦となった。

令和３年度　第１回

解答・解説

【重要度の表記】

Ａ：重要度が高く確実に正答したい設問。しっかり復習する必要のある問題です。

Ｂ：重要度はＡレベルよりすこし下で、やや難易度が高い設問または内容を読み取る設問。高得点を狙う人は復習しましょう！

Ｃ：重要度が低い、または難解な設問。軽く復習する程度でよいでしょう！

令和３年度 第１回　高卒認定試験

【　Ａ解答　】

1	解答番号	正答	配点	2	解答番号	正答	配点	3	解答番号	正答	配点	4	解答番号	正答	配点
問 1	1	②	3	問 1	3	①	3	問 1	7	③	4	問 1	12	②	4
問 2	2	③	3	問 2	4	③	4	問 2	8	①	3	問 2	13	③	3
-	-			問 3	5	③	3	問 3	9	④	3	問 3	14	④	3
-	-			問 4	6	②	3	問 4	10	①	3	問 4	15	②	3
-	-			-	-			問 5	11	②	3	問 5	16	④	3
-	-			-	-			-	-			問 6	17	①	3

5	解答番号	正答	配点	6	解答番号	正答	配点	7	解答番号	正答	配点
問 1	18	②	3	問 1	25	②	3	問 1	31	③	3
問 2	19	④	3	問 2	26	①	4	問 2	32	④	3
問 3	20	④	3	問 3	27	④	3	-	-		
問 4	21	①	3	問 4	28	③	3	-	-		
問 5	22	①	3	問 5	29	④	3	-	-		
問 6	23	③	3	問 6	30	②	3	-	-		
問 7	24	③	3	-	-			-	-		

【　Ａ解説　】

1

問１　Ａの直前に「シャムで採れた鉛が」とあります。立花さんの１つ目のセリフの３行目に「現在のタイ、当時のシャムにある」という部分があることから、シャム＝タイであることがわかります。資料２のタイの欄を見ると「23」とあるので、タイ産と推定される鉛玉は全体の約 1/4 であることがわかります。また、会話文の最初に「1567 年」とありますが、これはヨーロッパの大航海時代の時期と一致しますし、資料３には「経路の参考になる地図」とあるので、タイのみが独立を保っている地図より「大航海時代のアジアにおけるポルトガルの拠点を示した地図」を入れるのが適切であると考えることができます。したがって、正解は②です。

解答番号【1】：②　　⇒ **重要度Ｃ**

問２　①通貨と同じように用いられ、租として納税されていたのは米です。② 1971 年に当時のアメリカ大統領であったニクソンが金と米ドル紙幣を交換することを停止する宣言を出したニクソンショックについての説明です。④は 19 世紀のゴールドラッシュについての説明です。したがって、正解は③です。

解答番号【2】: ③　　⇒重要度C

2

問1　アケメネス朝は紀元前6世紀～紀元前3世紀にペルシアを中心とした地域に存在した王朝で、有名な王としてはオリエントの統一を果たしたダレイオス1世やマケドニアのアレクサンドロス大王に敗れたダレイオス3世がいます。②マムルーク朝は13～16世紀エジプトに存在したイスラム王朝で、この王朝のスルタンは奴隷出身の騎兵（マムルーク）でした。マムルークは9世紀初め頃から軍人として重用されていた人々です。③三圃制は中世ヨーロッパで取り入れられた制度で耕地を3分割して輪作をすることによって休耕地をつくる農法です。④ミケランジェロは15～16世紀のルネサンス期に活躍した芸術家です。したがって、正解は①です。

解答番号【3】: ①　　⇒重要度A

問2　説明文の「中世においてイベリア半島のイスラーム勢力と戦った」とありますが、これはレコンキスタ（国土回復運動）について書いています。①プラハの春は1968年からチェコスロバキアで行われた自由化運動のことです。②ペロポネソス戦争は紀元前5世紀のギリシアで行われたアテネとスパルタの戦いです。④安史の乱は8世紀に唐で起こった反乱です。したがって、正解は③です。

解答番号【4】: ③　　⇒重要度A

問3　（ア）アレクサンドロス大王がエジプトを支配したのは紀元前4世紀頃です。（イ）ピラミッドが盛んに建設されたのは古王国時代（紀元前27～紀元前22世紀）です。（ウ）ファーティマ朝は10世紀のチュニジアで興り、エジプトを支配した国です。したがって正解は③です。

解答番号【5】: ③　　⇒重要度C

問4　問題文の「中国や日本に伝わった宗教」という部分から仏教の一派である大乗仏教が当てはまります。仏教の説明として正しいのは「すべての人々の救済のために修行する」が当てはまります。ゾロアスター教は古代ペルシア発祥の宗教です。したがって、正解は②です。

解答番号【6】: ②　　⇒重要度C

3

問1　ルイ14世は17～18世紀のフランス王で、フランスの絶対王政最盛期を築いた人物です。①アンコール=ワットは9世紀初頭に成立したクメール王国の遺跡で、現在のカンボジアにあります。②万里の長城は中国の春秋戦国時代に警戒すべき国境に築かれたのがはじまりで、この長城を繋げて万里の長城としたのが秦の始皇帝です。④タージ=マハルはムガル帝国の皇帝シャー=ジャハーンが妃のマハルを埋葬するために建設された墓廟です。したがって、正解は③です。

解答番号【7】: ③　　⇒重要度A

問２　①プラッシーの戦いは 18 世紀のインドで起こったイギリスとフランスの覇権を巡る戦いです。②反ソ暴動は第二次世界大戦後にハンガリーで自由化を求めて発生した事件です。③ゲルマン民族大移動は４～６世紀のヨーロッパにおける動きで、フン人に圧迫されたゲルマン民族がヨーロッパ全域に移動していったことを指します。④劉邦が漢を建国したのは紀元前 202 年です。したがって、正解は①です。

解答番号【8】：①　⇒重要度Ｂ

問３　明は 14 ～ 17 世紀の中国に存在した国です。①ヴァルナ制はインドで生まれた身分制度です。②大躍進政策は第二次世界大戦後の中国で毛沢東主導で行われたもので、鉄鋼や農産物の増産を目指したものです。③七月革命は 19 世紀のフランスでブルボン朝を倒した革命です。④室町幕府の３代将軍足利義満は 14 世紀に明との勘合貿易を行った人物です。したがって、正解は④です。

解答番号【9】：④　⇒重要度Ｂ

問４　カード１の中にある「朱元璋（洪武帝）」をヒントにしましょう。朱元璋は 14 ～ 17 世紀の中国を支配した明の初代皇帝です。①モンゴル帝国は 13 ～ 14 世紀に存在した国で、フビライ=ハンによって元と称され、南京に明が成立したことで滅亡しました。②フランク王国は５世紀にゲルマン民族の一派であるフランク人のクローヴィスによって建国されました。③インカ帝国は 13 世紀に南アメリカ大陸のアンデス山脈中に成立し栄えましたが、16 世紀にスペインのピサロによって滅ぼされた国家です。④バビロニアはメソポタミア南部地域にあり、紀元前 18 世紀にハンムラビ王がメソポタミア全域を統一しました。したがって、正解は①です。

解答番号【10】：①　⇒重要度Ａ

問５　オスマン帝国の君主はスレイマン１世で、1529 年に神聖ローマ帝国に対して第一次ウィーン包囲を行いました。もうひとつの選択肢のティトーは第二次世界大戦後ユーゴスラヴィアを建国した共産党の指導者です。３Ｃ政策は 19 世紀にイギリスが展開した帝国主義政策です。したがって、正解は②です。

解答番号【11】：②　⇒重要度Ａ

4

問１　資料中に「南北戦争」とあることに注目しましょう。アメリカ合衆国建国後、奴隷制継続・自由貿易を望む南部と奴隷制撤廃・保護貿易を望む北部の対立があり、北部出身のリンカンが大統領になったことから南部地域がアメリカ連合国として独立することを要求した戦争です。リンカンは 1863 年ゲティズバーグ演説の中で「人民の、人民による、人民のための政治」と述べました。これは民主主義の精神をよく表現した言葉であると言われています。もうひとつの選択肢であるモンローは 19 世紀のアメリカの大統領で、アメリカとヨーロッパの相互不干渉をうたうモンロー宣言を行いました。「代表なくして課税なし」はアメリカ独立戦争時のスローガンで、印紙法に反対するものとして主張されました。したがって、正解は②です。

解答番号【12】：②　⇒重要度Ｃ

問２　先生のセリフの中に「開港直後の横浜にアメリカ領事館の通訳として」とあります。このことから、海外新聞を発行していたのは 1854 年の日米和親条約以降であるとわかります。また、「資料中の記事では、A暗殺の場面が詳しく書かれています」とあります。Aは解答番号 12 の解説のとおり、リンカンが入ります。リンカンが暗殺されたのは 1865 年です。これらをヒントに考えてみましょう。ローマ帝国の東西分裂は 395 年、ビザンツ帝国の滅亡は 1453 年、ピューリタン革命は 1642 ～ 1660 年、サライェヴォ事件は 1914 年、東西ドイツが統一されたのは 1990 年です。したがって、正解は③です。

解答番号【13】：③　　　⇒重要度C

問３　フランス革命では、1789 年に球技場（テニスコート）の誓いにおいて憲法制定まで国民議会の解散をしないことを誓い合いました。①贖宥状は 16 世紀のヨーロッパでルターがカトリック教会を批判したことから始まったものです。②秘密外交の禁止は第一次世界大戦後に十四カ条の平和原則で定められたものです。③律令は古代アジアの法典です。したがって、正解は④です。

解答番号【14】：④　　　⇒重要度C

問４　①朱印船貿易が行われていたのは 16 世紀末から 17 世紀初頭です。②イギリスが「世界の工場」と呼ばれていたのは 18 世紀半ばから 19 世紀の産業革命後のことです。③アジア太平洋経済協力会議が創設されたのは 1989 年です。④ユーロが導入されたのは 1999 年です。したがって、正解は②です。

解答番号【15】：②　　　⇒重要度B

問５　Bには白熱電球を発明したエディソンが入ります。①ベートーヴェンは 18 ～ 19 世紀の音楽家です。②アダム=スミスは 18 世紀の倫理・哲学・経済学者です。③アインシュタインは 19 ～ 20 世紀の物理学者です。したがって、正解は④です。

解答番号【16】：④　　　⇒重要度A

問６　資料内に「自立した女性と知り合いになりたい」とあります。一方、農奴についての記載はありませんので、内容については女性解放について書かれていると考えるのが適切でしょう。ジャワ（現在のインドネシア）を支配していたのはオランダです。したがって、正解は①です。

解答番号【17】：①　　　⇒重要度B

5

問１　1914 ～ 1918 年の第一次世界大戦からすぐの出来事であることと、民族自決に関することであることをヒントに考えていきましょう。①黄巾の乱は 184 年後漢（現在の中国）で起こった農民反乱です。②三・一独立運動は 1919 年に朝鮮が日本から独立しようと起こした運動です。③ラダイト運動は 18 世紀の産業革命後、機械化によって仕事を失った職人たちが機械を壊して抗議した運動です。④ボストン茶会事件は茶法の制定がイギリス本国による一方的なものだと反発したアメリカの人々がイギリスに輸出するはずだった茶を海に投げ捨てた事件です。したがって、正解は②です。

解答番号【18】：②　　　⇒重要度B

問２　Ａにはフランスが支配したドイツの領土である「ルール」が入ります。これによってドイツ国内では物価高騰（インフレーション）が起きています。もうひとつの選択肢である石油危機は 1970 年代に起こったので第一次世界大戦のすぐ後に起こった出来事としては不適切であると考えることができます。したがって、正解は④です。

解答番号【19】：④　　⇒**重要度Ｂ**

問３　Ｂには 1925 年に締結されたロカルノ条約が当てはまります。①パレスチナ暫定自治協定は 1993 年にイスラエルとパレスチナの間で結ばれ、二国共存が認められたものです。②下関条約は 1895 年日清戦争の講和条約として結ばれたものです。③日独伊防共協定は第二次世界大戦前の 1937 年に日本・ドイツ・イタリアの３か国で結ばれたものです。したがって、正解は④です。

解答番号【20】：④　　⇒**重要度Ｃ**

問４　国際連盟は第一次世界大戦後に結成されました。その際、アメリカはモンロー宣言を理由に参加に反対する声が国内からあがったため国際連盟には加盟しませんでした。②ウィーン体制の維持を目的としたのはヨーロッパの勢力均衡のために結成された四国同盟です。③旧ソ連の 11 か国で形成されたのは CIS（独立国家共同体）です。④ブロック経済は 1929 年の世界恐慌後各国で行われました。したがって、正解は①です。

解答番号【21】：①　　⇒**重要度Ａ**

問５　「中国同盟会を結成した人物」「組織的な革命運動を展開した」という部分から、Ｃに入るのは孫文であると判断できます。孫文は民族主義（民族の独立）・民権主義（民権の伸長）・民生主義（民生の安定）からなる三民主義という原則を掲げました。もうひとつの選択肢のネルーはインドで独立運動を指導した人物です。したがって、正解は①です。

解答番号【22】：①　　⇒**重要度Ａ**

問６　①アンボイナ事件は 1623 年に当時オランダ領であったインドネシアを巡ってイギリスとオランダの間に起こったものです。②義和団事件は 1900 年に義和団が「扶清滅洋」を掲げて起こした外国人排斥運動です。③五・三〇事件は 1925 年に上海で起きた反帝国主義運動です。④ワッハーブ運動は 18 世紀半ば頃にアラビア半島を中心に起こったイスラーム改革運動です。したがって、正解は③です。

解答番号【23】：③　　⇒**重要度Ｂ**

問７　①府兵制は中国で唐代までの間に行われていた制度で、土地を支給された自営農民の中から徴兵するものです。②社会主義者鎮圧法は 19 世紀のドイツでビスマルクが制定したものです。③農業の集団化は 20 世紀前半のソ連で始まった五か年計画に含まれるもので、コルホーズと呼ばれます。④ジズヤを廃止したのは 16 世紀のムガル帝国皇帝アクバルです。したがって、正解は③です。

解答番号【24】：③　　⇒**重要度Ａ**

6

問１　Ａの周辺に「1956 年」「Ａをきっかけに発生した第２次中東戦争」とありますので、Ａには第２次中東戦争の原因となったスエズ運河の国有化が入ります。①は 18 世紀のオーストリア継承戦争後にオーストリア領からプロイセン領となったシュレジェンについての記述です。③ヨーロッパ連合 (EU) の結成は 1992 年のマーストリヒト条約によって決定し、その翌年に結成されました。④十四カ条の平和原則は第一次世界大戦後、アメリカ大統領ウィルソンが提唱したものです。したがって、正解は②です。

解答番号【25】:②　　⇒**重要度C**

問２　「当時南アフリカで実施されていたＢに対する抗議の結果」とあります。モントリオール大会が開催されたのは 1976 年であることが資料１からわかります。これらをヒントに考えていきましょう。Ｂには南アフリカで行われていた人種隔離政策「アパルトヘイト」が入ります。もうひとつの選択肢のニューディールは 20 世紀前半の世界恐慌時にアメリカで行われた政策です。Ｃについて、モスクワ大会をボイコットした国を把握するために資料３を見てみましょう。アメリカや日本などに斜線が引かれています。これらの国の共通点は「アメリカ合衆国を中心とする西側諸国」となります。したがって、正解は①です。

解答番号【26】:①　　⇒**重要度A**

問３　Ｚの時期は 1988 ～ 1996 年です。①ローマ進軍は第一次世界大戦後と第二次世界大戦の間の時期に起きたもので、これをきっかけにムッソリーニによるファシスト政権が成立しました。②鉄のカーテン演説は 1946 年で、チャーチルが東側諸国を非難したものです。東西冷戦のはじまりであると考えられています。③ワシントン海軍軍縮条約は 1922 年にアメリカ・イギリス・日本・フランス・イタリアの間で定められました。④マルタ会談は 1989 年にアメリカのブッシュ大統領とソ連のゴルバチョフ書記長の間で行われた、東西冷戦の終わりを宣言したものです。したがって、正解は④です。

解答番号【27】:④　　⇒**重要度A**

問４　①名誉革命は 17 世紀のイギリスにおける市民革命で、革命後はメアリ２世とウィリアム３世が共同君主として王位に立ちました。②血の日曜日事件は 1905 年のロシアで起こりました。③キューバ危機は冷戦中の 1962 年にソ連がキューバにミサイル基地を建設したことから米ソ間の関係がより一層緊張したことを指します。④満州事変は 1931 年に柳条湖事件をきっかけとしてはじまった日本軍の満州侵略戦争です。したがって、正解は③です。

解答番号【28】:③　　⇒**重要度A**

問５　チャーティスト運動は 19 世紀のイギリスで起きた都市労働者の選挙権を求める運動です。公民権運動は 20 世紀後半のアメリカで黒人への基本的人権を要求する運動です。この公民権運動の最中、1961 年に就任したケネディ大統領は差別撤廃を目指す方針を取り、1963 年にはキング牧師がワシントン大行進を主導して早急に実施するよう政府に要求しました。したがって、正解は④です。

解答番号【29】:④　　⇒**重要度A**

問６　エチオピアは「あ」の位置にある国です。「い」の位置はアルジェリアです。組織の名称として挙げられている北太平洋条約機構は冷戦中の 1949 年、西側諸国の軍事同盟として締結されました。アフリカ統一機構は 1963 年に発足されたアフリカ諸国の統一機関です。この成立を呼びかけたのはガーナのエンクルマ大統領です。したがって、正解は②です。

解答番号【30】：②　　⇒ **重要度Ｂ**

7

問１　幾何級数的とは、ある事物が、常に前の場合の何倍かを掛けた数に増えることを指します。算術級数的とは、ある数に一定の数を次々に加えていく形です。この時加えられる数は常に一定です。この２つを比べると、幾何級数的な増え方をする人口のほうが、算術級数的に増える食糧よりも速く増えるということになります。地球温暖化の原因は二酸化炭素やメタンなど温室効果ガスと呼ばれるもので、食糧問題とは関係がありません。したがって、正解は③です。

解答番号【31】：③　　⇒ **重要度Ｃ**

問２　①は紀元前３～紀元前２世紀のヨーロッパで共和政ローマとカルタゴが地中海の覇権を争ったものです。②は 14 ～ 15 世紀のヨーロッパで起きた第一次百年戦争に関する記述です。③ヨーロッパで主権国家体制が確立したのは三十年戦争後のウェストファリア条約が結ばれた 1648 年です。したがって、正解は④です。

解答番号【32】：④　　⇒ **重要度Ａ**

【 B解答 】

1	解答番号	正答	配点	2	解答番号	正答	配点	3	解答番号	正答	配点	4	解答番号	正答	配点
問1	1	②	3	問1	3	①	3	問1	11	③	4	問1	16	②	4
問2	2	③	3	問2	4	③	4	問2	12	①	3	問2	17	③	3
-	-			問3	5	③	3	問3	13	①	3	問3	18	①	3
-	-			問4	6	②	3	問4	14	④	3	問4	19	④	3
-	-			問5	7	④	3	問5	15	②	3	-	-		
-	-			問6	8	①	3	-	-			-	-		
-	-			問7	9	④	3	-	-			-	-		
-	-			問8	10	②	3	-	-			-	-		

5	解答番号	正答	配点	6	解答番号	正答	配点	7	解答番号	正答	配点
問1	20	②	3	問1	26	②	3	問1	31	③	3
問2	21	④	3	問2	27	①	4	問2	32	④	3
問3	22	④	3	問3	28	④	3	-	-		
問4	23	①	3	問4	29	①	3	-	-		
問5	24	④	3	問5	30	②	3	-	-		
問6	25	③	3	-	-			-	-		

【 B解説 】

1

問１　Ａの直前に「シャムで採れた鉛が」とあります。立花さんの１つ目のセリフの３行目に「現在のタイ、当時のシャムにある」という部分があることから、シャム＝タイであることがわかります。資料２のタイの欄を見ると「23」とあるので、タイ産と推定される鉛玉は全体の約 1/4 であることがわかります。また、会話文の最初に「1567 年」とありますが、これはヨーロッパの大航海時代の時期と一致しますし、資料３には「経路の参考になる地図」とあるので、タイのみが独立を保っている地図より「大航海時代のアジアにおけるポルトガルの拠点を示した地図」を入れるのが適切であると考えることができます。したがって、正解は②です。

解答番号【1】:②　⇒**重要度C**

問２　①通貨と同じように用いられ、租として納税されていたのは米です。② 1971 年に当時のアメリカ大統領であったニクソンが金と米ドル紙幣を交換することを停止する宣言を出したニクソンショックについての説明です。④ 19 世紀のゴールドラッシュについての説明です。したがって、正解は③です。

解答番号【2】:③　⇒**重要度C**

2

問１　アケメネス朝は紀元前６世紀～紀元前３世紀にペルシアを中心とした地域に存在した王朝で、有名な王としてはオリエントの統一を果たしたダレイオス１世やマケドニアのアレクサンドロス大王に敗れたダレイオス３世がいます。②マムルーク朝は 13 ～ 16 世紀エジプトに存在したイスラム王朝で、この王朝のスルタンは奴隷出身の騎兵（マムルーク）でした。アムルークは９世紀初め頃から軍人として重用されていた人々です。③三圃制は中世ヨーロッパで取り入れられた制度で耕地を３分割して輪作をすることによって休耕地をつくる農法です。④ミケランジェロは 15 ～ 16 世紀のルネサンス期に活躍した芸術家です。したがって、正解は①です。

解答番号【3】：①　　⇒重要度Ａ

問２　説明文の「中世においてイベリア半島のイスラーム勢力と戦った」とありますが、これはレコンキスタ（国土回復運動）について書いています。①プラハの春は 1968 年からチェコスロバキアで行われた自由化運動のことです。②ペロポネソス戦争は紀元前５世紀のギリシアで行われたアテネとスパルタの戦いです。④安史の乱は８世紀に唐で起こった反乱です。したがって、正解は③です。

解答番号【4】：③　　⇒重要度Ａ

問３　（ア）アレクサンドロス大王がエジプトを支配したのは紀元前４世紀頃です。（イ）ピラミッドが盛んに建設されたのは古王国時代（紀元前 27 ～紀元前 22 世紀）です。（ウ）ファーティマ朝は 10 世紀のチュニジアで興り、エジプトを支配した国です。したがって、正解は③です。

解答番号【5】：③　　⇒重要度Ｃ

問４　問題文の「中国や日本に伝わった宗教」という部分から仏教の一派である大乗仏教が当てはまります。仏教の説明として正しいのは「すべての人々の救済のために修行する」が当てはまります。ゾロアスター教は古代ペルシア発祥の宗教です。したがって、正解は②です。

解答番号【6】：②　　⇒重要度Ｃ

問５　周は紀元前 11 世紀～紀元前３世紀の古代中国で殷に続いて成立した王朝です。①『千夜一夜物語』はササン朝の時代にペルシア語で書かれたもので、日本では『アラビアン・ナイト』という名前でも知られています。②スコラ学は 11 世紀以降のキリスト教神学者や哲学者によって成立した学問の総称です。③シベリア鉄道はロシアの東西の結ぶ世界最長の鉄道で、19 世紀の終わり頃に建設がはじまりました。④殷は紀元前 16 世紀頃に成立した中国最古の王朝で、紀元前 11 世紀に周に倒されました。したがって正解は④です。

解答番号【7】：④　　⇒重要度Ａ

問６　「カーン」とはモンゴル帝国の皇帝を表す称号で、日本語では「ハーン」と表記されることもあります。①フビライ・カーンはモンゴル帝国初代皇帝チンギス・カーンの孫で５代目の皇帝となりました。②ラーマ５世はタイのチャクリー王朝（バンコク王朝）の５代目の国王で、タイの近代化を実現しました。③曾国藩が洋務運動を行ったのは 19 世紀の

中国（清）です。④ムハンマドは7世紀にイスラムの預言者として活躍した人物です。したがって、正解は①です。

解答番号【8】：①　⇒重要度A

問7　①東学は西学（キリスト教）に対抗する朝鮮半島の民族宗教で、甲午農民戦争をきっかけに日清戦争が起こりました。②『リグ=ヴェーダ』はアーリア人の4つの聖典のうち最古のもので、紀元前13～紀元前11世紀頃に編纂されました。③シーア派は4代目カリフのアリーの子孫のみを正統な指導者であるとしており、イスラームの中では少数派です。④ニケーア公会議は4世紀にコンスタンティヌス帝が主催したもので、キリスト教のなかでもアリウス派は異端、アタナシウス派が正統と決議されました。したがって、正解は④です。

解答番号【9】：④　⇒重要度B

問8　13世紀の出来事が影響しているという予測を立てながら選択肢を見ていきましょう。①鄭和の南海遠征は15世紀の出来事です。これをきっかけに東南アジア諸国は明に朝貢するようになりました。②十字軍はキリスト教の聖地イェルサレムがイスラームに占領されたことからはじまりました。遠征は11世紀から13世紀までの約200年間の間に7回行われました。これによってヨーロッパにイスラームやビザンツなどの中東・西アジア文化が伝わりました。③トゥール・ポワティエ間の戦いは8世紀にウマイヤ朝のイスラーム勢力がイベリア半島（現在のスペイン・ポルトガル）に侵入したことで起こりました。④ファショダ事件は19世紀後半にイギリスとフランスによるアフリカの植民地化を巡る対立事件です。フランスが譲歩したことで衝突は回避されました。したがって、正解は②です。

解答番号【10】：②　⇒重要度B

3

問1　ルイ14世は17～18世紀のフランス王で、フランスの絶対王政最盛期を築いた人物です。①アンコール=ワットは9世紀初頭に成立したクメール王国の遺跡で、現在のカンボジアにあります。②万里の長城は中国の春秋戦国時代に警戒すべき国境に築かれたのがはじまりで、この長城を繋げて万里の長城としたのが秦の始皇帝です。④タージ=マハルはムガル帝国の皇帝シャー=ジャハーンが妃のマハルを埋葬するために建設された墓廟です。したがって、正解は③です。

解答番号【11】：③　⇒重要度A

問2　①プラッシーの戦いは18世紀のインドで起こったイギリスとフランスの覇権を巡る戦いです。②反ソ暴動は第二次世界大戦後にハンガリーで自由化を求めて発生した事件です。③ゲルマン民族大移動は4～6世紀のヨーロッパにおける動きで、フン人に圧迫されたゲルマン民族がヨーロッパ全域に移動していったことを指します。④劉邦が漢を建国したのは紀元前206年です。したがって、正解は①です。

解答番号【12】：①　⇒重要度B

問3　カード1のエリザベス1世が制定したのは統一法です。もうひとつの選択肢のホルテンシウス法は紀元前3世紀のローマで平民会の決議を国法とすると定めたものです。イギリスの海外進出に関する説明としては「東インド会社を設立した」が適切です。マニラを根拠地にフィリピンを支配したのはスペインです（フィリピンは米西戦争後にアメリカの統治となりました）。したがって、正解は①です。

解答番号【13】：①　　　⇒**重要度C**

問４　エカチェリーナ２世の在位期間が 1762 ～ 1796 年であることがカード２からわかります。啓蒙思想はこの時代に近い頃に広まったと推察して選択肢を見ていきましょう。①『西遊記』は中国で明王朝の頃の 16 世紀後半に書かれた小説です。②『デカメロン』は 1353 年にイタリアのボッカチオが発表したルネサンス期を代表する物語集です。③『ローランの歌』は 11 世紀のフランスで成立した叙事詩です。④『法の精神』は 1748 年にフランスの啓蒙思想家モンテスキューが著した、アメリカ合衆国の憲法制定にも影響を与えた書物です。したがって、正解は④です。

解答番号【14】：④　　　⇒**重要度C**

問５　①コロンブスの航海を支援したのはカスティリャ王国（現在のスペイン）のイザベラ女王です。②日本にラクスマンを派遣したのはロシアのエカチェリーナ２世です。③メキシコの混乱と南北戦争に乗じて軍を派遣したのはナポレオン３世で、1861 年の出来事です。④ハワイを併合したのは 1893 年で、アメリカ大統領がクリーブランドであった頃です。ハワイ最後の国王はリリウオカラニ女王でした。したがって、正解は②です。

解答番号【15】：②　　　⇒**重要度A**

4

問１　資料中に「南北戦争」とあることに注目しましょう。アメリカ合衆国建国後、奴隷制継続・自由貿易を望む南部と奴隷制撤廃・保護貿易を望む北部の対立があり、北部出身のリンカンが大統領になったことから南部地域がアメリカ連合国として独立することを要求した戦争です。リンカンは 1863 年ゲティズバーグ演説の中で「人民の、人民による、人民のための政治」と述べました。これは民主主義の精神をよく表現した言葉であると言われています。もうひとつの選択肢であるモンローは 19 世紀のアメリカの大統領で、アメリカとヨーロッパの相互不干渉をうたうモンロー宣言を行いました。「代表なくして課税なし」はアメリカ独立戦争時のスローガンで、印紙法に反対するものとして主張されました。したがって、正解は②です。

解答番号【16】：②　　　⇒**重要度C**

問２　先生のセリフの中に「開港直後の横浜にアメリカ領事館の通訳として」とあります。このことから、海外新聞を発行していたのは 1854 年の日米和親条約以降であるとわかります。また、「資料中の記事では、Ａ暗殺の場面が詳しく書かれています」とあります。Ａは解答番号 16 の解説のとおり、リンカンが入ります。リンカンが暗殺されたのは 1865 年です。これらをヒントに考えてみましょう。ローマ帝国の東西分裂は 395 年、ビザンツ帝国の滅亡は 1453 年、ピューリタン革命は 1642 ～ 1660 年、サライェヴォ事件は 1914 年、東西ドイツが統一されたのは 1990 年です。したがって、正解は③です。

解答番号【17】：③　　　⇒**重要度C**

問３　アヘン戦争後、南京条約でイギリスに割譲されたのは香港です。また、「あ」の位置は香港、「い」の位置は上海です。したがって、正解は①です。

解答番号【18】：①　　　⇒重要度C

問４　③と④の「アヘン戦争の結果は、日本にも伝えられた」という部分について、世界史新聞右下の「幕府に衝撃走る」という見出しの記事から読み取ることができます。Cにはアヘンの取り締まりを命じられ、広州に派遣された林則徐が当てはまります。したがって、正解は④です。

解答番号【19】：④　　　⇒重要度B

5

問１　1914〜1918年の第一次世界大戦からすぐの出来事であることと、民族自決に関することであることをヒントに考えていきましょう。①黄巾の乱は184年後漢（現在の中国）で起こった農民反乱です。②三・一独立運動は1919年に朝鮮が日本から独立しようと起こした運動です。③ラダイト運動は18世紀後半から19世紀の産業革命後、機械化によって仕事を失った職人たちが機械を壊して抗議した運動です。④ボストン茶会事件は茶法の制定がイギリス本国による一方的なものだと反発したアメリカの人々がイギリスに輸出するはずだった茶を海に投げ捨てた事件です。したがって、正解は②です。

解答番号【20】：②　　　⇒重要度B

問２　Aにはフランスが支配したドイツの領土である「ルール」が入ります。これによってドイツ国内では物価高騰（インフレーション）が起きています。もうひとつの選択肢である石油危機は1970年代に起こったので第一次世界大戦のすぐ後に起こった出来事としては不適切であると考えることができます。したがって、正解は④です。

解答番号【21】：④　　　⇒重要度B

問３　Bには1925年に締結されたロカルノ条約が当てはまります。①パレスチナ暫定自治協定は1993年にイスラエルとパレスチナの間で結ばれ、二国共存が認められたものです。②下関条約は1895年日清戦争の講和条約として結ばれたものです。③日独伊防共協定は第二次世界大戦前の1937年に日本・ドイツ・イタリアの3か国で結ばれたものです。したがって、正解は④です。

解答番号【22】：④　　　⇒重要度C

問４　国際連盟は第一次世界大戦後に結成されました。その際、アメリカはモンロー宣言を理由に参加に反対する声が国内からあがったため国際連盟には加盟しませんでした。②ウィーン体制の維持を目的としたのはヨーロッパの勢力均衡のために結成された四国同盟です。③旧ソ連の11か国で形成されたのはCIS（独立国家共同体）です。④ブロック経済は1929年の世界恐慌後各国で行われました。したがって、正解は①です。

解答番号【23】：①　　　⇒重要度A

問５　この文章は第二次世界大戦直前のヨーロッパの様子について書かれています。ミュンヘ

ン会談では、戦争回避のためにドイツがチェコスロヴァキアのズデーテン地方を領有することが認められました。これを宥和政策と言います。①カリブ海政策は19世紀末頃から、アメリカがカリブ海周辺地域の支配を目指したものです。②鉄血政策はプロイセンのビスマルクがとった政策です。③ニューフロンティア政策はアメリカのケネディ大統領が戦争・偏見・貧困・差別などの問題を解消するために打ち出した政策です。したがって、正解は④です。

解答番号【24】：④　　⇒**重要度Ａ**

問６　第二次世界大戦は1939～1945年の出来事です。①アナーニ事件は14世紀にフランスのフィリップ４世がローマ教皇に退位を迫ったものです。②ソロンの改革は古代ギリシアで紀元前6世紀に行われたものです。③ミッドウェー海戦は1942年に日本とアメリカの間で起こりました。④第１回原水爆禁止世界大会は1955年に広島で開催されました。したがって、正解は③です。

解答番号【25】：③　　⇒**重要度Ａ**

6

問１　Ａの周辺に「1956年」「Ａをきっかけに発生した第２次中東戦争」とありますので、Ａには第２次中東戦争の原因となったスエズ運河の国有化が入ります。①は18世紀のオーストリア継承戦争後にオーストリア領からプロイセン領となったシュレジェンについての記述です。③ヨーロッパ連合（EU）の結成は1992年のマーストリヒト条約によって決定し、その翌年に結成されました。④十四カ条の平和原則は第一次世界大戦後、アメリカ大統領ウィルソンが提唱したものです。したがって、正解は②です。

解答番号【26】：②　　⇒**重要度Ｃ**

問２　「当時南アフリカで実施されていたＢに対する抗議の結果」とあります。モントリオール大会が開催されたのは1976年であることが資料１からわかります。これらをヒントに考えていきましょう。Ｂには南アフリカで行われていた人種隔離政策「アパルトヘイト」が入ります。もうひとつの選択肢のニューディールは20世紀前半の世界恐慌時にアメリカで行われた政策です。Ｃについて、モスクワ大会をボイコットした国を把握するために資料３を見てみましょう。アメリカや日本などに斜線が引かれています。これらの国の共通点は「アメリカ合衆国を中心とする西側諸国」となります。したがって、正解は①です。

解答番号【27】：①　　⇒**重要度Ａ**

問３　Ｚの時期は1988～1996年です。①ローマ進軍は第一次世界大戦後と第二次世界大戦の間の時期に起きたもので、これをきっかけにムッソリーニによるファシスト政権が成立しました。②鉄のカーテン演説は1945年で、チャーチルが東側諸国を非難したものです。東西冷戦のはじまりであると考えられています。③ワシントン海軍軍縮条約は1922年にアメリカ・イギリス・日本・フランス・イタリアの間で定められました。④マルタ会談は1989年にアメリカのブッシュ大統領とソ連のゴルバチョフ書記長の間で行われた、東西冷戦の終わりを宣言したものです。したがって、正解は④です。

解答番号【28】：④　　⇒**重要度Ａ**

問4　①エンクルマはガーナの独立運動を指揮し、初代大統領となりました。②アデナウアーは20世紀のドイツの政治家です。③ルイ=フィリップは1830年に七月革命によってフランス国王に即位し、1848年の二月革命でイギリスに亡命しました。④マンサ=ムーサは14世紀のマリ王国最盛期の王です。したがって、正解は①です。

解答番号【29】：①　　⇒ 重要度A

問5　①聖像禁止令は8世紀の東ローマ帝国の皇帝レオ3世が出したものです。②日韓基本条約は1965年に結ばれました。③王安石の改革は11世紀後半の宋で行われました。④訓民正音は15世紀半ばにつくられた朝鮮独自の文字で、ハングルとも呼ばれます。したがって、正解は②です。

解答番号【30】：②　　⇒ 重要度B

7

問1　幾何級数的とは、ある事物が、常に前の場合の何倍かを掛けた数に増えることを指します。算術級数的とは、ある数に一定の数を次々に加えていく形です。この時加えられる数は常に一定です。この2つを比べると、幾何級数的な増え方をする人口のほうが、算術級数的に増える食糧よりも速く増えるということになります。地球温暖化の原因は二酸化炭素やメタンなど温室効果ガスと呼ばれるもので、食糧問題とは関係がありません。したがって、正解は③です。

解答番号【31】：③　　⇒ 重要度C

問2　①は紀元前3～紀元前2世紀のヨーロッパで共和政ローマとカルタゴが地中海の覇権を争ったものです。②は14～15世紀のヨーロッパで起きた第一次百年戦争に関する記述です。③ヨーロッパで主権国家体制が確立したのは三十年戦争後のウェストファリア条約が結ばれた1648年です。したがって、正解は④です。

解答番号【32】：④　　⇒ 重要度A

令和２年度 第２回
高卒認定試験

世界史Ａ・Ｂ

解答時間　50 分

注　意　事　項（抜粋）

＊　試験開始の合図前に，監督者の指示に従って，解答用紙の該当欄に以下の内容をそれぞれ正しく記入し，マークすること。

①氏名欄

氏名を記入すること。

②受験番号，③生年月日，④受験地欄

受験番号, 生年月日を記入し, さらにマーク欄に**受験番号**（数字), **生年月日**（年号・数字), **受験地をマーク**すること。

＊　**受験番号，生年月日，受験地が正しくマークされていない場合は，採点できないことがある。**

＊　解答は，解答用紙の解答欄にマークすること。例えば，[10]と表示のある解答番号に対して②と解答する場合は，次の（例）のように**解答番号 10 の解答欄**の②に**マーク**すること。

（例）

解答番号	解　答　欄
10	① ●(②) ③ ④ ⑤ ⑥ ⑦ ⑧ ⑨ ⓪

世　界　史　A

（解答番号 1 ～ 32 ）

1 次の文章と図版に関連して，問1～問2に答えよ。

高校生の山本さんは，アマゾンの環境保護について関心を持ち，調べた結果を2枚のパネルにまとめて授業で発表した。

パネル1

ブラジルのアマゾン地域

・ブラジルは，ラテンアメリカ最大の面積・人口を持つ国である。19世紀に A から独立し，現在も A 語が主に話されている。

・ブラジルのアマゾン地域では，パラゴムノキから採取する天然ゴムが特産である。

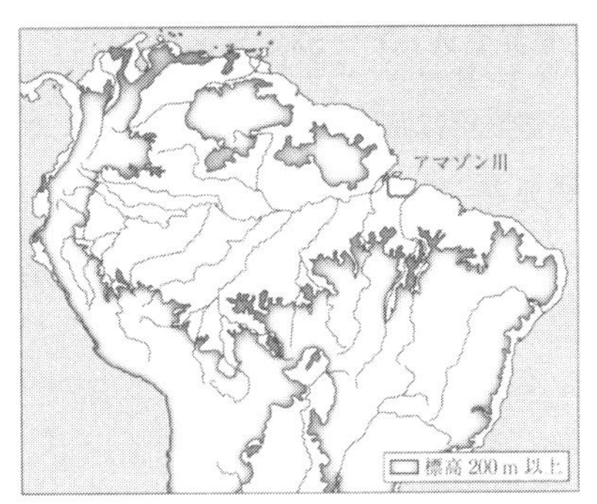

パネル2

天然ゴムとアマゾン

・パラゴムノキは熱帯のアマゾン川流域原産の高木で，幹を傷つけたところから流れ出る乳液から天然ゴムが得られる。

・ブラジルの天然ゴム産業は，19世紀末から20世紀初めにかけて繁栄したが，ほどなくアジアに追い越された(a)。葉枯（はがれ）病による病害や，労働力の不足が原因とされている。

・天然ゴムの採取活動は，森林の生態系を破壊することなく行われることから，近年，エコロジーの側面から注目されるようになり，アマゾン各地に採取保護区が設けられている。

問1 A に当てはまる語句を，次の①～④のうちから一つ選べ。解答番号は 1 。

① イタリア　　② フランス

③ ポルトガル　　④ 日　本

問2　下線部分(a)19世紀末から20世紀初めにかけて繁栄したが，ほどなくアジアに追い越されたとあるが，それは，主にイギリスが熱帯の植民地で栽培・生産したためであった。次のグラフから読み取れる，20世紀初めの世界のゴム生産量の推移の説明として適切なものと，イギリスがゴムの生産を行った植民地との組合せとして正しいものを，下の①～④のうちから一つ選べ。解答番号は［2］。

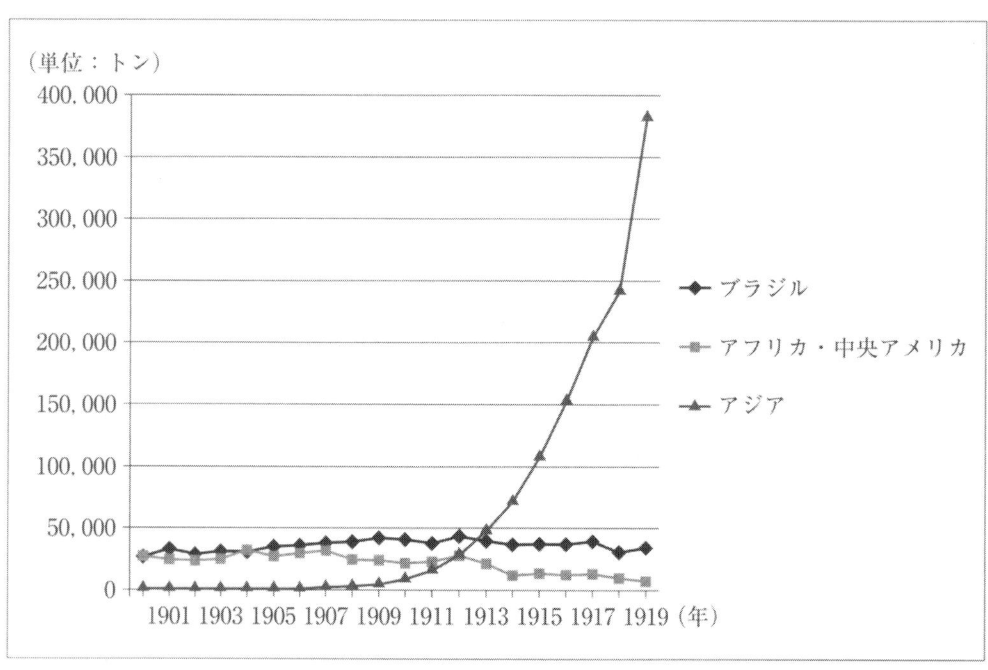

グラフ　世界のゴム生産量

	ゴム生産量の推移の説明	イギリスがゴムの生産を行った植民地
①	アジアのゴム生産量は，第一次世界大戦が始まったときには首位に立っていた。	マレー(マラヤ)
②	アジアのゴム生産量は，第一次世界大戦が始まったときには首位に立っていた。	カナダ
③	ブラジルのゴム生産量は，グラフに示した20年間を通して，年5万トンを下回ることはなかった。	マレー(マラヤ)
④	ブラジルのゴム生産量は，グラフに示した20年間を通して，年5万トンを下回ることはなかった。	カナダ

2 次の文章と図版に関連して，**問1～問4**に答えよ。

生徒が印章について調べ，**資料1～資料4**を見ながら，先生と会話をしている。

生徒： 最初に興味を持ったのは，**資料1**の円筒印章です。左側の円筒状の印を粘土板の上に転がすと，右側のような模様が浮かび上がります。紀元前2600年頃，(a)メソポタミアで使用されたもののようです。

先生： 転がす印章とはユニークなものを見つけましたね。ところで，**資料2**は，後漢の初代皇帝である A が，倭の小国に与えた「漢委奴国王」の金印に似ていますね。

生徒： はい。**資料2**は，前漢の武帝が，中国の西南部にあった滇(てん)国の王に与えた金印です。「漢委奴国王」の金印に，大きさも，蛇をかたどったつまみも，そっくりなのです。

先生： どちらも，漢が周辺の国と君臣関係を結ぶという B を行った際に与えたものです。では，**資料2**の右側の印影を見て，印章のつくりに注目してみましょう。私たちが現在よく使う印章は，印面の文字を残して，周りが彫られており，隋・唐代から主流になったタイプです。一方，**資料2**は，印面の文字の部分が彫り込まれています。なぜ，前漢の時代には，**資料2**のタイプが使われていたのでしょう。その背景を，**資料3**をもとに考えてごらん。

生徒： C が背景にあると思います。

先生： よく分かりましたね。最後に，**資料4**はどんな印章ですか。

生徒： (b)神聖ローマ皇帝のカール4世が発布した「金印勅書」に付けられていた金印です。ヨーロッパの印章は，東アジアのものとは形もデザインもずいぶん違います。

■III

資料1

円筒印章(左)と，粘土板に押された印影(右)

資料2

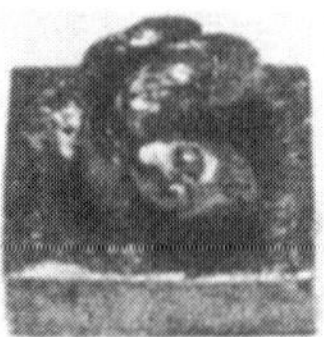

「滇王之印(てんおうのいん)」(左)とその印影(右)

資料3

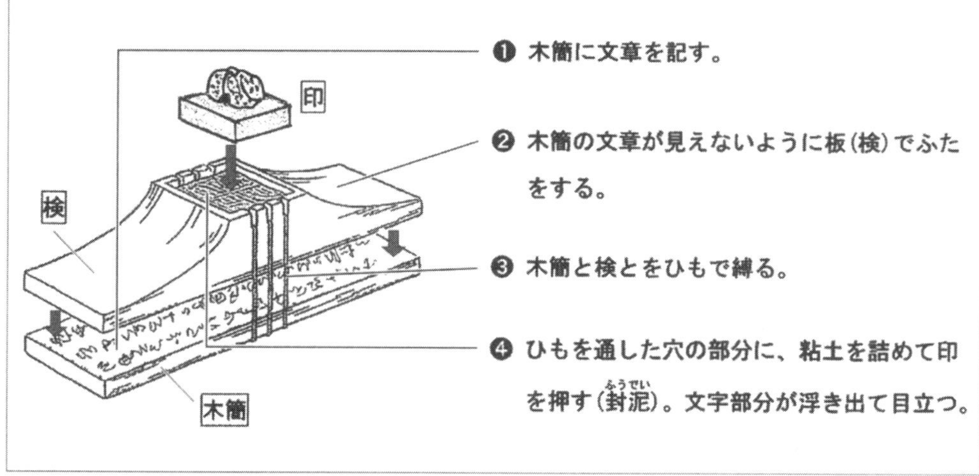

漢の時代における文書に封をする仕方

資料4

「金印勅書」(1356年)に付けられていた金印

問1 下線部分メソポタミア(a)で栄えた古代文明において，粘土板に刻んで使用された文字を，次の①～④のうちから一つ選べ。解答番号は 3 。

① 楔形文字
② 甲骨文字
③ 神聖文字(ヒエログリフ)
④ 訓民正音(ハングル)

問2 A に当てはまる人物を，次の①～④のうちから一つ選べ。解答番号は 4 。

① 始皇帝
② 光武帝
③ 冒頓単于
④ ヌルハチ

問3 B に当てはまる語句と，C に当てはまる文との組合せとして正しいものを，次の①～④のうちから一つ選べ。解答番号は 5 。

	B	C
①	囲い込み	活版印刷術が改良され，紙の文書の大量印刷が可能になったこと
②	囲い込み	製紙法が改良されておらず，紙が普及していなかったこと
③	冊　封	活版印刷術が改良され，紙の文書の大量印刷が可能になったこと
④	冊　封	製紙法が改良されておらず，紙が普及していなかったこと

問4 下線部分神聖ローマ皇帝(b)について述べた文として適切なものを，次の①～④のうちから一つ選べ。解答番号は 6 。

① イヴァン3世が，ツァーリの称号を名乗った。
② コンスタンティヌス帝が，キリスト教を公認した。
③ ローマ教皇との間に，聖職叙任権をめぐる闘争をおこした。
④ マムルークとよばれる奴隷兵を重用した。

3 1～2の文章と図版に関連して，**問1**～**問5**に答えよ。

1　トメ＝ピレスは，ポルトガルが初めて中国に派遣した大使で，1511年にリスボンを出発した。1512年にはマラッカ(a)，1517年には広州に到着し，上陸を許されて，北京へ向かった。しかし，明(b)の皇帝への謁見は実現できなかった。彼がマラッカ滞在中に書いたと思われる『東方諸国記』には，マラッカや琉球など，各地のようすが記されている。次の**資料1**は，その一節である。

資料1

> レケオ(琉球)人はゴーレスとよばれる。…彼らはシナ(中国)に渡航して，マラカ(マラッカ)からシナに来た商品を持ち帰る。彼らはジャンポン(日本)へ赴(おもむ)く。…彼らはそこで，この島にある黄金と銅とを商品と交換に買い入れる。…

問1　下線部分マラッカ(a)の略地図中のおよその位置と，**資料1**から読み取ることができる内容との組合せとして正しいものを，下の①～④のうちから一つ選べ。解答番号は **7** 。

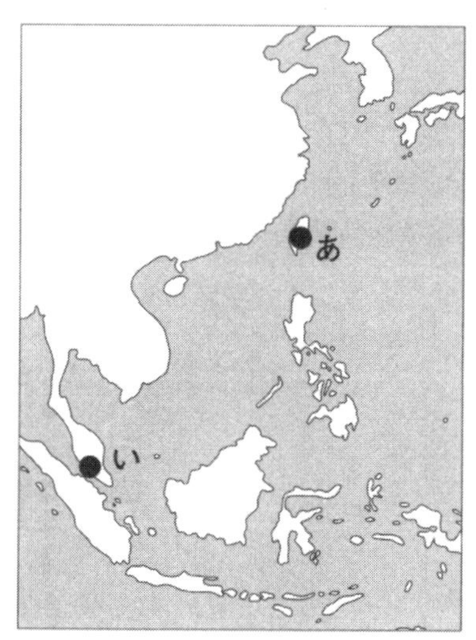

	位　置	内　容
①	あ	琉球では，黄金と銅が産出されていた。
②	あ	琉球人は，中継貿易を行っていた。
③	い	琉球では，黄金と銅が産出されていた。
④	い	琉球人は，中継貿易を行っていた。

問 2　下線部分明(b)に関して，次の**資料 2** に記された政策として適切なものを，下の①～④のうちから一つ選べ。解答番号は 8 。

資料 2

洪武 14 年，…。百十戸を一里として，成人男子数と納税額の多いもの十戸を推薦して長として，残りの百戸を十の甲(グループ)に分けた。

① 第 1 次国共合作を行った。
② 里甲制を実施した。
③ 審査法を制定した。
④ 全権委任法を制定した。

2　生徒と先生が，図を見ながら会話している。

先生：　この絵画は，1530年頃にイラン地方で製作された『王書(シャー＝ナーメ)』の挿し絵です。この時期のイラン地方について，どんなことを学習したか覚えていますか。

生徒：　挿し絵はミニアチュールといって，中国の技法の影響を受けているんですよね。1530年頃のイラン地方といったら，［ A ］を国教としたサファヴィー朝の時代です。

先生：　よく勉強していますね。サファヴィー朝は［ B ］の時に最盛期を迎え，オスマン帝国から領土を奪還し，17世紀(c)にはホルムズ島からポルトガルを追放するなどしました。

生徒：　都はイスファハーンにおかれ，「世界の半分」といわれたとも学習しました。「世界の半分」とはどういうことなんでしょうか。

先生：　王宮やバザール(市場)，モスクなどが建ち並び，栄華を誇ったようすを示している言葉です。カスピ海の南岸地域の特産物の絹を求めて，オスマン帝国やオランダ(d)などから多くの商人が集まったようですよ。

図　『王書(シャー＝ナーメ)』の挿し絵

問 3 [A] と [B] に当てはまる語句の組合せとして正しいものを，次の①～④のうちから一つ選べ。解答番号は [9] 。

	A	B
①	カルヴァン派	アッバース1世
②	カルヴァン派	ケネディ
③	シーア派	アッバース1世
④	シーア派	ケネディ

問 4 下線部分17世紀(c)の世界のようすについて述べた文として適切なものを，次の①～④のうちから一つ選べ。解答番号は [10] 。

① ネルチンスク条約が，ロシアと清との間で結ばれた。

② 趙匡胤が，北宋を建てた。

③ ウマイヤ朝が，ダマスクスを都として成立した。

④ アレクサンドロス大王が，東方遠征を行った。

問 5 下線部分オランダ(d)について述べた文として適切なものを，次の①～④のうちから一つ選べ。解答番号は [11] 。

① バラ戦争がおこった。

② インカ帝国を滅ぼした。

③ 啓蒙専制君主が統治した。

④ ウェストファリア条約で独立が認められた。

4 1～2の文章と図版に関連して，**問1**～**問6**に答えよ。

1 生徒と先生が，次の**資料**を見ながら会話している。

資料

> 余(フェルディナント1世)…は，いまや，余の忠実なる諸民族の願望を実現するために余が必要と認めた諸指令を下した。出版の自由は，検閲を廃止する余の布告によって…認可された。…余の決定した祖国の憲法(制定)を目的として，…必要な措置をとった。

先生： これはオーストリア皇帝フェルディナント1世が，1848年のウィーン三月革命(a)の時に出した文書です。これを見たウィーンの民衆は熱狂したようです。

生徒： この**資料**を読むと，民衆が望んでいた [A] が約束されたように感じます。

先生： この**資料**からは，そう読み取れますね。しかし実際には，皇帝は議会を召集しませんでした。また，発布された選挙法でも労働者(b)には選挙権が認められませんでした。

生徒： 労働者は反発しませんでしたか。

先生： 労働者や学生の大規模なデモがおこり，一時は皇帝が逃亡を余儀なくされました。しかし最終的には，皇帝はウィーンに戻り，革命勢力は弾圧されました。

WIR
FERDINAND DER ERSTE,
Gottes Gnaden Kaiser von Oesterreich,
Constitution des Vaterlandes
Ferdinand.

ウィーン三月革命で皇帝が出した文書

問 1　下線部分ウィーン三月革命(a)によって亡命したオーストリア宰相と，［　A　］に当てはめた時に適切な内容となる語句との組合せとして正しいものを，次の①～④のうちから一つ選べ。解答番号は［12］。

	宰　相	A
①	ソクラテス	憲法の制定
②	ソクラテス	国際連盟への参加
③	メッテルニヒ	憲法の制定
④	メッテルニヒ	国際連盟への参加

問 2　下線部分労働者(b)が中心になっておこした19世紀の出来事について述べた文として適切なものを，次の①～④のうちから一つ選べ。解答番号は［13］。

① イベリア半島で，レコンキスタ(国土回復運動)が行われた。

② 中国で，典礼問題がおこった。

③ イタリアで，ローマ進軍が行われた。

④ イギリスで，チャーティスト運動がおこった。

2　松田さんは「解放」をテーマに調べ学習を行い，カード1～カード3にまとめた。

カード1

18世紀末に(c)フランス革命がおこると，自由・平等が唱えられた。(d)ナポレオンは革命の理念を伝える解放者として振る舞ったが，同時にヨーロッパに支配を広げた。その支配に対して，各地で反発がみられた。

カード2

19世紀半ばの中国で(e)太平天国が建てられ，女性の足を縛りつけて小さくする纏足（てんそく）などの悪習の廃止，土地の均分などの政策が打ち出された。

カード3

19世紀半ばのロシアでは，農奴は貢租を納めるだけでなく，移住や結婚の自由も認められていなかった。クリミア戦争の敗北後，[B]は1861年に農奴解放令を出して，農奴の人格的自由を認めた。

清の騎馬軍と戦う太平天国軍

問３ 下線部分(c)フランス革命に関連して，フランス革命前の社会を表した次の風刺画も参考にして，フランス革命前の社会の呼称と，その説明との組合せとして正しいものを，下の①～④のうちから一つ選べ。解答番号は［14］。

フランス革命前の社会の風刺画

	呼　称	説　明
①	ルネサンス	身分制の社会であった。
②	ルネサンス	直接民主政治が行われた。
③	旧制度(アンシャン＝レジーム)	身分制の社会であった。
④	旧制度(アンシャン＝レジーム)	直接民主政治が行われた。

問 4　下線部分ナポレオン(d)に関連して，次の略地図中の矢印は，ナポレオンが行った遠征の一つを大まかに示したものである。この遠征の対象とその結果との組合せとして正しいものを，下の①～④のうちから一つ選べ。解答番号は 15 。

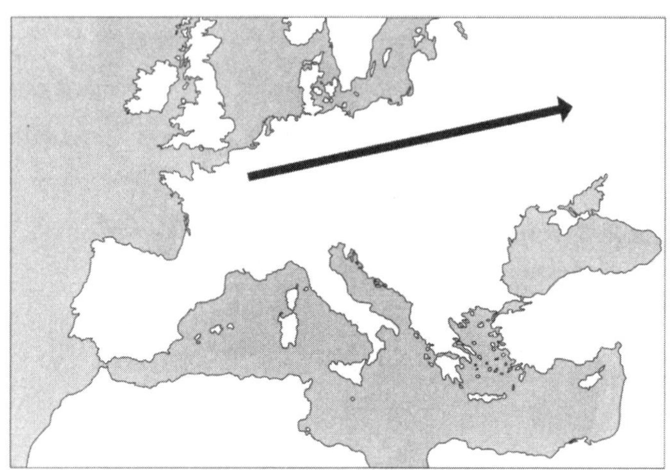

	遠征の対象	遠征の結果
①	ロシア	遠征は成功して，イェルサレム王国が建国された。
②	ロシア	遠征の失敗をきっかけに，支配下の諸国民が解放戦争に立ち上がった。
③	スペイン	遠征は成功して，イェルサレム王国が建国された。
④	スペイン	遠征の失敗をきっかけに，支配下の諸国民が解放戦争に立ち上がった。

問 5　下線部分太平天国(e)について述べた文として適切なものを，次の①～④のうちから一つ選べ。解答番号は 16 。

① 三・一独立運動が行われた。
② 「滅満興漢」が唱えられた。
③ 両税法が施行された。
④ 鉄血政策が進められた。

問 6 B に当てはまる人物を，次の①～④のうちから一つ選べ。解答番号は 17 。

①

アギナルド

②

ルイ 14 世

③

アレクサンドル 2 世

④

ショパン

5 1～2の文章と図版に関連して，**問1～問7**に答えよ。

1 生徒と先生が，**資料1**・**資料2**を見ながら会話している。

先生： 19世紀後半に入ると，第2次産業革命(a)がおこり，資本主義経済が発展しました。アメリカ合衆国は労働力不足を補うため，多くの海外移民を受け入れました。**資料1**からはその流入量のピークなどが読み取れます。では，**資料2**からどんなことが読み取れますか。

生徒： **資料2**で，1891～1900年の10年間と，移民流入のピークを含む1901～10年の10年間を比べると，[A]ことがわかります。

先生： では1931～40年の10年間で，移民の流入総数が大きく減少していますが，その原因として考えられることは何でしょうか。

生徒： 1929年の株価大暴落をきっかけに[B]が発生したことにより，失業者数が増加したと習いました。1931～40年の移民流入数の減少は，移民を受け入れる余裕がなかったことが原因ではないでしょうか。

先生： なるほど。そもそも移民数の増減に関する原因にはどのようなものがあるでしょうか。

生徒： うーん，この資料だけではわからないので，補う資料(b)を探してみます。

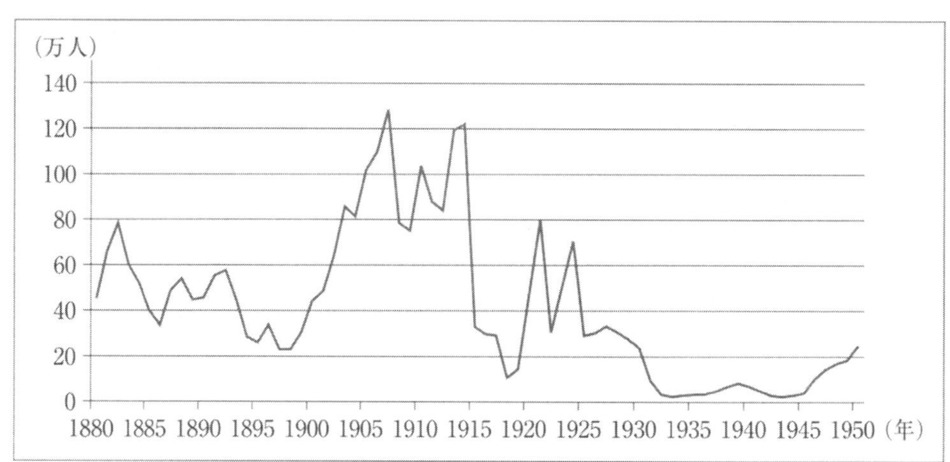

資料1 アメリカ合衆国への移民の推移

	1881～90年	1891～1900年	1901～10年	1911～20年	1921～30年	1931～40年	1941～50年
ヨーロッパ	4,735,484	3,555,352	8,056,040	4,321,887	2,463,194	347,566	621,147
アジア	69,942	74,862	323,543	247,236	112,059	16,595	37,028
米 州	426,967	38,972	361,888	1,142,671	1,516,716	160,037	354,804

資料2 ヨーロッパ・アジア・米州(アメリカ合衆国を除く南北アメリカ大陸)からのアメリカ合衆国への移民の推移(単位：人)

問 1　下線部分第２次産業革命(a)について，中心となった産業と，その主な動力源との組合せとして正しいものを，次の①～④のうちから一つ選べ。解答番号は［18］。

	中心となった産業	主な動力源
①	重化学工業	石油と電力
②	重化学工業	原子力
③	軽工業	石油と電力
④	軽工業	原子力

問 2　［A］に当てはまる文として適切なものを，次の①～④のうちから一つ選べ。解答番号は［19］。

① ヨーロッパからの移民数だけが，増加している
② アジアからの移民数だけが，増加している
③ 米州からの移民の流入数が，10倍以上になっている
④ どの地域からも，移民の流入数が増加している

問 3　［B］に当てはまる語句を，次の①～④のうちから一つ選べ。解答番号は［20］。

① キューバ危機
② キリスト教会の東西分裂
③ 世界恐慌
④ 9.11同時多発テロ

問 4　下線部分補う資料(b)について，**資料１・資料２**に示されているような変化がおきた原因を考察するために役立つ資料として**適切でないもの**を，次の①～④のうちから一つ選べ。解答番号は［21］。

① イギリスが中国に密輸したアヘンの流入量を示したグラフ
② アメリカ合衆国の，景気の変動を示したグラフ
③ ヨーロッパ・アジア・米州ごとの，歴史的な出来事をまとめた年表
④ アメリカ合衆国政府の，移民に関する法令の条文

2　19世紀後半になると，交通網の整備に伴い，海外旅行が娯楽の一つとして確立されるようになった。1871年に世界最初の旅行代理店が，イギリスのトマス＝クックにより設立された。この会社が1872年に手がけた世界一周団体旅行では，8人の旅行者が222日間の日程で，リヴァプールを出発し，アメリカ合衆国，日本(c)・中国・シンガポール・インドを経由し，イギリスに戻った。このような旅行ができるようになったのは，すでに開設されていた大西洋航路に加え，1867年に太平洋航路が開設され，1869年にはアメリカ大陸横断鉄道が完成し，［　C　］ことで，世界一周がさらに容易になったからであった。この会社は，1908年に行われた日本初の世界一周旅行も手がけている。この旅行は，横浜を出発し，アメリカ合衆国やイギリス・フランス・ドイツ・ロシア(d)などを，96日間かけて巡るものとなった。

海外旅行の広告

日本初世界一周旅行の名簿の表紙

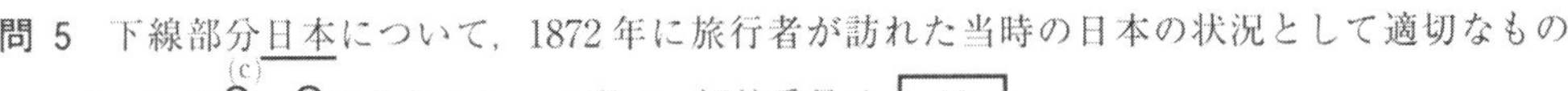

問 5　下線部分日本(c)について，1872年に旅行者が訪れた当時の日本の状況として適切なものを，次の①～④のうちから一つ選べ。解答番号は 22 。

① 倭寇とよばれる集団が，海上で活動していた。
② 明治維新がおこり，近代化が進行していた。
③ 太平洋戦争が始まっていた。
④ 豊臣秀吉による朝鮮出兵が行われていた。

問 6　　C　　に当てはまる文として適切なものを，次の①～④のうちから一つ選べ。解答番号は 23 。

① アポロ計画で，人類が月面に到達した
② エジプトで，スエズ運河が開通した
③ マゼラン一行が，世界周航を達成した
④ ジャムチとよばれる駅伝制が整備された

問 7　下線部分ロシア(d)の20世紀前半のようすについて述べた文として適切なものを，次の①～④のうちから一つ選べ。解答番号は 24 。

① 血の日曜日事件がおこった。
② ピカソが「ゲルニカ」を描いた。
③ 第1回三頭政治が実施された。
④ 南北戦争が勃発した。

6 1～2の文章と図版に関連して，問1～問6に答えよ。

1　サミットは，1975年に，主要先進諸国が協調して国際的課題に取り組む必要性(a)が共有されて，初めて開かれた。この第1回サミットが開催された後，参加国が持ち回りで議長国となって，毎年世界各地で行われるようになった。次の写真は，2000年に日本で行われた九州・沖縄サミットの時のものである。左から4番目の人物は，アメリカ合衆国のクリントン(b)大統領で，在任期間8年間の最後の年に出席した時のようすである。また，左から3番目のプーチン大統領は，冷戦終結後にサミット参加国となった［A］の首脳である。［A］が2014年にクリミア併合を行うと，参加資格が停止された。

各国首脳による記念写真(2000年7月)

問1　下線部分主要先進諸国が協調して国際的課題に取り組む必要性(a)に関連して，第1回サミットが開催されることになった背景として適切なものを，次の①～④のうちから一つ選べ。解答番号は［25］。

①　アジア通貨危機がおこった。

②　ポエニ戦争がおこった。

③　黒死病(ペスト)が流行した。

④　第1次石油危機がおこった。

問 2　下線部分クリントン(b)の仲介によって，イスラエルと暫定自治協定を結んだPLO(パレスチナ解放機構)の議長を，次の①～④のうちから一つ選べ。解答番号は 26 。

①

オバマ

②

アラファト

③

トマス＝アクィナス

④

カヴール

問 3　 A に当てはまる国を，次の①～④のうちから一つ選べ。解答番号は 27 。

① ベトナム　② ロシア
③ 中華人民共和国　④ メキシコ

2 高校生の松島さんは，歴史の学習で気になった人物について調べ，次の**カード1・カード2**を作成した。

カード1

ド＝ゴールは，アルジェリアで独立運動が激化する中，1959年にフランス大統領に就任した。彼はアルジェリアの独立を認めるなど，アフリカ(c)の植民地の独立を容認する方針をとった。また，西ドイツとともに［B］を主導する一方，アメリカ合衆国に追随しないフランス独自の外交路線を進めた。

カード2

ウィルソンは，1964～70年に労働党党首としてイギリス首相を務めた。その間，彼は，植民地独立やカシミール紛争(d)への対応をめぐって，野党から攻撃を受けた。また1967年に［B］へ加盟申請を行ったが，ド＝ゴールに反対され，実現はしなかった。

問 4 下線部分アフリカ(c)に関して，20世紀後半のアフリカのようすについて述べた文として適切なものを，次の①～④のうちから一つ選べ。解答番号は［28］。

① マンデラが，南アフリカ共和国大統領に選ばれた。

② 改革開放政策が進められた。

③ ドンズー（東遊）運動が展開された。

④ マリ王国が栄えた。

問 5 ［B］に当てはまる語句を，次の①～④のうちから一つ選べ。解答番号は［29］。

① EEC（ヨーロッパ経済共同体）　② COMECON（経済相互援助会議）

③ NATO（北大西洋条約機構）　④ NAFTA（北米自由貿易協定）

問 6　下線部分カシミール紛争(d)に関する説明と，カシミールの略地図中のおよその位置との組合せとして正しいものを，下の①～④のうちから一つ選べ。解答番号は 30 。

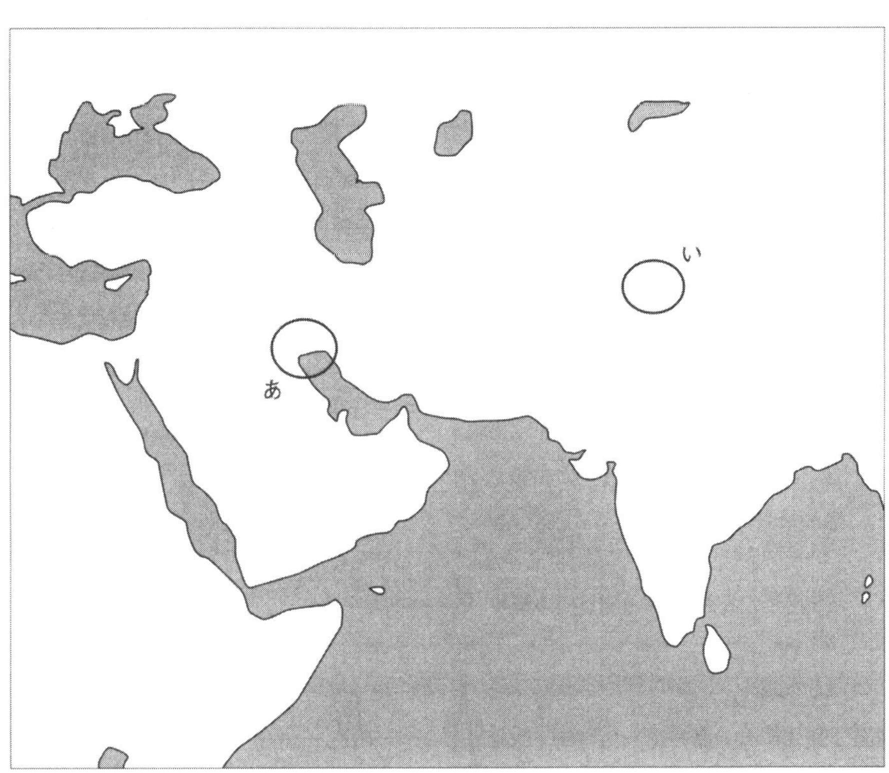

	説　明	位　置
①	イランとイラクの間に，武力衝突がおこった	あ
②	イランとイラクの間に，武力衝突がおこった	い
③	インドとパキスタンの間に，武力衝突がおこった	あ
④	インドとパキスタンの間に，武力衝突がおこった	い

7 次の文章と図版に関連して，**問 1 ～問 2** に答えよ。

捕鯨(ほげい)は，鯨肉や鯨油を求めて，先史時代から世界各地で行われてきた。18 世紀にはアメリカ合衆国が太平洋での捕鯨を行うようになり，19 世紀には太平洋全域に進出した。しかし，当時の蒸気船では十分な燃料や食料を積み込むことができなかった。そのため，ペリーが日本と締結した A は，このような捕鯨船への燃料・食料・水の供給を日本が行うことを目的の一つとしていた。19 世紀以降は捕鯨技術の革新により，捕鯨頭数は増え続けた。20 世紀に入っても，数度の落ち込みはあったものの 1960 年代半ばまで捕鯨頭数は伸び続けた(a)ため，クジラの数が減少した。このような状況を受けて，1948 年に国際捕鯨委員会(IWC)が捕鯨規制のために設置され，日本も 1951 年に加入した。日本は，1988 年以来，科学的調査である調査捕鯨のみを行っていたが，2019 年に IWC を脱退し，商業捕鯨を再開した。日本が今後も水産資源を保持し，持続的に捕鯨を行うことができるように考えていくことは重要な課題である。

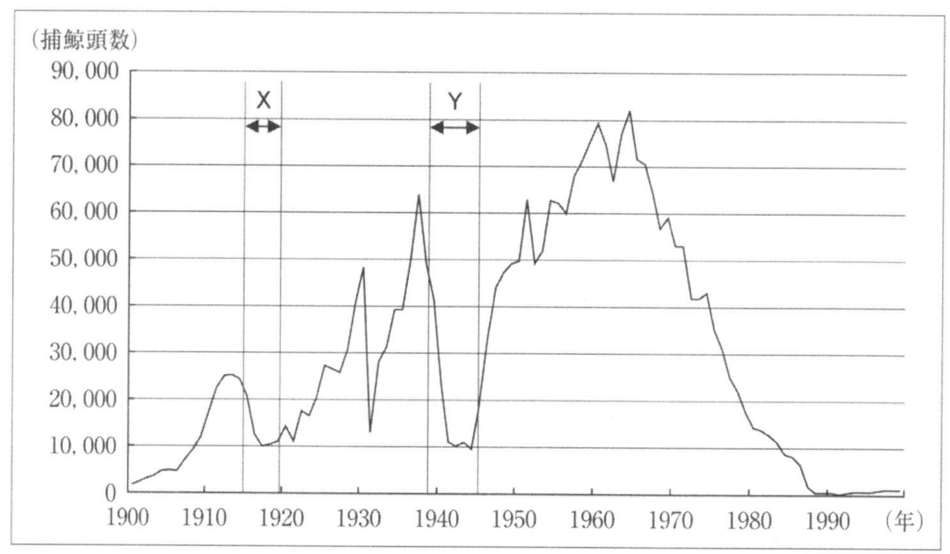

グラフ　20 世紀の世界の捕鯨頭数の推移

問 1 A に当てはまる語句を，次の①～④のうちから一つ選べ。解答番号は 31 。

① ポーツマス条約　　② 下関条約

③ 九カ国条約　　④ 日米和親条約

問 2　下線部分20世紀に入っても，数度の落ち込みはあったものの1960年代半ばまで捕鯨頭数は伸び続けた(a)とあるが，グラフ中のXとYの時期の捕鯨頭数の落ち込みとその要因と考えられる世界の情勢について述べた次の(ア)・(イ)の正誤を判断し，その組合せとして正しいものを，下の①～④のうちから一つ選べ。解答番号は 32 。

(ア)　Xの時期の捕鯨頭数の落ち込みは，ビキニ環礁での水爆実験が要因と考えられる。

(イ)　Yの時期の捕鯨頭数の落ち込みは，第二次世界大戦が要因と考えられる。

① (ア)―正　(イ)―正
② (ア)―正　(イ)―誤
③ (ア)―誤　(イ)―正
④ (ア)―誤　(イ)―誤

(これで世界史Aの問題は終わりです。)

III

世　界　史　B

（解答番号 1 ～ 32）

1 次の文章と図版に関連して，問1～問2に答えよ。

高校生の山本さんは，アマゾンの環境保護について関心を持ち，調べた結果を2枚のパネルにまとめて授業で発表した。

パネル1

ブラジルのアマゾン地域

・ブラジルは，ラテンアメリカ最大の面積・人口を持つ国である。19世紀に A から独立し，現在も A 語が主に話されている。

・ブラジルのアマゾン地域では，パラゴムノキから採取する天然ゴムが特産である。

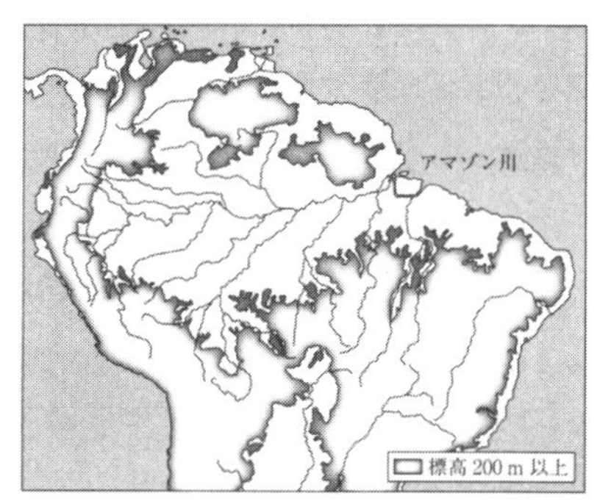

パネル2

天然ゴムとアマゾン

・パラゴムノキは熱帯のアマゾン川流域原産の高木で，幹を傷つけたところから流れ出る乳液から天然ゴムが得られる。

・ブラジルの天然ゴム産業は，(a)19世紀末から20世紀初めにかけて繁栄したが，ほどなくアジアに追い越された。葉枯(はがれ)病による病害や，労働力の不足が原因とされている。

・天然ゴムの採取活動は，森林の生態系を破壊することなく行われることから，近年，エコロジーの側面から注目されるようになり，アマゾン各地に採取保護区が設けられている。

問1　A に当てはまる語句を，次の①～④のうちから一つ選べ。解答番号は 1 。

① イタリア　　② フランス

③ ポルトガル　　④ 日　本

問 2　下線部分 19 世紀末から 20 世紀初めにかけて繁栄したが，ほどなくアジアに追い越された(a)とあるが，それは，主にイギリスが熱帯の植民地で栽培・生産したためであった。次のグラフから読み取れる，20 世紀初めの世界のゴム生産量の推移の説明として適切なものと，イギリスがゴムの生産を行った植民地との組合せとして正しいものを，下の①～④のうちから一つ選べ。解答番号は 2 。

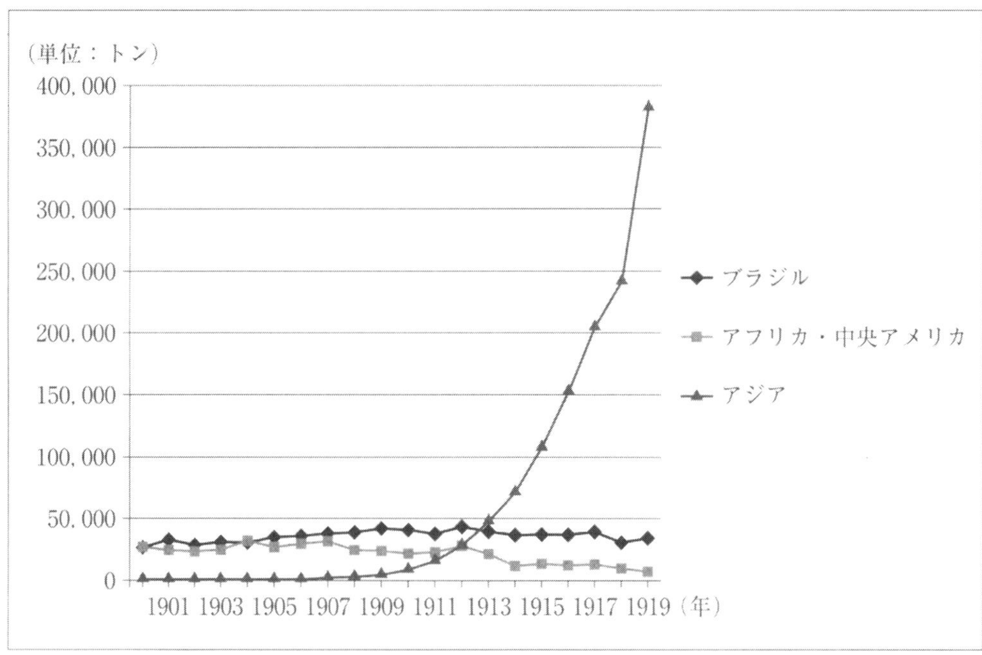

グラフ　世界のゴム生産量

	ゴム生産量の推移の説明	イギリスがゴムの生産を行った植民地
①	アジアのゴム生産量は，第一次世界大戦が始まったときには首位に立っていた。	マレー(マラヤ)
②	アジアのゴム生産量は，第一次世界大戦が始まったときには首位に立っていた。	カナダ
③	ブラジルのゴム生産量は，グラフに示した 20 年間を通して，年 5 万トンを下回ることはなかった。	マレー(マラヤ)
④	ブラジルのゴム生産量は，グラフに示した 20 年間を通して，年 5 万トンを下回ることはなかった。	カナダ

2 1～2の文章と図版に関連して，**問1～問8**に答えよ。

1 生徒が印章について調べ，**資料1～資料4**を見ながら，先生と会話をしている。

生徒： 最初に興味を持ったのは，**資料1**の円筒印章です。左側の円筒状の印を粘土板の上に転がすと，右側のような模様が浮かび上がります。紀元前2600年頃，メソポタミア(a)で使用されたもののようです。

先生： 転がす印章とはユニークなものを見つけましたね。ところで，**資料2**は，後漢の初代皇帝である［A］が，倭の小国に与えた「漢委奴国王」の金印に似ていますね。

生徒： はい。**資料2**は，前漢の武帝が，中国の西南部にあった滇(てん)国の王に与えた金印です。「漢委奴国王」の金印に，大きさも，蛇をかたどったつまみも，そっくりなのです。

先生： どちらも，漢が周辺の国と君臣関係を結ぶという［B］を行った際に与えたものです。では，**資料2**の右側の印影を見て，印章のつくりに注目してみましょう。私たちが現在よく使う印章は，印面の文字を残して，周りが彫られており，隋・唐代から主流になったタイプです。一方，**資料2**は，印面の文字の部分が彫り込まれています。なぜ，前漢の時代には，**資料2**のタイプが使われていたのでしょう。その背景を，**資料3**をもとに考えてごらん。

生徒： ［C］が背景にあると思います。

先生： よく分かりましたね。最後に，**資料4**はどんな印章ですか。

生徒： 神聖ローマ皇帝(b)のカール4世が発布した「金印勅書」に付けられていた金印です。ヨーロッパの印章は，東アジアのものとは形もデザインもずいぶん違います。

資料1

円筒印章(左)と，粘土板に押された印影(右)

資料2

「滇王之印(てんおうのいん)」(左)とその印影(右)

資料3

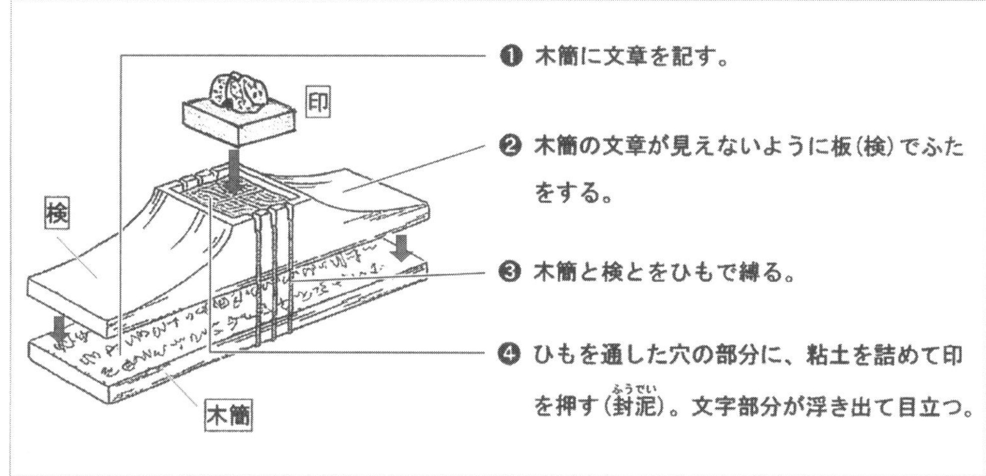

漢の時代における文書に封をする仕方

資料4

「金印勅書」(1356年)に付けられていた金印

問 1　下線部分メソポタミア(a)で栄えた古代文明において，粘土板に刻んで使用された文字を，次の①～④のうちから一つ選べ。解答番号は［3］。

① 楔形文字　　② 甲骨文字

③ 神聖文字(ヒエログリフ)　　④ 訓民正音(ハングル)

問 2 ［A］に当てはまる人物を，次の①～④のうちから一つ選べ。解答番号は［4］。

① 始皇帝　　② 光武帝

③ 冒頓単于　　④ ヌルハチ

問 3 ［B］に当てはまる語句と，［C］に当てはまる文との組合せとして正しいものを，次の①～④のうちから一つ選べ。解答番号は［5］。

	B	C
①	囲い込み	活版印刷術が改良され，紙の文書の大量印刷が可能になったこと
②	囲い込み	製紙法が改良されておらず，紙が普及していなかったこと
③	冊　封	活版印刷術が改良され，紙の文書の大量印刷が可能になったこと
④	冊　封	製紙法が改良されておらず，紙が普及していなかったこと

問 4　下線部分神聖ローマ皇帝(b)について述べた文として適切なものを，次の①～④のうちから一つ選べ。解答番号は［6］。

① イヴァン３世が，ツァーリの称号を名乗った。

② コンスタンティヌス帝が，キリスト教を公認した。

③ ローマ教皇との間に，聖職叙任権をめぐる闘争をおこした。

④ マムルークとよばれる奴隷兵を重用した。

2　生徒が署名について調べ，**資料5**～**資料7**を見ながら，先生と会話をしている。

生徒：　面白いデザインの署名を集めてみました。**資料5**の矢印部分は，元寇(c)の際の鎌倉幕府執権として知られる北条時宗の花押(かおう)です。名の「時」の字をデザイン化したものです。

先生：　現代の日本でも，総理大臣や国務大臣は自分の花押を持っていて，署名の代わりに記すのですよ。ところで，**資料6**も独特なデザインですが，これはトゥグラですね。

生徒：　はい。トゥグラはオスマン帝国のスルタンが使用した花押のようなものです。**資料6**は，14世紀にビザンツ帝国(d)と戦い，バルカン半島に進出したスルタンのトゥグラです。アラビア文字(e)で「オスマンの息子のオルハン」と記されているそうです。

先生：　後世には，もっと繊細で美しい装飾が施されたトゥグラを見られますよ。さて，**資料7**の矢印部分は，ヨーロッパで使われているアルファベット(f)ですね。誰のサインですか。

生徒：　ジャンヌ＝ダルク(g)の直筆といわれています。これを見たとき，感慨深くなりました。

資料5

北条時宗の花押

資料6

オルハンのトゥグラ

資料7

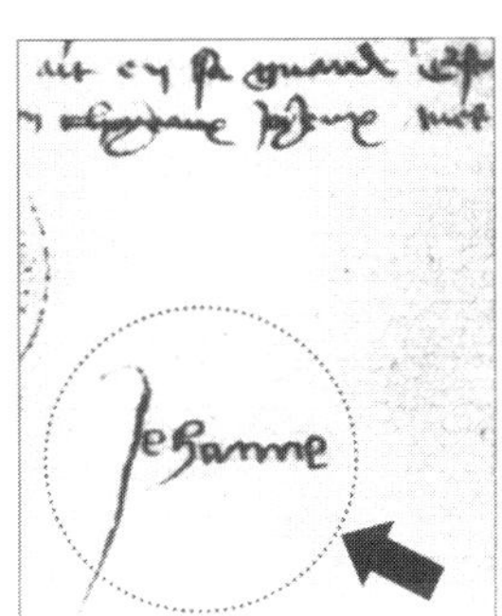

ジャンヌ＝ダルクのサイン

問5　下線部元寇(c)に関して，日本遠征を行った元について述べた文として適切なものを，次の①～④のうちから一つ選べ。解答番号は［7］。

① サファヴィー（サファヴィー＝アッディーン）が建国した。

② 安史の乱を機に，中央政府の力が弱まった。

③ ゾロアスター教を国教とした。

④ イスラームの天文学を取り入れた授時暦がつくられた。

問 6　下線部分ビザンツ帝国(d)について述べた文として適切なものを，次の①～④のうちから一つ選べ。解答番号は 8 。

① ユスティニアヌス帝の時代に，領土を拡大した。

② 統治制度として，郡県制を採用した。

③ ハンザ同盟の盟主であった。

④ アンコール＝ワットが建造された。

問 7　下線部分アラビア文字(e)で記されたイスラーム教の聖典と，下線部分ヨーロッパで使われているアルファベット(f)の起源となる文字をつくった民族との組合せとして正しいものを，次の①～④のうちから一つ選べ。解答番号は 9 。

	聖　典	民　族
①	『コーラン(クルアーン)』	チベット人
②	『コーラン(クルアーン)』	フェニキア人
③	『リグ＝ヴェーダ』	チベット人
④	『リグ＝ヴェーダ』	フェニキア人

問 8　下線部分ジャンヌ＝ダルク(g)が活躍した戦争を，次の①～④のうちから一つ選べ。解答番号は 10 。

① ペロポネソス戦争

② フレンチ＝インディアン戦争

③ 百年戦争

④ 北方戦争

3 1～2の文章と図版に関連して，**問1～問5**に答えよ。

1　トメ＝ピレスは，ポルトガルが初めて中国に派遣した大使で，1511年にリスボンを出発した。1512年にはマラッカ(a)，1517年には広州に到着し，上陸を許されて，北京へ向かった。しかし，明(b)の皇帝への謁見は実現できなかった。彼がマラッカ滞在中に書いたと思われる『東方諸国記』には，マラッカや琉球など，各地のようすが記されている。次の**資料1**は，その一節である。

資料1

> レケオ(琉球)人はゴーレスとよばれる。…彼らはシナ(中国)に渡航して，マラカ(マラッカ)からシナに来た商品を持ち帰る。彼らはジャンポン(日本)へ赴(おもむ)く。…彼らはそこで，この島にある黄金と銅とを商品と交換に買い入れる。…

問1 下線部分マラッカ(a)の略地図中のおよその位置と，**資料1**から読み取ることができる内容との組合せとして正しいものを，下の①～④のうちから一つ選べ。解答番号は 11 。

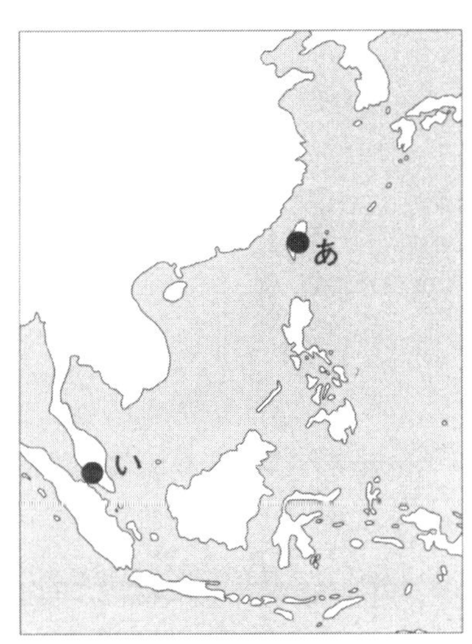

	位　置	内　容
①	あ	琉球では，黄金と銅が産出されていた。
②	あ	琉球人は，中継貿易を行っていた。
③	い	琉球では，黄金と銅が産出されていた。
④	い	琉球人は，中継貿易を行っていた。

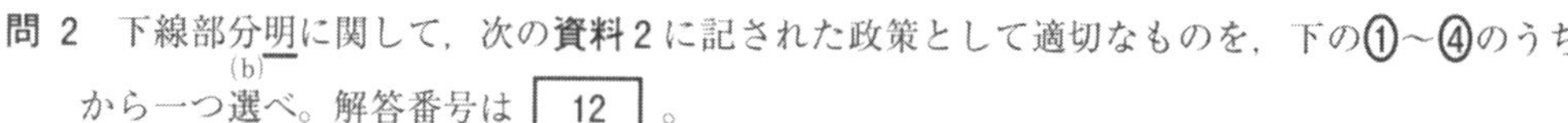

問 2　下線部分明(b)に関して，次の**資料2**に記された政策として適切なものを，下の①～④のうちから一つ選べ。解答番号は [12] 。

資料2

洪武14年，…。百十戸を一里として，成人男子数と納税額の多いもの十戸を推薦して長として，残りの百戸を十の甲(グループ)に分けた。

① 第1次国共合作を行った。
② 里甲制を実施した。
③ 審査法を制定した。
④ 全権委任法を制定した。

2　青木さんは，世界史の勉強をしていて気になったことを**カード1**～**カード3**にまとめた。

カード1

> スレイマン1世の下で最盛期を迎えた(c)オスマン帝国は，1538年に［A］の海戦で，スペインやヴェネツィアなどの連合艦隊を破り，地中海の制海権を手中にした。オスマン帝国はその後どのような外交政策をとったのだろうか。

カード2

> ムガル帝国成立後，(d)ヒンドゥー教徒とイスラーム教徒の融和が進んだ。このことは，ウルドゥー語の成立やムガル絵画にもみられる。長年にわたって対立していた両者が融和できたのには，どのようなことがあったのだろうか。

カード3

> 七年戦争に当たって，(e)オーストリアは，宿敵であった［B］と同盟を結んで，プロイセンと戦った。この時オーストリアは，なぜ長い間対立関係にあった国と同盟を結んだのだろうか。

問3　下線部分(c)オスマン帝国の16世紀の外交政策に関する説明と，［A］に当てはまる語句との組合せとして正しいものを，次の①～④のうちから一つ選べ。解答番号は［13］。

	外交政策	A
①	ハプスブルク家に対抗し，フランスにカピチュレーションを与えた。	ミッドウェー
②	ハプスブルク家に対抗し，フランスにカピチュレーションを与えた。	プレヴェザ
③	ミュンヘン会談を開催し，宥和政策をとった。	ミッドウェー
④	ミュンヘン会談を開催し，宥和政策をとった。	プレヴェザ

問 4　下線部分(d)ヒンドゥー教徒とイスラーム教徒の融和を進めた政策として適切なものを，次の①～④のうちから一つ選べ。解答番号は［14］。

① 人頭税(ジズヤ)を廃止した。

② 新経済政策(ネップ)をとった。

③ イエズス会を結成した。

④ 護民官の制度を設けた。

問 5　下線部分(e)オーストリアが［B］と同盟を結んだ理由と，［B］に当てはまる語句との組合せとして正しいものを，次の①～④のうちから一つ選べ。解答番号は［15］。

	理　由	B
①	ボストン茶会事件に対処するため	フランス
②	ボストン茶会事件に対処するため	イタリア
③	シュレジエンを奪回するため	フランス
④	シュレジエンを奪回するため	イタリア

4 1～2の文章と図版に関連して，問1～問4に答えよ。

1 生徒と先生が，次の**資料**を見ながら会話している。

資料

> 余(フェルディナント1世)…は，いまや，余の忠実なる諸民族の願望を実現するために余が必要と認めた諸指令を下した。出版の自由は，検閲を廃止する余の布告によって…認可された。…余の決定した祖国の憲法(制定)を目的として，…必要な措置をとった。

先生： これはオーストリア皇帝フェルディナント1世が，1848年の<u>ウィーン三月革命</u>(a)の時に出した文書です。これを見たウィーンの民衆は熱狂したようです。

生徒： この**資料**を読むと，民衆が望んでいた［ A ］が約束されたように感じます。

先生： この**資料**からは，そう読み取れますね。しかし実際には，皇帝は議会を召集しませんでした。また，発布された選挙法でも<u>労働者</u>(b)には選挙権が認められませんでした。

生徒： 労働者は反発しませんでしたか。

先生： 労働者や学生の大規模なデモがおこり，一時は皇帝が逃亡を余儀なくされました。しかし最終的には，皇帝はウィーンに戻り，革命勢力は弾圧されました。

WIR
FERDINAND DER ERSTE,
Gottes Gnaden Kaiser von Oesterreich,
Constitution des Vaterlandes
Ferdinand.

ウィーン三月革命で皇帝が出した文書

問 1　下線部分ウィーン三月革命(a)によって亡命したオーストリア宰相と，［ A ］に当てはめた時に適切な内容となる語句との組合せとして正しいものを，次の①～④のうちから一つ選べ。解答番号は［ 16 ］。

	宰　相	A
①	ソクラテス	憲法の制定
②	ソクラテス	国際連盟への参加
③	メッテルニヒ	憲法の制定
④	メッテルニヒ	国際連盟への参加

問 2　下線部分労働者(b)が中心になっておこした19世紀の出来事について述べた文として適切なものを，次の①～④のうちから一つ選べ。解答番号は［ 17 ］。

① イベリア半島で，レコンキスタ(国土回復運動)が行われた。

② 中国で，典礼問題がおこった。

③ イタリアで，ローマ進軍が行われた。

④ イギリスで，チャーティスト運動がおこった。

2　榎本さんは，「［　B　］に対する諸地域の対応」をテーマに調べ学習を行い，次のレポートを作成した。

［　B　］に対する諸地域の対応

(1)　反乱による抵抗

新式銃の導入をきっかけに東インド会社のインド人傭兵(c)がおこした暴動は，様々な人が加わってインド大反乱となった。取りつぶされた藩王国の旧支配層や，貧しい民衆も参加した。しかし，反乱軍の足並みの乱れもあり，最終的には鎮圧された。

インド大反乱

(2)　改革による富国強兵

ムハンマド＝アリーは，エジプト(d)で実権を握ると，外国の援助を受けながら，近代化改革を行った。政治的には中央集権化を進め，軍も徴兵制を導入した。綿花栽培を奨励し，綿織物などの国営工場をつくって産業の育成も試みた。

ムハンマド＝アリー

問 3 [B] に当てはめた時に適切となる語句と，下線部分(c)東インド会社のインド人傭兵の名称との組合せとして正しいものを，次の①～④のうちから一つ選べ。解答番号は [18] 。

	B	名称
①	ヨーロッパ列強の進出	シパーヒー(セポイ)
②	ヨーロッパ列強の進出	バルバロイ
③	モンゴル帝国の進出	シパーヒー(セポイ)
④	モンゴル帝国の進出	バルバロイ

問 4 下線部分(d)エジプトの19世紀のようすについて述べた文として適切なものを，次の①～④のうちから一つ選べ。解答番号は [19] 。

① クローヴィスが，アタナシウス派に改宗した。

② ウラービー(オラービー)の乱がおこった。

③ ファラオが，巨大なピラミッドを築いた。

④ アンボイナ事件がおこった。

5 1～2の文章と図版に関連して，**問1～問6**に答えよ。

1 生徒と先生が，**資料1**・**資料2**を見ながら会話している。

先生： 19世紀後半に入ると，第2次産業革命(a)がおこり，資本主義経済が発展しました。アメリカ合衆国は労働力不足を補うため，多くの海外移民を受け入れました。**資料1**からはその流入量のピークなどが読み取れます。では，**資料2**からどんなことが読み取れますか。

生徒： **資料2**で，1891～1900年の10年間と，移民流入のピークを含む1901～10年の10年間を比べると，［ A ］ことがわかります。

先生： では1931～40年の10年間で，移民の流入総数が大きく減少していますが，その原因として考えられることは何でしょうか。

生徒： 1929年の株価大暴落をきっかけに［ B ］が発生したことにより，失業者数が増加したと習いました。1931～40年の移民流入数の減少は，移民を受け入れる余裕がなかったことが原因ではないでしょうか。

先生： なるほど。そもそも移民数の増減に関する原因にはどのようなものがあるでしょうか。

生徒： うーん，この資料だけではわからないので，補う資料(b)を探してみます。

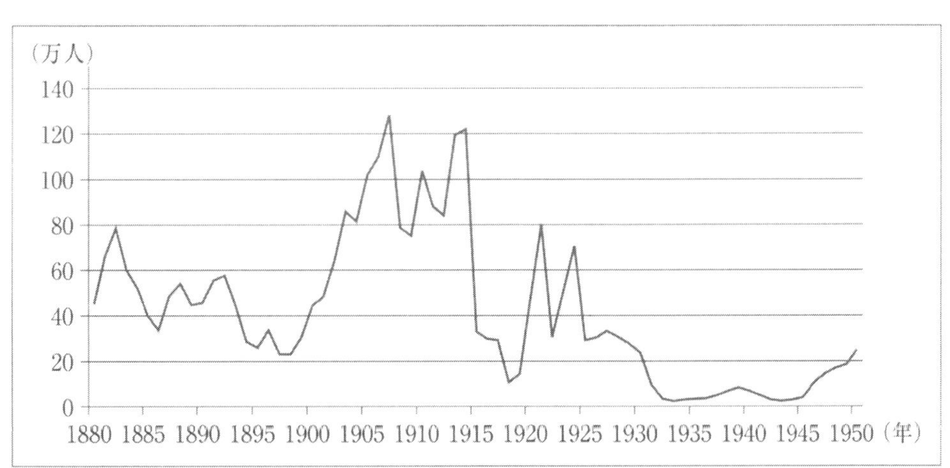

資料1 アメリカ合衆国への移民の推移

	1881～90年	1891～1900年	1901～10年	1911～20年	1921～30年	1931～40年	1941～50年
ヨーロッパ	4,735,484	3,555,352	8,056,040	4,321,887	2,463,194	347,566	621,147
アジア	69,942	74,862	323,543	247,236	112,059	16,595	37,028
米州	426,967	38,972	361,888	1,142,671	1,516,716	160,037	354,804

資料2 ヨーロッパ・アジア・米州(アメリカ合衆国を除く南北アメリカ大陸)からのアメリカ合衆国への移民の推移(単位：人)

問 1　下線部分第2次産業革命(a)について，中心となった産業と，その主な動力源との組合せとして正しいものを，次の①～④のうちから一つ選べ。解答番号は 20 。

	中心となった産業	主な動力源
①	重化学工業	石油と電力
②	重化学工業	原子力
③	軽工業	石油と電力
④	軽工業	原子力

問 2　A に当てはまる文として適切なものを，次の①～④のうちから一つ選べ。解答番号は 21 。

① ヨーロッパからの移民数だけが，増加している

② アジアからの移民数だけが，増加している

③ 米州からの移民の流入数が，10倍以上になっている

④ どの地域からも，移民の流入数が増加している

問 3　B に当てはまる語句を，次の①～④のうちから一つ選べ。解答番号は 22 。

① キューバ危機

② キリスト教会の東西分裂

③ 世界恐慌

④ 9.11同時多発テロ

問 4　下線部分補う資料(b)について，**資料1**・**資料2**に示されているような変化がおきた原因を考察するために役立つ資料として**適切でないもの**を，次の①～④のうちから一つ選べ。解答番号は 23 。

① イギリスが中国に密輸したアヘンの流入量を示したグラフ

② アメリカ合衆国の，景気の変動を示したグラフ

③ ヨーロッパ・アジア・米州ごとの，歴史的な出来事をまとめた年表

④ アメリカ合衆国政府の，移民に関する法令の条文

2　帝国主義の時代は，情報化の先駆けの時代であった。政治や経済，軍事面において主導権を握るためには，海外の情報をいち早く手に入れることが重要であった。そこで，イギリスは電信線の敷設に注力し，1887 年時点で世界に敷設されていた総距離 21 万 km の電信網のうち，70 % はイギリス資本によるもので，1902 年には，世界一周の電信網を構築することに成功している。

図の風刺画では，ケープ植民地首相の［C］が，カイロとケープタウンを電信で結んでいるようすが描かれている。この電信網は，当時イギリスが推し進めていた［D］において重要な役割を担った。また，他国の電信もロンドンを経由するため，イギリスがその内容を傍受することが可能であり，このことは第一次世界大戦(c)でイギリスに有利に働いた。最盛期には全世界のおよそ 4 分の 1 の人口と陸地を支配した大英帝国を下支えしたのは，この卓越した情報網だったといえるだろう。

図

問 5 [C] に当てはまる人物と，[D] に当てはまる語句との組合せとして正しいものを，次の①～④のうちから一つ選べ。解答番号は [24] 。

	C	D
①	モンテスキュー	3C政策
②	モンテスキュー	封じ込め政策
③	セシル＝ローズ	3C政策
④	セシル＝ローズ	封じ込め政策

問 6 下線部分第一次世界大戦(c)中におこった出来事として適切なものを，次の①～④のうちから一つ選べ。解答番号は [25] 。

① イギリスで，ワット＝タイラーの乱がおこった。

② ドイツが，無制限潜水艦作戦を実施した。

③ マーストリヒト条約が結ばれた。

④ ソ連で，ペレストロイカとよばれる改革が行われた。

6 1～2の文章と図版に関連して，問1～問5に答えよ。

1 サミットは，1975年に，主要先進諸国が協調して国際的課題に取り組む必要性(a)が共有されて，初めて開かれた。この第1回サミットが開催された後，参加国が持ち回りで議長国となって，毎年世界各地で行われるようになった。次の写真は，2000年に日本で行われた九州・沖縄サミットの時のものである。左から4番目の人物は，アメリカ合衆国のクリントン(b)大統領で，在任期間8年間の最後の年に出席した時のようすである。また，左から3番目のプーチン大統領は，冷戦終結後にサミット参加国となった［A］の首脳である。［A］が2014年にクリミア併合を行うと，参加資格が停止された。

各国首脳による記念写真(2000年7月)

問1 下線部分主要先進諸国が協調して国際的課題に取り組む必要性(a)に関連して，第1回サミットが開催されることになった背景として適切なものを，次の①～④のうちから一つ選べ。
解答番号は［26］。

① アジア通貨危機がおこった。

② ポエニ戦争がおこった。

③ 黒死病(ペスト)が流行した。

④ 第1次石油危機がおこった。

問 2　下線部分クリントン(b)の仲介によって，イスラエルと暫定自治協定を結んだ PLO(パレスチナ解放機構)の議長を，次の①～④のうちから一つ選べ。解答番号は 27 。

① 

オバマ

② 

アラファト

③ 

トマス＝アクィナス

④ 

カヴール

問 3　A に当てはまる国を，次の①～④のうちから一つ選べ。解答番号は 28 。

① ベトナム　　② ロシア

③ 中華人民共和国　　④ メキシコ

2 高校生の平尾さんは，国際連合について調べ，次のカード1～カード3を作成した。

カード1

1945年2月に行われたヤルタ会談で，戦後の国際秩序が話し合われた。これに基づき，戦後，国連では，アメリカ合衆国・イギリス・ソ連・フランス・中華民国が [B] を持つこととなった。

カード2

朝鮮戦争中に開催されたサンフランシスコ講和会議で，日本は独立を回復した。その後の日本の国連への加盟申請に対し，当初ソ連は [B] を発動して反対したが，日ソ共同宣言に調印したため，日本の国連加盟が実現した。

カード3

国連の発足時の加盟国は，51カ国だった。その後，植民地であった地域が独立して，国連に加盟するなどして，加盟国数は徐々に増えた。オランダとの戦争を経て，1949年に独立した<u>インドネシア</u>(c)も1950年，国連に加盟した。

問4 [B] に当てはまる語句と，次の年表中の日本が国際連合に加盟した時期との組合せとして正しいものを，下の①～④のうちから一つ選べ。解答番号は [29] 。

1945	国際連合憲章採択，国際連合発足
	あ ↕
1951	日米安全保障条約締結
	い ↕
1972	日中国交正常化

	B	日本が国際連合に加盟した時期
①	拒否権	あ
②	拒否権	い
③	不輸不入権	あ
④	不輸不入権	い

問 5　下線部分インドネシア(c)の 20 世紀のようすについて述べた文として適切なものを，次の①〜④のうちから一つ選べ。解答番号は 30 。

① ダライ＝ラマ 14 世が，インドへ亡命した。

② 鄭和の遠征隊が訪れた。

③ ポル＝ポトによる独裁政権が成立した。

④ スカルノが，大統領に就任した。

7 次の文章と図版に関連して，**問1～問2**に答えよ。

捕鯨(ほげい)は，鯨肉や鯨油を求めて，先史時代から世界各地で行われてきた。18世紀にはアメリカ合衆国が太平洋での捕鯨を行うようになり，19世紀には太平洋全域に進出した。しかし，当時の蒸気船では十分な燃料や食料を積み込むことができなかった。そのため，ペリーが日本と締結した **A** は，このような捕鯨船への燃料・食料・水の供給を日本が行うことを目的の一つとしていた。19世紀以降は捕鯨技術の革新により，捕鯨頭数は増え続けた。(a)<u>20世紀に入っても，数度の落ち込みはあったものの1960年代半ばまで捕鯨頭数は伸び続けた</u>ため，クジラの数が減少した。このような状況を受けて，1948年に国際捕鯨委員会(IWC)が捕鯨規制のために設置され，日本も1951年に加入した。日本は，1988年以来，科学的調査である調査捕鯨のみを行っていたが，2019年にIWCを脱退し，商業捕鯨を再開した。日本が今後も水産資源を保持し，持続的に捕鯨を行うことができるように考えていくことは重要な課題である。

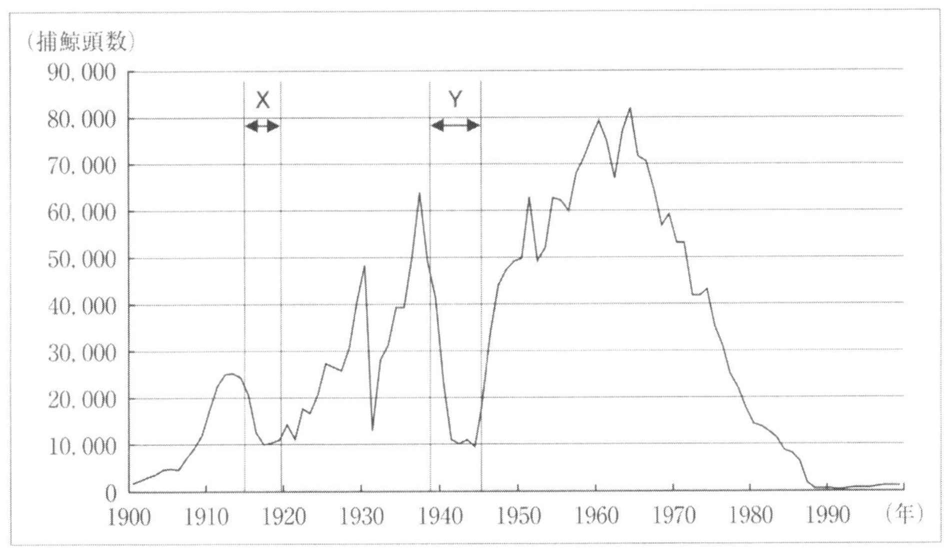

グラフ　20世紀の世界の捕鯨頭数の推移

問1 **A** に当てはまる語句を，次の①～④のうちから一つ選べ。解答番号は **31** 。

① ポーツマス条約　② 下関条約

③ 九カ国条約　④ 日米和親条約

問 2　下線部分20世紀に入っても，数度の落ち込みはあったものの1960年代半ばまで捕鯨頭数は伸び続けた(a)とあるが，グラフ中のＸとＹの時期の捕鯨頭数の落ち込みとその要因と考えられる世界の情勢について述べた次の(ア)・(イ)の正誤を判断し，その組合せとして正しいものを，下の①～④のうちから一つ選べ。解答番号は 32 。

(ア)　Ｘの時期の捕鯨頭数の落ち込みは，ビキニ環礁での水爆実験が要因と考えられる。

(イ)　Ｙの時期の捕鯨頭数の落ち込みは，第二次世界大戦が要因と考えられる。

① (ア)―正　(イ)―正
② (ア)―正　(イ)―誤
③ (ア)―誤　(イ)―正
④ (ア)―誤　(イ)―誤

令和２年度　第２回

解答・解説

【重要度の表記】

Ａ：重要度が高く確実に正答したい設問。しっかり復習する必要のある問題です。

Ｂ：重要度はＡレベルよりすこし下で、やや難易度が高い設問または内容を読み取る設問。高得点を狙う人は復習しましょう！

Ｃ：重要度が低い、または難解な設問。軽く復習する程度でよいでしょう！

令和２年度 第２回 高卒認定試験

【 Ａ解答 】

1	解答番号	正答	配点	2	解答番号	正答	配点	3	解答番号	正答	配点	4	解答番号	正答	配点
問１	1	③	4	問１	3	①	4	問１	7	④	3	問１	12	③	3
問２	2	①	3	問２	4	②	3	問２	8	②	3	問２	13	④	3
-	-			問３	5	④	3	問３	9	③	3	問３	14	③	3
-	-			問４	6	③	3	問４	10	①	3	問４	15	②	3
-	-			-	-			問５	11	④	3	問５	16	②	3
-	-			-	-			-	-			問６	17	③	3

5	解答番号	正答	配点	6	解答番号	正答	配点	7	解答番号	正答	配点
問１	18	①	3	問１	25	④	3	問１	31	④	3
問２	19	④	3	問２	26	②	3	問２	32	③	3
問３	20	③	3	問３	27	②	4	-	-		
問４	21	①	3	問４	28	①	3	-	-		
問５	22	②	4	問５	29	①	3	-	-		
問６	23	②	3	問６	30	④	3	-	-		
問７	24	①	3	-	-			-	-		

【 Ａ解説 】

1

問１　ラテンアメリカに植民地を持つポルトガルが正答です。これは大航海時代の中心がポルトガルとスペインであったことが背景にあります。ラテンアメリカの中でブラジルのみがポルトガルの植民地、他の国はスペインの植民地でした。したがって、正解は③です。

解答番号【１】：３　　⇒**重要度Ａ**

問２　問題文中に「イギリスが熱帯の植民地で栽培・生産した」とあります。植民地の選択肢としてマレーとカナダが挙げられていますが、熱帯の国として適切なのはマレーなので、選択肢①か③に絞られます。③の説明文には「ブラジルのゴム生産量は、グラフに示した20年間を通して年５万トンを下回ることはなかった」とありますが、20年間ずっと５万トンを下回っているので不適切です。①の説明にある「アジアのゴム生産量は、第一次世界大戦が始まったときには首位に立っていた」とありますが、第一次世界大戦がはじまっ

た 1914 年にアジアが唯一 5 万トンを超え首位に立っていることが読み取れます。したがって、正解は①です。

解答番号【2】：1　　⇒ 重要度B

2

問 1　②甲骨文字は紀元前 17 ～紀元前 11 世紀頃の中国の殷で使用されていた文字です。③ヒエログリフは古代エジプトの文字で、1822 年頃にシャンポリオンによって解読されました。④ハングルは 15 世紀に作られた朝鮮半島で使われている文字です。したがって、正解は①です。

解答番号【3】：1　　⇒ 重要度B

問 2　A には後漢の初代皇帝光武帝が入ります。①始皇帝は紀元前 3 世紀の秦の初代皇帝、③冒頓単于は紀元前 3 ～紀元前 2 世紀の匈奴最盛期の王です。④ヌルハチは 1616 年に清の前身である後金を建てた人物です。したがって、正解は②です。

解答番号【4】：2　　⇒ 重要度B

問 3　空欄 B の直前にある「漢が周辺の国と君臣関係を結ぶ」という部分から B に入るのは冊封だとわかります。もうひとつの選択肢の「囲い込み」は 15 ～ 16 世紀にイギリスで行われていた、農民から取り上げた土地や共有地を柵で囲み、牧場に転換したことを指します。C にはこの頃の印刷技術についての説明が入ります。アジアで活版印刷が生まれたのは 11 ～ 14 世紀の間で諸説ありますが、19 世紀まで定着することはありませんでした。西洋では 15 世紀に活版印刷が発明され、確立されていきました。漢が建国されたのは紀元前 3 世紀頃ですので、活版印刷が発明されるよりも前のことです。紙が作られるようになったのは漢の文帝・景帝の時代と言われています。したがって、正解は④です。

解答番号【5】：4　　⇒ 重要度C

問 4　①イヴァン 3 世は 16 世紀のモスクワ大公国の君主です。②コンスタンティヌス帝は 4 世紀のローマ帝国の皇帝で現在のイスタンブルに新都コンスタンティノープルを建設しました。④マムルーク朝は 13 ～ 16 世紀にエジプトを中心として存在したイスラーム教国です。正答である③の聖職叙任権闘争とは、11 ～ 12 世紀にローマ＝カトリック教会の聖職者を任命する権利が各国国王・領主らにあったものをローマ教皇が握ろうとしたことから起きたものです。この闘争の最中にあった事件として有名なのがハインリヒ 4 世が破門された「カノッサの屈辱」です。したがって、正解は③です。

解答番号【6】：3　　⇒ 重要度B

3

問 1　マラッカはマレーシアの都市ですので、「い」の位置にあります。もうひとつの選択肢である「あ」は台湾です。資料 1 を要約すると「琉球人は中国でマラッカから持ち込まれた商品を持ち歩き、日本で日本産の黄金・銅とマラッカの商品を交換する」と書かれています。これは琉球王国が行っていた中継貿易のことを指しています。したがって、正解は④です。

解答番号【7】：4　　　⇒重要度Ｂ

問２　資料２は里甲制の説明です。①第一次国共合作は 20 世紀中華民国で対立していた国民党と共産党が列強の侵略から中国を守るために一時休戦して手を組んだことを指します。③審査法は 17 世紀イギリスで制定された国教徒以外は官職になれないという法律です。④全権委任法は 20 世紀にヒトラー政権下のドイツで出された、内閣に絶対的権限を与えた法律です。したがって、正解は②です。

解答番号【8】：2　　　⇒重要度Ａ

問３　サファヴィー朝はイスラーム教国で、イスラームのシーア派を信仰していたサファヴィー朝の王として適切なＢの選択肢はアッバース１世です。もうひとつの選択肢のカルヴァン派は宗教改革の頃にスイスで予定説を説いたカルヴァンによって開かれた宗派です。また、ケネディは 20 世紀アメリカの 35 代大統領です。したがって、正解は③です。

解答番号【9】：3　　　⇒重要度Ｂ

問４　①ネルチンスク条約は 1689 年で、中国との国境に関する条約です。②北宋が建国されたのは 10 世紀後半の中国です。③ウマイヤ朝が成立したのは７世紀です。④アレクサンドロス大王が東方遠征を行ったのは紀元前４世紀頃で、この遠征の中でマケドニアはペルシア王国を滅ぼして大帝国を形成しました。したがって、正解は①です。

解答番号【10】：1　　　⇒重要度Ｂ

問５　①バラ戦争は 15 世紀にイギリスのランカスター家とヨーク家の間で王位継承権を巡って起きた戦いです。②インカ帝国は 15 世紀にスペイン人ピサロによって滅ぼされました。③啓蒙専制君主は 18 世紀後半の東ヨーロッパで多く見られた君主像で、絶対王政の下で君主が近代化を図っていきました。啓蒙専制君主としてあげられるのがプロイセンのフリードリヒ２世やオーストリアのヨーゼフ２世らです。④ウェストファリア条約は 17 世紀に結ばれた三十年戦争の講和条約で、これによってオランダの独立が承認されました。したがって、正解は④です。

解答番号【11】：4　　　⇒重要度Ａ

4

問１　オーストリアの宰相はメッテルニヒで、もうひとつの選択肢のソクラテスは紀元前５～紀元前４世紀の古代ギリシアの哲学者です。Ａに当てはまるのは「憲法の制定」です。Ａについては資料の「余の決定した祖国の憲法（制定）を目的として」という部分からわかります。したがって、正解は③です。

解答番号【12】：3　　　⇒重要度Ｂ

問２　「労働者が中心」「19 世紀」というキーワードに注目すると、答えが④であることを導き出せるでしょう。チャーティスト運動は 19 世紀に第一次選挙法改正で選挙権を与えられなかった都市の労働者が選挙権を求めて起こした運動で、この時に掲げられたのが人民憲章です。①レコンキスタは８～ 15 世紀に行われました。イベリア半島は今のスペイン・ポルトガルがある場所です。②典礼問題は 17 ～ 18 世紀の中国でイエズス会が儒教の礼

拝等の習慣（＝典礼）を行いながらキリスト教を信仰することを認めたことによってローマ教皇がイエズス会の布教方法を否定する一方、康熙帝は典礼を認められないのであればキリスト教の布教を許すことはできないとし、次代の雍正帝がキリスト教布教を禁止したことを指します。③ローマ進軍は第一次世界大戦と第二次世界大戦の間のイタリアでファシスト党員が武装して首都ローマに進軍したことを言います、ファシスト党員は国王による強力な政府を求めました。したがって、正解は④です。

解答番号【13】：4　⇒ **重要度B**

問３　18 世紀にフランス革命が起きる前の身分制度をアンシャン＝レジームと言います。この風刺画はフランス革命前の税の負担を表したもので、貴族と聖職者によって平民が押しつぶされている様子を表しており、身分制の世の中であったことがわかります。ルネサンスは 14 ～ 16 世紀の文化・芸術運動を指します。したがって、正解は③です。

解答番号【14】：3　⇒ **重要度A**

問４　ナポレオンが遠征した先として、略地図中の矢印の先に位置するロシアが適切です。ナポレオンがロシアに遠征したのは、イギリスを孤立させるために出した大陸封鎖令に反してロシアがイギリスに食料を輸出したことが理由です。これに失敗したことをきっかけに、ナポレオンの支配下にあったヨーロッパ各国が立ち上がり、ライプツィヒの戦い（諸国民解放戦争）、ワーテルローの戦いが起こりました。したがって、正解は②です。

解答番号【15】：2　⇒ **重要度B**

問５　太平天国の乱のスローガンとして適切なのは②「滅満興漢」です。義和団事件のスローガン「扶清滅洋」と混ざりやすいですが、意味は正反対なので気をつけましょう。①三・一独立運動は 20 世紀に日本統治下の朝鮮半島で発生した運動です。③両税法は 8 世紀の唐で始まった税制で、農民が土地を所有することを認め、その土地の面積・生産力に応じて課税されました。④鉄血政策は 19 世紀プロイセンでビスマルクが推進した軍備拡張策です。したがって、正解は②です。

解答番号【16】：2　⇒ **重要度B**

問６　B にはクリミア戦争敗北後、ロシアの後進性に気づき近代化を目指したアレクサンドル 2 世が入ります。①アギナルドは 19 世紀のフィリピン独立運動の指導者です。②ルイ 14 世は 17 ～ 18 世紀、フランス絶対王政最盛期の王でヴェルサイユ宮殿を建てました。④ショパンは 19 世紀の音楽家で「幻想即興曲」「別れの歌」などを作曲しました。したがって、正解は③です。

解答番号【17】：3　⇒ **重要度A**

5

問１　第二次産業革命の中心は重化学工業で、その動力源は石油と電力でした。軽工業は第一次産業革命の中心産業で、原子力が動力源となったのは 20 世紀以降です。したがって、正解は①です。

解答番号【18】：1　⇒ **重要度A**

問２　Ａについては、資料２の 1891 ～ 1900 年と 1901 ～ 10 年を見比べてみましょう。どの地域も移民の数が増えていることがわかります。このため、適切な選択肢は④となります。したがって、正解は④です。

解答番号【19】：４　　⇒**重要度Ａ**

問３　Ｂには 1929 年のニューヨークの株価暴落からはじまった世界的大不況である「世界恐慌」が入ります。①キューバ危機は第二次世界大戦後の冷戦下でソ連がアメリカの隣国キューバにミサイル基地を建設したことによって関係が悪化したことを指します。②キリスト教会の東西分裂は８世紀の聖像禁止令を巡ってキリスト教世界がローマ=カトリック教会とギリシア正教に二分されたことを指します。④ 9.11 同時多発テロは 2001 年にイスラーム過激派テロリスト集団アルカイダによって起き、アメリカは対テロ戦争としてアルカイダの本拠地であったアフガニスタンを攻撃しました。したがって、正解は③です。

解答番号【20】：３　　⇒**重要度Ａ**

問４　先生と生徒の会話に注目しましょう。ここで話されている内容はアメリカ合衆国の移民の受け入れと経済状況についてです。これらと関わりがないのは①です。アヘン戦争が起こったのは 1840 年で、19 世紀後半という会話文の条件から外れていること、アヘン戦争の原因やその経過にアメリカは関係していないことがその理由です。したがって、正解は①です。

解答番号【21】：１　　⇒**重要度Ｂ**

問５　①倭寇は 13 ～ 16 世紀に日本海を中心に活動していた海賊です。②明治維新は 1867 年に大政奉還を経て江戸幕府が倒れ、明治天皇を中心とした天皇親政の政治体制のもとで産業の近代化が進んでいったことを言います。③太平洋戦争がはじまったのは 1941 年です。④朝鮮出兵は 1592 年からの文禄の役、1597 年の慶長の役のことで、日本統一を成し遂げた豊臣秀吉がさらに勢力を広げるため、明の侵略を計画する経過の中での出来事です。したがって、正解は②です。

解答番号【22】：２　　⇒**重要度Ｂ**

問６　空欄Ｃの前には、19 世紀後半の輸送・交通路の改革について書かれています。この中で適切な選択肢となるのが②です。①人類初の月面着陸は 20 世紀後半、③世界周航の達成は 16 世紀前半、大航海時代の頃です。④駅伝制は統治のために建設された道路とその運用方法を指します。それがジャムチと呼ばれていたのは 13 世紀に建国されたモンゴル帝国でのことです。したがって、正解は②です。

解答番号【23】：２　　⇒**重要度Ｂ**

問７　①血の日曜日事件は 20 世紀初めのロシアで日露戦争の停戦と経済面の改善、立憲政治の実現などを要求したデモに対して軍隊が発砲した事件です。②ピカソが「ゲルニカ」を描いたのは 20 世紀前半で、スペイン内戦を主題としています。③カエサル・ポンペイウス・クラッススによって第一回三頭政治が行われたのは紀元前１世紀です。④南北戦争が起こったのは 19 世紀後半のアメリカで、産業・貿易・奴隷制度の是非などで南部と北部が対立していたことが背景にあります。1861 年に南部がアメリカ連合国として独立を目指してこの戦争を起こしましたが、北部出身の大統領リンカーンは奴隷解放宣言によって国

内外を味方につけて南部の計画を阻止しました。したがって、正解は①です。

解答番号【24】：1　⇒重要度B

6

問1　本文から、サミットは1975年にはじまったことが読み取れます。この年代より少し前に起きたことがサミットがはじまった背景であると推察することができるでしょう。①アジア通貨危機は1997年のタイの通貨バーツ暴落をきっかけとする経済危機です。②ポエニ戦争は紀元前3～紀元前2世紀に西地中海を巡ってローマとカルタゴが争った出来事です。③ペストが流行したのは14世紀で、世界人口のうち20％前後が死亡したと言われています。④第1次石油危機は第四次中東戦争の影響で1973年に中東の石油産出国が石油輸出を停止したために原油価格が高騰したことを言います。したがって、正解は④です。

解答番号【25】：4　⇒重要度B

問2　PLOとはイスラエルに占領されているパレスチナのアラブ人を解放することを目的とした武装組織です。1969年に指導者となったアラファトは対イスラエル・ゲリラ戦を積極的に展開していき、ヨルダン内戦、第4次中東戦争、レバノン内戦などを戦いました。①オバマは21世紀のアメリカの大統領です。③トマス＝アクィナスは13世紀のイタリアの哲学者で、『神学大全』を著しました。④カヴールは19世紀のサルデーニャ王国の首相で、中世から分裂状態だったイタリアの統一を成し遂げました。したがって、正解は②です。

解答番号【26】：2　⇒重要度B

問3　1つ目のAの前にある「左から3番目のプーチン大統領は」という部分に注目しましょう。プーチン大統領は現在ロシアの大統領です。また2つ目のAの後ろにあるクリミア併合を行ったのもロシアです。したがって、正解は②です。

解答番号【27】：2　⇒重要度A

問4　②改革開放政策が進められたのは20世紀の中国で、鄧小平を中心とした経済政策で、市場経済への移行が推進されました。③ドンズー運動は20世紀前半のベトナムで行われた、日本へ留学生を送る運動のことです。日露戦争でロシアに勝利したことなどが日本が留学先として選ばれた理由です。④マリ王国は13～17世紀に栄えた、アフリカ西部の国です。したがって、正解は①です。

解答番号【28】：1　⇒重要度B

問5　①EECは1958年に発足した西ヨーロッパの共同市場を形成することを目指した共同体です。イギリスは当初EECに参加せず、別の7か国とヨーロッパ自由貿易連合（EFTA）を結成しましたが、EECの優位が明らかになるとイギリスもEEC加盟を申請しました。②COMECONはアメリカのマーシャル＝プランに対抗して1949年に発足した社会主義国家間の経済援助体制を指します。③NATOは1949年に結成された資本主義国が参加した軍事同盟です。④NAFTAは1994年に発効したアメリカ、カナダ、メキシコの3か国間による経済協定です。したがって、正解は①です。

解答番号【29】：1　⇒ 重要度C

問６　カシミール紛争とはカシミール地方の帰属を巡るインドとパキスタンの紛争です。イギリス支配から独立するとき、インドはヒンドゥー教徒を中心とする国として、パキスタンや他の地域はイスラームを中心とする国として別々に独立するようになりました。カシミール地方は住民の多くがイスラームでしたが、インド帝国内のカシミール地方に存在した藩王はヒンドゥー教徒であったことからその帰属がどちらになるかが問題となりました。現在も停戦中であり、カシミール内でもインドが実効支配している地域とパキスタンが実効支配している地域に分かれています。したがって、正解は④です。

解答番号【30】：4　⇒ 重要度B

7

問１　Ａにはペリーと江戸幕府が結んだ日米和親条約が入ります。①ポーツマス条約は日露戦争の講和条約、②下関条約は日清戦争の講和条約です。③九か国条約は第一次世界大戦後、ワシントン会議で成立した列強諸国による中国支配に関する条約です。したがって、正解は④です。

解答番号【31】：4　⇒ 重要度A

問２　Ｘの時期は 1910 年代後半～ 1920 年、Ｙの時期は 1930 年代後半～ 1940 年代前半を指しています。（ア）のビキニ環礁の水爆実験が行われたのは 1940 年代以降で、1954 年には日本のマグロ漁船第五福竜丸がアメリカ軍の水爆実験によって発生した放射性降下物を浴び船長が死亡する事件が起きました。この実験の時期とＸの時期は一致していません。（イ）の第二次世界大戦は 1939 年から 1945 年でＹの時期と一致しています。したがって、正解は③です。

解答番号【32】：3　⇒ 重要度B

【 B解答 】

1	解答番号	正答	配点	2	解答番号	正答	配点	3	解答番号	正答	配点	4	解答番号	正答	配点
問1	1	③	4	問1	3	①	4	問1	11	④	3	問1	16	③	3
問2	2	①	3	問2	4	②	3	問2	12	②	3	問2	17	④	3
-	-			問3	5	④	3	問3	13	②	3	問3	18	①	3
-	-			問4	6	③	3	問4	14	①	4	問4	19	②	3
-	-			問5	7	④	3	問5	15	③	3	-	-		
-	-			問6	8	①	3	-	-			-	-		
-	-			問7	9	②	3	-	-			-	-		
-	-			問8	10	③	3	-	-			-	-		

5	解答番号	正答	配点	6	解答番号	正答	配点	7	解答番号	正答	配点
問1	20	①	3	問1	26	④	3	問1	31	④	3
問2	21	④	3	問2	27	②	3	問2	32	③	3
問3	22	③	3	問3	28	②	4	-	-		
問4	23	①	3	問4	29	②	3	-	-		
問5	24	③	3	問5	30	④	3	-	-		
問6	25	②	3	-	-			-	-		

【 B解説 】

1

問1　ラテンアメリカに植民地を持つポルトガルが正答です。これは大航海時代の中心がポルトガルとスペインであったことが背景にあります。ラテンアメリカの中でブラジルのみがポルトガルの植民地、他の国はスペインの植民地でした。したがって、正解は③となります。

解答番号【1】: 3　　⇒**重要度A**

問2　問題文中に「イギリスが熱帯の植民地で栽培・生産した」とあります。植民地の選択肢としてマレーとカナダが挙げられていますが、熱帯の国として適切なのはマレーなので、選択肢は①か③に絞られます。③の説明文には「ブラジルのゴム生産量は、グラフに示した 20 年間を通して、年 5 万トンを下回ることはなかった」とありますが、20 年間ずっと 5 万トンを下回っているので不適切です。①の説明にある「アジアのゴム生産量は、第一次世界大戦が始まったときには首位に立っていた」とありますが、第一次世界大戦がはじまった 1914 年にアジアが唯一 5 万トンを超え首位に立っていることが読み取れます。したがって、正解は①となります。

解答番号【2】: 1　　⇒**重要度B**

2

問１　②甲骨文字は紀元前17～紀元前11世紀頃の中国の殷で使用されていた文字です。③ヒエログリフは古代エジプトの文字で、1822年頃にシャンポリオンによって解読されました。④ハングルは15世紀に作られた朝鮮半島で使われている文字です。したがって、正解は①となります。

解答番号【3】：1　⇒**重要度Ｂ**

問２　Ａには後漢の初代皇帝光武帝が入ります。①始皇帝は紀元前3世紀の秦の初代皇帝、③冒頓単于は紀元前3～紀元前2世紀の匈奴最盛期の王です。④ヌルハチは1616年に清の前身である後金を建てた人物です。したがって、正解は②となります。

解答番号【4】：2　⇒**重要度Ｂ**

問３　空欄Ｂの直前にある「漢が周辺の国と君臣関係を結ぶ」という部分からＢに入るのは冊封だとわかります。もうひとつの選択肢の「囲い込み」は15～16世紀にイギリスで行われていた、農民から取り上げた土地や共有地を柵で囲み、牧場に転換したことを指します。Ｃにはこの頃の印刷技術についての説明が入ります。アジアで活版印刷が生まれたのは11～14世紀の間で諸説ありますが、19世紀まで定着することはありませんでした。西洋では15世紀に活版印刷が発明され、確立されていきました。漢が建国されたのは紀元前3世紀頃ですので、活版印刷が発明されるよりも前のことです。紙が作られるようになったのは漢の文帝・景帝の時代と言われています。したがって、正解は④となります。

解答番号【5】：4　⇒**重要度Ｃ**

問４　①イヴァン3世は16世紀のモスクワ大公国の君主です。②コンスタンティヌス帝は4世紀のローマ帝国の皇帝で現在のイスタンブルに新都コンスタンティノープルを建設しました。④マムルーク朝は13～16世紀にエジプトを中心として存在したイスラーム教国です。正答である③の聖職叙任権闘争とは、11～12世紀にローマ＝カトリック教会の聖職者を任命する権利が各国国王・領主らにあったものをローマ教皇が握ろうとしたことから起きたものです。この闘争の最中にあった事件として有名なのがハインリヒ4世が破門された「カノッサの屈辱」です。したがって、正解は③となります。

解答番号【6】：3　⇒**重要度Ｂ**

問５　①サラディンは12世紀にアイユーブ朝を建国した人物です。②安史の乱は8世紀に唐の節度使安禄山が起こした反乱です。③ゾロアスター教はイラン人の宗教で、紀元前3世紀に建国されたササン朝で国教とされました。④13世紀の元で作られた授時暦はイスラームの天文学の観測技術を取り入れて郭守敬が作りました。したがって、正解は④となります。

解答番号【7】：4　⇒**重要度Ｂ**

問６　①ビザンツ帝国はユスティニアヌス帝の時代である11世紀頃に最大領土となりました。②郡県制が使用されていたのは紀元前3世紀にはじまる秦の始皇帝の時が初めてで、漢の高祖（＝劉秀。紀元前3世紀頃）は一部地域に採用、武帝（紀元前2世紀頃）の頃には実質的に郡県制への転換が行われました。③ハンザ同盟は12世紀～17世紀頃のヨー

ロッパの商業都市が結成した同盟です。④アンコール＝ワットは 12 世紀頃のアンコール朝のときに作られたヒンドゥー寺院です。したがって、正解は①となります。

解答番号【8】：1　　⇒重要度A

問７　イスラームの聖典は『コーラン（クルアーン）』、アルファベットの起源となったフェニキア文字を作ったのはフェニキア人です。誤りの選択肢である『リグ=ヴェーダ』はアーリヤ人の聖典、チベット民族はアジアの民族ですので、ヨーロッパで使われているアルファベットの起源としては不適切です。したがって、正解は②となります。

解答番号【9】：2　　⇒重要度B

問８　ジャンヌ＝ダルクは 15 世紀のフランスの女性軍人で百年戦争に参戦し勝利をおさめましたが、異端裁判にかけられて火刑になりました。①ペロポネソス戦争は紀元前 5 世紀のアテネとスパルタの戦いです。②フレンチ＝インディアン戦争はイギリスとフランスが北アメリカ大陸植民地を巡って戦ったものです。④北方戦争は 18 世紀のロシアとスウェーデンの戦争で勝利したロシアがバルト海（現在のフィンランドやスウェーデンのあたり）の覇権を手にしました。したがって正解は③となります。

解答番号【10】：3　　⇒重要度B

3

問１　マラッカはマレーシアの都市ですので、「い」の位置にあります。もうひとつの選択肢である「あ」は台湾です。資料 1 を要約すると「琉球人は中国でマラッカから持ち込まれた商品を持ち歩き、日本で日本産の黄金・銅とマラッカの商品を交換する」と書かれています。これは琉球王国が行っていた中継貿易のことを指しています。したがって、正解は④となります。

解答番号【11】：4　　⇒重要度B

問２　資料 2 は里甲制の説明です。①第一次国共合作は 20 世紀中華民国で対立していた国民党と共産党が列強の侵略から中国を守るために一時休戦して手を組んだことを指します。③審査法は 17 世紀にイギリスで制定された国教徒以外は官職になれないという法律です。④全権委任法は 20 世紀のヒトラー政権下のドイツで出された、内閣に絶対的権限を与えた法律です。したがって、正解は②となります。

解答番号【12】：2　　⇒重要度B

問３　オスマン帝国はフランスにカピチュレーションと呼ばれる通商特権を与えたことでヨーロッパ進出への足掛かりとしました。外交政策のもうひとつの選択肢であるミュンヘン会談は第二次世界大戦前、ドイツがチェコスロバキアのズデーテン地方を割譲することを要求したことによって開かれた、ドイツ・イギリス・フランス・イタリアによる会合です。A に入る選択肢としてはオスマン帝国が 1538 年に戦った場所であるプレヴェザが入ります。もうひとつの選択肢のミッドウェーは第二次世界大戦のときに戦いの舞台となったハワイ近辺の島です。したがって、正解は②となります。

解答番号【13】：2　　⇒重要度B

問４　ムガル帝国は現在のインドを中心に建てられたイスラーム教の国家ですが、３代皇帝アクバル、５代皇帝シャー＝ジャハーンはヒンドゥー教徒にも寛容な政策をとり、非イスラーム教徒への人頭税であるジズヤを廃止しました。②新経済政策（ネップ）は 20 世紀のソ連の経済政策で、税金を支払ったのちに残った穀物を自由市場で販売することが認められたもので、これをきっかけに経済が安定していきました。③イエズス会は 16 世紀に結成されたキリスト教の修道会で、カトリックの世界布教を行いました。この修道会の代表的な人物がイグナティウス＝ロヨラ、フランシスコ=ザビエル、マテオ=リッチらです。④護民官制度があったのは紀元前５世紀のローマです。したがって、正解は①となります。

解答番号【14】：1　　　⇒重要度Ａ

問５　Ｂには七年戦争でオーストリアとともに戦ったフランスが入ります。七年戦争の前にオーストリア継承戦争があったことを思い出しましょう。オーストリア継承戦争の結果、オーストリアはアーヘンの和約でシュレジェンをプロイセンに割譲することとなりました。したがって、正解は③となります。

解答番号【15】：3　　　⇒重要度Ｂ

4

問１　オーストリアの宰相はメッテルニヒで、もうひとつの選択肢のソクラテスは紀元前５～紀元前４世紀の古代ギリシアの哲学者です。Ａに当てはまるのは「憲法の制定」です。Ａについては資料の「余の決定した祖国の憲法（制定）を目的として」という部分からわかります。したがって、正解は③となります。

解答番号【16】：3　　　⇒重要度Ｂ

問２　「労働者が中心」「19 世紀」というキーワードに注目すると、答えが④であることを導き出せるでしょう。チャーティスト運動は 19 世紀に第一次選挙法改正で選挙権を与えられなかった都市の労働者が選挙権を求めて起こした運動で、この時に掲げられたのが人民憲章です。①レコンキスタは８～ 15 世紀に行われました。イベリア半島は今のスペイン・ポルトガルがある場所です。②典礼問題は 17 ～ 18 世紀の中国でイエズス会が儒教の礼拝等の習慣（＝典礼）を行いながらキリスト教を信仰することを認めたことによってローマ教皇がイエズス会の布教方法を否定する一方、康熙帝は典礼を認められないのであればキリスト教の布教を許すことはできないとし、次代の雍正帝がキリスト教布教を禁止したことを指します。③ローマ進軍は第一次世界大戦と第二次世界大戦の間のイタリアでファシスト党員が武装して首都ローマに進軍したことを言います、ファシスト党員は国王による強力な政府を求めました。したがって、正解は④となります。

解答番号【17】：4　　　⇒重要度Ａ

問３　「東インド会社」ということばに注目しましょう。これはヨーロッパ諸国が国営の貿易会社として組織したものですので、Ｂには「ヨーロッパ列強の進出」が入ります。また、イギリス東インド会社の傭兵が起こした反乱はシパーヒーの反乱です。傭兵が持たされる銃を装填する際に使用するものに牛脂・豚脂が塗られていたことがきっかけになりました（ヒンドゥー教徒にとって牛は神聖な動物、イスラーム教徒にとって豚は穢れた動物とされています）。もうひとつの選択肢のバルバロイは古代ギリシア人が異国人を指して言っ

た言葉です。したがって、正解は①となります。

解答番号【18】：1　　　⇒重要度A

問４　①クローヴィスは５世紀にフランク人を統一し、フランク王国を創始した人物です。②ウラービーの乱は19世紀後半にエジプトで起きた反英運動です。③ピラミッドは紀元前３世紀のエジプト古王国時代に作られたもので、クフ王・カフラー王・メンカフラー王の３名が造営したものは三大ピラミッドと呼ばれています。④アンボイナ事件は17世紀にモルッカ諸島を巡ってオランダとイギリスが対立した事件です。したがって、正解は②となります。

解答番号【19】：2　　　⇒重要度B

5

問１　第二次産業革命の中心は重化学工業で、その動力源は石油と電力でした。軽工業は第一次産業革命の中心産業で、原子力が動力源となったのは20世紀以降です。したがって、正解は①となります。

解答番号【20】：1　　　⇒重要度A

問２　Aについては、資料２の1891～1900年と1901～10年を見比べてみましょう。どの地域も移民の数が増えていることがわかります。このため、適切な選択肢は④となります。したがって、正解は④となります。

解答番号【21】：4　　　⇒重要度A

問３　Bには1929年のニューヨークの株価暴落からはじまった世界的大不況である「世界恐慌」が入ります。①キューバ危機は第二次世界大戦後の冷戦下でソ連がアメリカの隣国キューバにミサイル基地を建設したことによって関係が悪化したことを指します。②キリスト教会の東西分裂は８世紀の聖像禁止令を巡ってキリスト教世界がローマ=カトリック教会とギリシア正教に二分されたことを指します。④9.11同時多発テロは2001年にイスラーム過激派テロリスト集団アルカイダによって起き、アメリカは対テロ戦争としてアルカイダの本拠地であったアフガニスタンを攻撃しました。したがって、正解は③となります。

解答番号【22】：3　　　⇒重要度A

問４　先生と生徒の会話に注目しましょう。ここで話されている内容はアメリカ合衆国の移民の受け入れと経済状況についてです。これらと関わりがないのは①です。アヘン戦争が起こったのは1840年で、19世紀後半という会話文の条件から外れていること、アヘン戦争の原因やその経過にアメリカは関係していないことがその理由です。したがって、正解は①となります。

解答番号【23】：1　　　→重要度B

問５　Cに入るイギリスのケープ植民地首相として適切なのはセシル＝ローズです。もうひとつの選択肢のモンテスキューは18世紀に活躍したフランスの哲学者で、『法の精神』などを著しました。Dにはイギリスが行っていた3C政策が入ります。これは植民地政策の一環としてカイロ、ケープタウン、カルカッタの３都市を鉄道で結ぶことを指しました。したがって、正解は③となります。

解答番号【24】：３　⇒重要度Ｂ

問６　①ワット＝タイラーの乱は14世紀のイギリスで起きた農民反乱で、これをきっかけにイギリスでは農奴解放が進み、自由を獲得した農民はヨーマンになりました。②無制限潜水艦作戦は第一次世界大戦中のドイツがイギリスの海上封鎖に対抗して潜水艦によって無制限に攻撃することを宣言したものです。これに危機感を抱いたアメリカは中立的立場を捨て協商国側に立って参戦しました。③マーストリヒト条約は20世紀後半に締結されたもので、ECがEU（ヨーロッパ連合）に転換した条約です。④ペレストロイカは20世紀頃のソ連のゴルバチョフ政権が始めた改革です。したがって、正解は②となります。

解答番号【25】：２　⇒重要度Ａ

6

問１　本文から、サミットは1975年にはじまったことが読み取れます。この年代より少し前に起きたことがサミットがはじまった背景であると推察することができるでしょう。①アジア通貨危機は1997年のタイの通貨バーツ暴落をきっかけとする経済危機です。②ポエニ戦争は紀元前３～紀元前２世紀に西地中海を巡ってローマとカルタゴが争った出来事です。③ペストが流行したのは14世紀で、世界人口のうち20％前後が死亡したと言われています。④第１次石油危機は第四次中東戦争の影響で1973年に中東の石油産出国が石油輸出を停止したために原油価格が高騰したことを言います。したがって、正解は④となります。

解答番号【26】：４　⇒重要度Ｂ

問２　PLOとはイスラエルに占領されているパレスチナのアラブ人を解放することを目的とした武装組織です。1969年に指導者となったアラファトは対イスラエル・ゲリラ戦を積極的に展開していき、ヨルダン内戦、第４次中東戦争、レバノン内戦などを戦いました。①オバマは21世紀のアメリカの大統領です。③トマス＝アクィナスは13世紀のイタリアの哲学者で、『神学大全』を著しました。④カヴールは19世紀のサルデーニャ王国の首相で、中世から分裂状態だったイタリアの統一を成し遂げました。したがって、正解は②となります。

解答番号【27】：２　⇒重要度Ｂ

問３　１つ目のＡの前にある「左から３番目のプーチン大統領は」という部分に注目しましょう。プーチン大統領は現在ロシアの大統領です。また２つ目のＡの後ろにあるクリミア併合を行ったのもロシアです。したがって、正解は②となります。

解答番号【28】：２　⇒重要度Ａ

問４　ソ連が日本の国連加盟を阻止したのは常任理事国に拒否権があったからです。ソ連がサンフランシスコ講和条約に調印していなかったことが国連加盟を拒否した背景にあります。日本の国連加盟が許されたのは1956年の日ソ共同宣言によって日ソ間の戦争状態が終わってからです。したがって、正解は②となります。

解答番号【29】：2　⇒ **重要度C**

問 5　①ダライ＝ラマ 14 世は中国への併合を承認する条約に調印し、これに反発したチベット人が中国軍と衝突しチベット反乱となったことで周囲に亡命を勧められ、1959 年にインドに亡命しました。②鄭和が南海遠征を行ったのは明の永楽帝の時代で 15 世紀前半のことです。③ポル＝ポトは 20 世紀のカンボジアの政治家でロン＝ノル政権を倒し、シハヌーク王を軟禁して独裁を行いました。④スカルノは 20 世紀のインドネシアの大統領で、オランダからの独立運動を進めた人物です。したがって、正解は④となります、

解答番号【30】：4　⇒ **重要度B**

7

問 1　A にはペリーと江戸幕府が結んだ日米和親条約が入ります。①ポーツマス条約は日露戦争の講和条約、②下関条約は日清戦争の講和条約です。③九か国条約は第一次世界大戦後、ワシントン会議で成立した列強諸国による中国支配に関する条約です。したがって、正解は④となります。

解答番号【31】：4　⇒ **重要度A**

問 2　X の時期は 1910 年代後半～ 1920 年、Y の時期は 1930 年代後半～ 1940 年代前半を指しています。（ア）のビキニ環礁の水爆実験が行われたのは 1940 年代以降で、1954 年には日本のマグロ漁船第五福竜丸がアメリカ軍の水爆実験によって発生した放射性降下物を浴び船長が死亡する事件が起きました。この実験の時期と X の時期は一致していません。（イ）の第二次世界大戦は 1939 年から 1945 年で Y の時期と一致しています。したがって、正解は③となります。

解答番号【32】：3　⇒ **重要度B**

令和２年度 第１回
高卒認定試験

世界史A・B

解答時間　50 分

注　意　事　項（抜粋）

＊　試験開始の合図前に，監督者の指示に従って，解答用紙の該当欄に以下の内容をそれぞれ正しく記入し，マークすること。

①**氏名欄**

氏名を記入すること。

②**受験番号**，③**生年月日**，④**受験地欄**

受験番号，**生年月日を記入**し，さらにマーク欄に**受験番号**（数字），**生年月日**（年号・数字），**受験地をマーク**すること。

＊　**受験番号，生年月日，受験地が正しくマークされていない場合は，採点できないことがある。**

＊　解答は，解答用紙の解答欄にマークすること。例えば，［10］と表示のある解答番号に対して②と解答する場合は，次の（例）のように**解答番号 10 の解答欄**の②に**マーク**すること。

（例）

解答番号	解　答　欄
10	① ● ③ ④ ⑤ ⑥ ⑦ ⑧ ⑨ ⓪

世　界　史　Ａ

（解答番号 1 ～ 32）

1 次の文章に関連して，問１～問２に答えよ。

山口県の高校で，生徒と先生が会話している。

先生：　県の特産の一つは木材です。どんなところに使われたか，知っていますか。

生徒：　奈良の東大寺が平氏政権によって焼き討ちに遭ったとき，復興に当たった仏僧の重源が，周防国（すおうのくに）や長門国（ながとのくに）の木材を使って再建したと聞いています。

先生：　その通りです。でも，周防国の木材はもっと広く使われていました。重源は，明州（寧波）の阿育王寺(a)の舎利殿建立の際にも，周防国の材木を寄進しています。

生徒：　海を越えて中国まで輸出していたのですか。なぜ，わざわざ日本から輸入する必要があったのでしょうか。

先生：　(b)日本から材木を送った当時，江南地方では木材の消費や森林開発が進み，柱にできるほどの木材が十分に手に入らなかったのです。重源と同時代に書かれた資料を見てみましょう。

> 明州は水陸の景色のすぐれた場所で，山並みは深くてすばらしく，昔は大木や深い森があって，谷沿いに平地が広がっていて，竹や木も生い茂っていた。大水になったとしても，地盤は木々の根のおかげでゆるむことはなく，流れ出てしまう量も多くはなかった。…ところが近年になって，木材の価格が上がり，木が相次いで切られた。…平地の竹や木もこのためにみななくなり，大水になっても林の木々もないため，水があふれる勢いを抑えることができなくなってしまった。
>
> （江南地方の水利と環境について書かれた記録）

このことから何がわかりますか。

生徒：　中国，特に江南地方は緑が豊かだと思っていましたが，［　Ａ　］のですね。

先生：　そうです。経済発展と環境破壊の問題は，最近になって始まったことではないのですよ。

III

問1　下線部分(a)阿育王寺は，仏教を保護した古代インドのアショーカ王にちなんで名付けられた仏教寺院である。仏教について述べた文として適切なものを，次の①～④のうちから一つ選べ。解答番号は［1］。

① 指導者は，教皇とよばれた。
② 『論語』が経典の一つとされた。
③ スンナ派とシーア派に分かれた。
④ ガウタマ＝シッダールタが創始した。

問2　下線部分(b)日本から材木を送った当時，江南地方では木材の消費や森林開発が進みとあるが，［A］は，会話文中の資料を読み解いて，当時の状況について推察した発言である。［A］に当てはまる文と，その当時の中国大陸の情勢を示した地図との組合せとして正しいものを，下の①～④のうちから一つ選べ。解答番号は［2］。

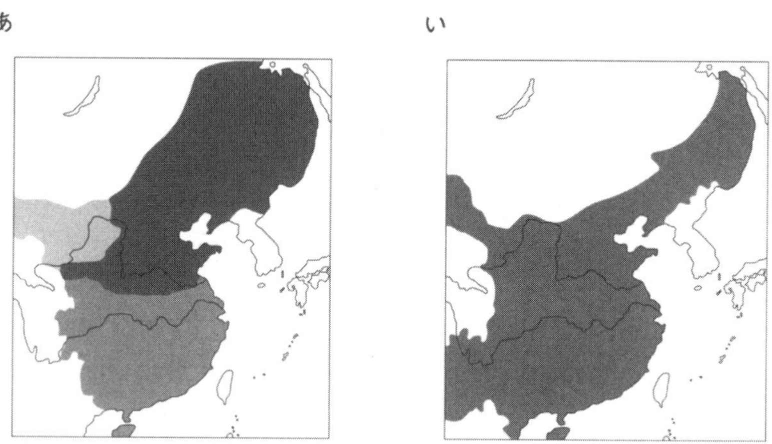

（注）図中の着色の部分は勢力範囲を示す。

	A	中国大陸の情勢
①	竹や木が茂って水害の原因になっていたので，伐採が進められた	あ
②	竹や木が茂って水害の原因になっていたので，伐採が進められた	い
③	商用目的での伐採で山林が減少したせいで，水害がおきやすくなった	あ
④	商用目的での伐採で山林が減少したせいで，水害がおきやすくなった	い

2 次の文章と図版に関連して，**問1**～**問4**に答えよ。

子どもたちの遊びの一つにお手玉遊びがある。ヒッタイト(a)の石碑には，お手玉遊びらしき様子が彫られている。紀元前5世紀頃には，ギリシア(b)世界の子どもたちの間で，羊のかかとの骨を使ったお手玉遊びが流行した。やがて，ユーラシア大陸の東西交易路(c)を通り，インド(d)や中国にも伝えられた。アジアでは骨のかわりに身近にある小石を使うようになり，日本では「石子(いしなご)」「石名取(いしなどり)」と称する遊びとして広がった。記録には，聖徳太子が水晶でできた「石名取玉」で遊んだと記されている。

奈良時代の「石名取玉」

問 1　下線部分ヒッタイト(a)について述べた，次の文章中の A に当てはまる語句を，下の①～④のうちから一つ選べ。解答番号は 3 。

> シュメール人は青銅製の武器を用いたが，ヒッタイト人は A を武器に用いて強大な国家を建設した。ヒッタイトの滅亡後， A の生産技術は各地に伝わった。

① ガラス　　② 火　薬
③ 骨角器　　④ 鉄

問 2　下線部分ギリシア(b)に関する出来事について述べた文として適切なものを，次の①～④のうちから一つ選べ。解答番号は 4 。

① ダンテが，『神曲』を著した。
② ティムールが，大帝国を築いた。
③ ペルシア戦争で，重装歩兵が活躍した。
④ 三・一独立運動がおこった。

問 3　下線部分東西交易路(c)に関して，13 世紀に東西交易路を支配したモンゴル帝国について述べた文として適切なものを，次の①～④のうちから一つ選べ。解答番号は 5 。

① シベリア鉄道が建設された。
② アウトバーンが建設された。
③ 駅伝制(ジャムチ)が整備された。
④ 「王の道」とよばれる幹線道路が整備された。

問 4　下線部分インド(d)に，4 世紀に成立した王朝と，その王朝に関する出来事との組合せとして正しいものを，次の①～④のうちから一つ選べ。解答番号は 6 。

	王　朝	出来事
①	グプタ朝	ナーランダー僧院が建立された。
②	グプタ朝	百年戦争がおこった。
③	アイユーブ朝	ナーランダー僧院が建立された。
④	アイユーブ朝	百年戦争がおこった。

3　１～２の文章と図版に関連して，問１～問５に答えよ。

１　生徒と先生が，図を見ながら会話している。

先生：　**図**の茶屋新六交趾渡航図巻は，朱印船貿易のようすを描いたもので，交趾(ベトナム中部)の港町ホイアンの町並みなどが描かれています。

生徒：　朱印船というのは，江戸幕府によって海外への渡航を許可された貿易船のことですね。

先生：　そうです。当時，ポルトガル船が，日本の銀と中国の生糸との交易で莫大な利益を上げていました。そこで徳川家康は，積極的に海外との交易を図ったのですが，(a)明との正式な貿易は再開できなかったこともあり，朱印船の渡航先は東南アジア中心となりました。

生徒：　**図**には，日本町の書き込みがあります。現地の日本人は，何をしていたのですか。

先生：　朱印船に積み込む，生糸や皮革・香木などの商品を買い付けていました。また，ホイアンには，日本町の近くに中国人町があり，ここは，日中の出会い貿易の場でもあったのです。

生徒：　確か，1635 年，幕府によって日本人の海外渡航と帰国が禁止され，(b)朱印船貿易の時代は終わってしまいますが，日本町はどうなったのですか。

先生：　中国船を介して交易を続けた現地の日本人もいました。しかし，次第に日本町は衰退し，18 世紀には消滅したようです。

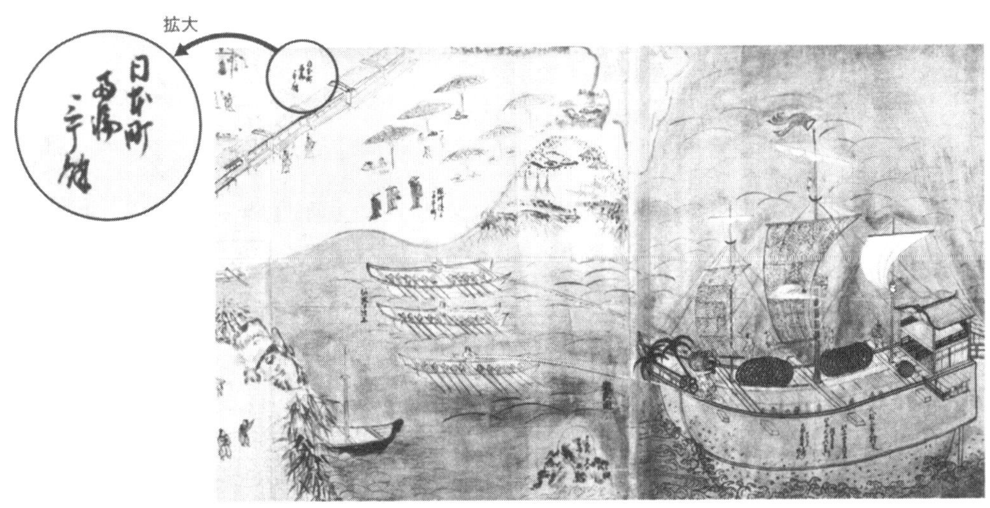

図　茶屋新六交趾渡航図巻(部分)

問１　下線部分(a)明との正式な貿易は再開できなかったとあるが，このことの背景と考えられる事柄について述べた文として適切なものを，次の①～④のうちから一つ選べ。

解答番号は　7　。

① 日本が，白村江の戦いで敗れた。

② 豊臣秀吉が，朝鮮に侵攻した。

③ 洪秀全が挙兵し，太平天国を建てた。

④ 関東軍が，柳条湖事件をおこした。

問２　下線部分(b)朱印船貿易の時代に関連して，この時期の東南アジアのようすについて述べた文として適切なものを，次の①～④のうちから一つ選べ。解答番号は　8　。

① オランダが，バタヴィアを根拠地とした。

② フランスが，ワーテルローの戦いで敗れた。

③ モンゴル軍が，アッバース朝を滅ぼした。

④ 東南アジア諸国連合(ASEAN)が結成された。

2　高校生の和泉さんは，夏休みの宿題でジャガイモの歴史について調べ，次のレポートを作成し，世界史の授業で発表した。

ジャガイモの歴史

ジャガイモのふるさとアンデス

チューニョ

原産地はアメリカ大陸のアンデス高地(c)。紀元前4000年頃より，野生種から栽培種に改良されてきた。現在も数百種のジャガイモが栽培されている。

先住民族の村の生活は，古アメリカ文明を支えた作物である［A］とジャガイモの栽培が中心。しかし，標高3,000メートル以上で育つのはジャガイモだけ。自然の気候を利用し，ジャガイモの保存食チューニョをつくる。このような昔からの営みを守り続けてきた。

戦争と飢饉がきっかけで，ヨーロッパでジャガイモが普及

ドイツのジャガイモ料理

ヨーロッパへは，16世紀にスペインによってもたらされるが，広く栽培されることはなかった。ドイツでは，17世紀以降，たびたびおこった戦争(d)や飢饉によって，次第にジャガイモ栽培が普及した。ジャガイモは，厳しい冬や夏の長雨でも収穫できた。

また，19世紀初頭にイギリスに併合されたアイルランドでは，住民の大半を占める小作農は，ジャガイモを主食としていた。しかし1840年代に，ジャガイモの疫病によって始まった「ジャガイモ飢饉」では，100万人以上の人々が，飢餓や栄養失調が原因で亡くなり，多くの人々が，［B］。

問 3　下線部分アンデス高地(c)を中心に栄えていたが，16 世紀前半にスペイン人のピサロによって滅ぼされた国と，A に当てはまるアメリカ大陸原産の穀物との組合せとして正しいものを，次の①～④のうちから一つ選べ。解答番号は 9 。

	滅ぼされた国	A
①	ローマ帝国	トウモロコシ
②	ローマ帝国	コ　メ
③	インカ帝国	トウモロコシ
④	インカ帝国	コ　メ

問 4　B に当てはまる文を，次の①～④のうちから一つ選べ。解答番号は 10 。

① 東南アジアに移住し，華僑とよばれた

② 略奪や交易に従事し，ヴァイキングとよばれた

③ バビロンに強制的に移住させられた

④ 移民として，アメリカ合衆国などへ渡った

問 5 下線部分17世紀以降，たびたびおこった戦争(d)に関連して述べた，次の文章中の［ C ］に当てはまる人物を，下の①～④のうちから一つ選べ。解答番号は［ 11 ］。

> 18世紀半ば，プロイセン国王［ C ］は，オーストリア継承戦争と七年戦争を戦い，プロイセンの強国化を実現した。［ C ］は，上からの改革を推し進め，啓蒙専制君主とよばれた。また，ジャガイモ栽培を農民に奨励した人物としても知られている。

①

ヌルハチ

②

エリザベス1世

③

アクバル

④

フリードリヒ2世

4 1～2の文章と図版に関連して，**問1～問6**に答えよ。

1　19世紀のアジアでは，欧米諸国の進出により経済が打撃を受ける一方で，欧米の技術を導入して工業を発展させようとする動きもみられた。インド(a)のボンベイ(現ムンバイ)の貿易商であったジャムセットジ＝タタは，1874年，イギリスから購入した紡績機を用い，国内の綿花を原料として綿糸生産を始めた。1880年代からは，主に中国に向けて綿糸を大量に輸出した。

日本の大阪でも，1880年代にイギリス製の紡績機が導入され，綿糸の生産が増大した。1893年，タタと渋沢栄一の尽力により，インド産の綿花を輸入するための日本初の国際定期航路(b)が神戸・ボンベイ間に開通した。原料が安価に輸入されるようになったことで，大阪の紡績業は急成長し，中国市場では日本産とインド産の綿糸が激しく競争した。中国では，インドや日本から輸入した綿糸を用いた，手織りの綿布生産が盛んになった。

ジャムセットジ＝タタ(タタ財閥の創業者)

大阪の紡績工場(大正時代)

問1　下線部分インド(a)の19世紀のようすについて述べた文として適切なものを，次の①～④のうちから一つ選べ。解答番号は 12 。

① レーニンが，新経済政策(ネップ)を実施した。

② ヴァルダマーナが，ジャイナ教を開いた。

③ アヘン戦争に敗れ，香港島を割譲した。

④ イギリスの女王を皇帝とするインド帝国が成立した。

問２　下線部分日本初の国際定期航路(b)が開通した後の商品の動きについて，次の略地図は，本文で説明されている内容を図示したものである。略地図中の**あ**と**い**に当たる商品の組合せとして正しいものを，下の①～④のうちから一つ選べ。解答番号は［13］。

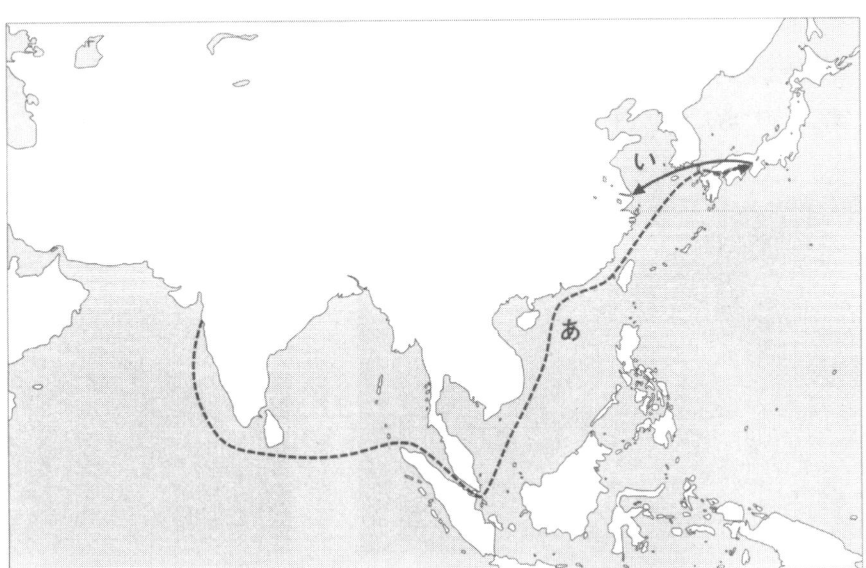

	あ	い
①	綿　花	綿　糸
②	綿　布	綿　花
③	綿　糸	紡績機
④	紡績機	綿　花

2　1811年，フリードリヒ＝クルップは，ドイツ西部のエッセンに鋳鉄(ちゅうてつ)工場を開いた。当時はイギリスの鉄製品が入ってこなかったため(c)，事業は成長したが，イギリスからの輸入が再開されると経営は悪化した。彼が1826年に亡くなると，その子アルフレートが14歳で事業を引き継いだ。ドイツで鉄道(d)の建設が進むと，鉄道機械の製造により会社は急成長した。

　アルフレートは，兵器の分野への進出もめざした。青銅製の大砲が主流だった時代に，彼は鋳鉄製の大砲を製造し，1851年の［ A ］で注目を集めた。クルップ社の大砲はプロイセン軍に大量に納入され，ドイツ帝国成立につながった2度の戦争(e)で威力を発揮した。

ロンドンで開催された［ A ］

クルップ社の大砲

問3　［ A ］に当てはまる語句を，次の①～④のうちから一つ選べ。解答番号は［ 14 ］。

① 第1回オリンピック大会　　② 第1回万国博覧会

③ 主要国首脳会議(サミット)　　④ アジア・アフリカ会議

問4　下線部分(c)当時はイギリスの鉄製品が入ってこなかったことについて，その要因として適切なものを，関係する次の資料を参考にしながら，下の①～④のうちから一つ選べ。解答番号は［ 15 ］。

> 第2条　イギリス諸島とのあらゆる商取引，通信を禁止する。…
> 第5条　イギリス商品の取引は禁止される。イギリスに属する全ての商品もしくは，イギリスの工場および植民地に由来する全ての商品は正当な戦利品とされる。

① 洪武帝が，海禁政策を実施した。

② コンスタンティヌス帝が，ミラノ勅令を発した。

③ ナポレオンが，大陸封鎖令を発した。

④ トルーマンが，封じ込め政策を実施した。

問 5 下線部分鉄道(d)に関する次の文章を読み，[B]と[C]に当てはまる語句の組合せとして正しいものを，下の①～④のうちから一つ選べ。解答番号は[16]。

> 欧米諸国は，進出した先に鉄道を建設した。ドイツは，バグダード鉄道の建設を通じてオスマン帝国に影響力を広げようとする[B]政策を進めた。アジア諸国では，こうした進出に対する反発も生じた。たとえば，中国でおこった[C]では，「扶清滅洋」を唱えて蜂起した集団が，西洋を象徴するものとして鉄道を破壊した。

	B	C
①	3 B	黄巾の乱
②	3 B	義和団事件
③	大躍進	黄巾の乱
④	大躍進	義和団事件

問 6 下線部分ドイツ帝国成立につながった2度の戦争(e)について，1866年と1870年におこった各戦争で，それぞれプロイセンが戦った国として適切なものを，次の①～④のうちから一つ選べ。解答番号は[17]。

① 清とロシア
② イギリスとメキシコ
③ イランとアメリカ合衆国
④ オーストリアとフランス

5 1～2の文章と図版に関連して，**問1**～**問7**に答えよ。

1 生徒と先生が，**図1**～**図3**を見ながら，20世紀の広告の内容について会話している。

生徒： 20世紀の広告をたくさん集めてみました。**図1**はアメリカ合衆国のチラシ広告で，家電製品がたくさん載っていました。この時期から家電製品があったんですね。

先生： 1929年頃になると，アメリカ合衆国では全家庭の7割に電気が通っていましたからね。デパートなどで家電製品が大量に販売され，(a)大衆消費社会を迎えていた時期です。

生徒： **図2**は1925年の上海の広告です。国産品の愛用を勧める広告だという解説が付いていたのですが，なぜ国産品を勧めていたのですか。

先生： この時期は(b)中国への外国資本の進出に抵抗する意識が高まっており，外国の製品を排斥しようとしていたのです。消費活動を促す側面だけでなく，政治的な側面も持っている広告だといえますね。

生徒： **図3**はナチス政権の時代，雑誌『画報ドイツ空軍』に載っていた広告です。(c)飛行機に使う素材の広告で，飛行機のガラス越しに敵の輸送船が描かれているようなのですが，これにも政治的な側面があるのでしょうか。

先生： この広告で注目すべき点は，ドイツの軍事産業に絡めて，素材の優秀さをアピールしている点です。これには，(d)ヒトラーが1935年に行った再軍備宣言の影響があると考えられます。

図1 1920年代のアメリカ合衆国の広告

図2 1925年の上海の広告

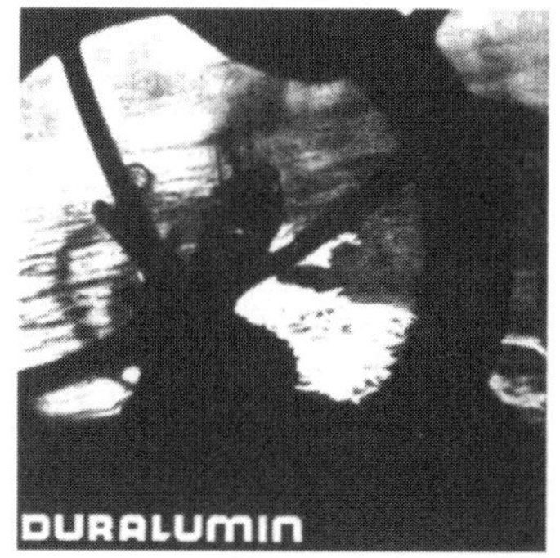

図3 ナチス政権の時代の広告

問1　下線部分大衆消費社会(a)に関連して，20世紀前半のアメリカ合衆国のようすについて説明した文として適切なものを，次の①～④のうちから一つ選べ。解答番号は 18 。

① 携帯電話が普及していた。

② ヴェルサイユ宮殿が建てられた。

③ ルネサンスとよばれる文化運動が活発になった。

④ ラジオを聞く家庭が増えた。

問2　下線部分中国への外国資本の進出に抵抗する意識(b)に関連して，1925年に上海でおこった反帝国主義運動を，次の①～④のうちから一つ選べ。解答番号は 19 。

① 公民権運動　　② ワッハーブ運動

③ 五・三〇運動　　④ ラダイト運動

問3　下線部分飛行機(c)について，動力飛行機の初飛行に成功した人物を，次の①～④のうちから一つ選べ。解答番号は 20 。

①

グリム兄弟

②

ワット

③

ライト兄弟

④

キュリー夫妻

問 4　下線部分ヒトラー(d)について述べた文として適切なものを，次の①～④のうちから一つ選べ。解答番号は 21 。

① 全権委任法を成立させ，一党独裁を実現した。

② アラブ人の特権を廃止し，イスラーム法に基づく政治を行った。

③ ドイモイ政策を行い，市場経済を取り込んだ。

④ 十字軍遠征を行い，聖地イェルサレムの奪還を目指した。

2　高校生の森さんと関さんが，20 世紀初頭のイギリスとフランスの植民地を図4・図5にまとめ，会話している。

森さん：　僕はアフリカの植民地の状況を調べてみたんだけど，図4のように，イギリスは南北に，フランスは東西に植民地を展開していたようです。

関さん：　そうすると，アフリカの中央あたりでイギリス軍とフランス軍が衝突して，戦争がおきそうだけど，そういった戦争はおきなかったのですか。

森さん：　1898 年に，アフリカの植民地化の過程でイギリス軍とフランス軍が遭遇した事件(e)があったけど，フランスが譲歩したことで，戦争にはならなかったようです。関さんは東南アジアの植民地の状況を調べていたのですよね。そちらはどんな状況だったのですか。

関さん：　どちらがイギリスの植民地で，どちらがフランスの植民地だったかをメモし忘れたんですけど，東南アジアでは図5のように，**あ**の領域とビルマ(ミャンマー)が植民地になっていました。

森さん：　**あ**の領域とビルマ(ミャンマー)のちょうど間にあるシャム(タイ)には色がついていないけど，ひょっとして独立国だったんですか。

関さん：　そうなんです。イギリスとフランスの勢力均衡政策にも助けられたのですが，19 世紀からのシャム(タイ)の政策(f)が功を奏して，独立を維持できていたのです。

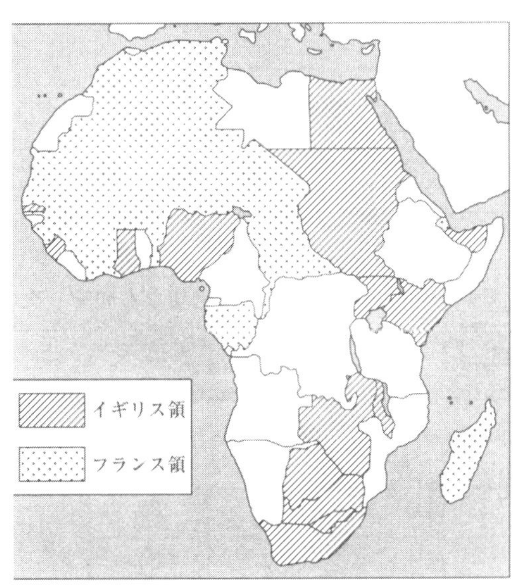

図4　20 世紀初頭のアフリカにおける植民地

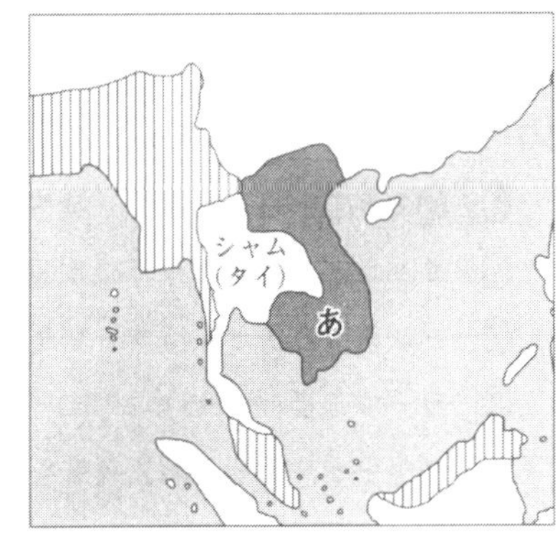

図5　20 世紀初頭の東南アジアにおける植民地

問 5　下線部分<u>アフリカの植民地化の過程でイギリス軍とフランス軍が遭遇した事件</u>(e)を，次の①～④のうちから一つ選べ。解答番号は 22 。

① アンボイナ事件　　② ファショダ事件

③ 血の日曜日事件　　④ ドレフュス事件

問 6　図5のあの領域に関連して，次の資料は，1919年のパリ講和会議に提出された「アンナン人民の要求」の一部である(アンナンとはベトナムを指す)。 A に当てはまる国と，資料から読み取れる内容との組合せとして正しいものを，下の①～④のうちから一つ選べ。解答番号は 23 。

> 連合国が勝利した日から，隷属させられている全ての民族は…，公理と正義の時代という前途が必ずや彼らにもおとずれることを心の底から希望しています。
>
> 民族原則が理想の領域から現実の領域へと転化し，各民族の神聖なる自決権が真のものと認められるのを待ちながら，旧アンナン国，現 A 領インドシナの人民は，連合国政府ならびに尊敬する A 政府に対して，以下のささやかな要求を提出します。
>
> (注) 「連合国」とは第一次世界大戦の戦勝国を指す。

	A	資料から読み取れる内容
①	フランス	国際連盟への加入を求めた。
②	フランス	民族の自決権を求めた。
③	イギリス	国際連盟への加入を求めた。
④	イギリス	民族の自決権を求めた。

問 7　下線部分<u>19世紀からのシャム(タイ)の政策</u>(f)について述べた文として適切なものを，次の①～④のうちから一つ選べ。解答番号は 24 。

① オバマが，核なき世界の重要性を訴えた。

② ハンムラビ王が，法典を発布した。

③ ラーマ5世(チュラロンコン)が，西欧化を推進した。

④ 鄧小平が，改革・開放政策を推進した。

6 1～2の文章と図版に関連して，問1～問6に答えよ。

1 南極の存在が人々に広く知られるようになったのは，19世紀以降である。やがて，南極の探査に関わったイギリス，フランス(a)，ノルウェーや，南極に近いアルゼンチン，チリ，オーストラリアなどの国々が，領有権を主張するようになった。第二次世界大戦後には，冷戦体制における2大国であるアメリカ合衆国やソ連も，この争いに介入した。

こうした状態を調停するために開かれた国際会議において，日本政府を代表して参加した文部省官僚の木田宏は，日本国憲法の前文と第9条の英文を配布した。これによって，難航していた会議の流れが変わり，1959年(b)に南極条約が成立した。南極条約では，南極に関する領有権の主張は凍結され，核実験などの軍事利用は禁止された。1966年に成立した，宇宙の平和利用と領有権の放棄を定めた宇宙条約にも，南極条約の影響を見ることができる。日本国憲法は，第二次世界大戦後の国際秩序の変化(c)に影響を与えてきたのである。

1947年，文部省発行『あたらしい憲法のはなし』中の挿し絵

（木田宏が作成を担当）

問 1　下線部分フランス(a)の第二次世界大戦後の対外政策について述べた文として適切なものを，次の①～④のうちから一つ選べ。解答番号は 25 。

① 勘合貿易を行った。

② アルジェリアの独立を認めた。

③ 中国の門戸開放を唱えた。

④ ネルチンスク条約を結んだ。

問 2　下線部分 1959 年(b)におこったキューバ革命の指導者を，次の①～④のうちから一つ選べ。解答番号は 26 。

①

カストロ

②

ソクラテス

③

ホセ＝リサール

④

サッチャー

問 3　下線部分(c)第二次世界大戦後の国際秩序の変化に関連して，核兵器の廃絶に向かう国際協力を主題とした年表を作成する場合，年表中の［A］に当てはまる語句として適切なものを，下の①～④のうちから一つ選べ。解答番号は［27］。

1950 年代	第 1 回原水爆禁止世界大会開催，南極条約採択
1960 年代	部分的核実験禁止条約調印
1980 年代	［A］調印
1990 年代	包括的核実験禁止条約(CTBT)採択

① ウェストファリア条約
② 不戦条約(ブリアン・ケロッグ条約)
③ 日米和親条約
④ 中距離核戦力(INF)全廃条約

2　冷戦下，アメリカ合衆国と<u>ソ連</u>(d)はともに，第二次世界大戦中にドイツが開発したミサイルＶ２の技術の入手に努め，ロケット開発にしのぎを削った。核爆弾を搭載したロケットは，圧倒的な威力を持つからである。先行したのはソ連で，1957年に世界初の人工衛星スプートニクの打ち上げに成功した。これにショックを受けたアメリカ合衆国もただちに巻き返しを図った。1964年にアメリカ合衆国が打ち上げたシンコム３号は，地球の自転と同じ周期で公転することができる初の人工衛星で，翌年から本格化した<u>ベトナム戦争</u>(e)のための情報収集に重要な役割を果たした。

<u>1964年の東京オリンピック</u>(f)は，衛星中継が行われた初の大会だった。この時の通信を担ったのも，シンコム３号だった。現在の生活に欠かせない気象情報など，人工衛星によって成り立っている多くの情報システムは，宇宙開発による軍事技術から転用されたものなのである。

1964年東京オリンピック開会式のようす

人工衛星シンコム３号

問 4　下線部分(d)ソ連の 1950 年代のようすについて述べた文として適切なものを，次の①～④のうちから一つ選べ。解答番号は 28 。

① アダム＝スミスが，『諸国民の富』を著した。

② ブラントが，東方外交を展開した。

③ フルシチョフが，スターリン批判を行った。

④ ルターが，「九十五カ条」の論題を発表した。

問 5　下線部分(e)ベトナム戦争について，次の資料は，この戦争で交戦していたある国の戦争目的を示す資料である。その国名を，下の①～④のうちから一つ選べ。解答番号は 29 。

> 南ベトナムが共産主義者の手に落ちれば，自由世界から人口 2000 万人の国が(共産世界へ)移ってしまうことになる。南ベトナムを失えば，自由世界にとっての東南アジアの重要性をこれ以上論ずることはまったく意味がなくなる。

① ポーランド　　② アメリカ合衆国

③ 中華人民共和国　　④ ソ　連

問 6　下線部分(f)1964 年の東京オリンピックに参加しなかった国に，南アフリカ共和国がある。その当時の南アフリカ共和国のようすについて述べた文として適切なものを，次の①～④のうちから一つ選べ。解答番号は 30 。

① 辮髪が強制されていた。

② チャーティスト運動が行われていた。

③ ペリクレスの下で，直接民主政が行われていた。

④ アパルトヘイトとよばれる人種隔離政策が行われていた。

7　次の文章と図版に関連して，**問1～問2**に答えよ。

窒素・リン酸・カリは肥料の三要素とよばれる養分である。農業生産を続けるためには，肥料を与えるなどして，これらの養分を土壌に補わなければならない。中世のヨーロッパで行われていた輪作である　A　の農法は，土壌における窒素を回復させるために行われていたが，輪作や有機肥料に頼る食糧生産の増加は限界があった。世界の人口は下の**グラフ1**と**グラフ2**で示したような変化をしているが，20世紀以降の急激な人口増加には，化学肥料の普及も大きく関わっている。

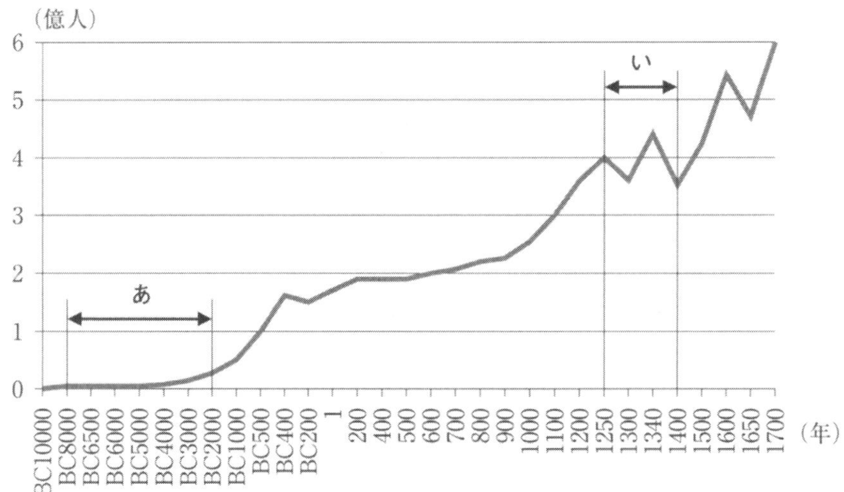

グラフ1　紀元前1万年から1700年までの世界人口の変化(推計)

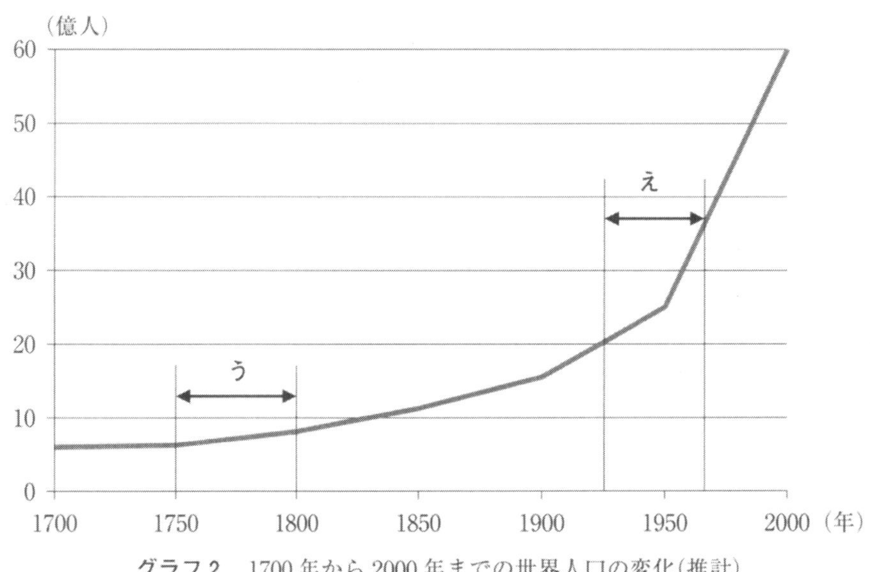

グラフ2　1700年から2000年までの世界人口の変化(推計)

(U.S. Census Bureau のデータより作成。)

令和2年度第1回試験

問1 [A] に当てはまる語句を，次の①〜④のうちから一つ選べ。解答番号は [31] 。

① 郡県制
② 一条鞭法
③ 三圃制
④ 囲い込み

問2 グラフ1とグラフ2のあ〜えの時期について，人口の変化の要因と考えられる事柄として最も適切なものを，次の①〜④のうちから一つ選べ。解答番号は [32] 。

① あの時期では，狩猟・採集の獲得経済から農耕・牧畜の生産経済への移行が進んだ。
② いの時期では，植民地拡大により，モノカルチャー経済が進んだ。
③ うの時期では，動力源が石炭から石油へと変わった。
④ えの時期では，大西洋三角貿易により，奴隷が大量に大陸間を移動した。

（これで世界史Aの問題は終わりです。）

世　界　史 B

（解答番号 1 ～ 32 ）

1 次の文章に関連して，問 1 ～問 2 に答えよ。

山口県の高校で，生徒と先生が会話している。

先生： 県の特産の一つは木材です。どんなところに使われたか，知っていますか。

生徒： 奈良の東大寺が平氏政権によって焼き討ちに遭ったとき，復興に当たった仏僧の重源が，周防国（すおうのくに）や長門国（ながとのくに）の木材を使って再建したと聞いています。

先生： その通りです。でも，周防国の木材はもっと広く使われていました。重源は，明州（寧波）の阿育王寺(a)の舎利殿建立の際にも，周防国の材木を寄進しています。

生徒： 海を越えて中国まで輸出していたのですか。なぜ，わざわざ日本から輸入する必要があったのでしょうか。

先生： (b)日本から材木を送った当時，江南地方では木材の消費や森林開発が進み，柱にできるほどの木材が十分に手に入らなかったのです。重源と同時代に書かれた資料を見てみましょう。

> 明州は水陸の景色のすぐれた場所で，山並みは深くてすばらしく，昔は大木や深い森があって，谷沿いに平地が広がっていて，竹や木も生い茂っていた。大水になったとしても，地盤は木々の根のおかげでゆるむことはなく，流れ出てしまう量も多くはなかった。…ところが近年になって，木材の価格が上がり，木が相次いで切られた。…平地の竹や木もこのためにみななくなり，大水になっても林の木々もないため，水があふれる勢いを抑えることができなくなってしまった。
>
> （江南地方の水利と環境について書かれた記録）

このことから何がわかりますか。

生徒： 中国，特に江南地方は緑が豊かだと思っていましたが， A のですね。

先生： そうです。経済発展と環境破壊の問題は，最近になって始まったことではないのですよ。

問１　下線部分阿育王寺(a)は，仏教を保護した古代インドのアショーカ王にちなんで名付けられた仏教寺院である。仏教について述べた文として適切なものを，次の①～④のうちから一つ選べ。解答番号は［１］。

① 指導者は，教皇とよばれた。

② 『論語』が経典の一つとされた。

③ スンナ派とシーア派に分かれた。

④ ガウタマ＝シッダールタが創始した。

問２　下線部分日本から材木を送った当時，江南地方では木材の消費や森林開発が進み(b)とあるが，［Ａ］は，会話文中の資料を読み解いて，当時の状況について推察した発言である。［Ａ］に当てはまる文と，その当時の中国大陸の情勢を示した地図との組合せとして正しいものを，下の①～④のうちから一つ選べ。解答番号は［２］。

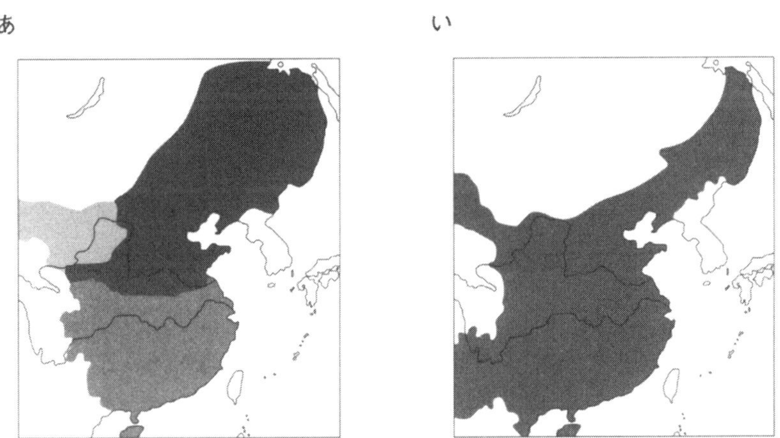

（注）図中の着色の部分は勢力範囲を示す。

	Ａ	中国大陸の情勢
①	竹や木が茂って水害の原因になっていたので，伐採が進められた	あ
②	竹や木が茂って水害の原因になっていたので，伐採が進められた	い
③	商用目的での伐採で山林が減少したせいで，水害がおきやすくなった	あ
④	商用目的での伐採で山林が減少したせいで，水害がおきやすくなった	い

2 1～3の文章と図版に関連して，問1～問8に答えよ。

1 子どもたちの遊びの一つにお手玉遊びがある。<u>ヒッタイト</u>(a)の石碑には，お手玉遊びらしき様子が彫られている。紀元前5世紀頃には，<u>ギリシア</u>(b)世界の子どもたちの間で，羊のかかとの骨を使ったお手玉遊びが流行した。やがて，ユーラシア大陸の<u>東西交易路</u>(c)を通り，<u>インド</u>(d)や中国にも伝えられた。アジアでは骨のかわりに身近にある小石を使うようになり，日本では「石子(いしなご)」「石名取(いしなどり)」と称する遊びとして広がった。記録には，聖徳太子が水晶でできた「石名取玉」で遊んだと記されている。

奈良時代の「石名取玉」

問 1　下線部分ヒッタイト(a)について述べた，次の文章中の A に当てはまる語句を，下の①～④のうちから一つ選べ。解答番号は 3 。

> シュメール人は青銅製の武器を用いたが，ヒッタイト人は A を武器に用いて強大な国家を建設した。ヒッタイトの滅亡後， A の生産技術は各地に伝わった。

① ガラス　　② 火　薬
③ 骨角器　　④ 鉄

問 2　下線部分ギリシア(b)に関する出来事について述べた文として適切なものを，次の①～④のうちから一つ選べ。解答番号は 4 。

① ダンテが，『神曲』を著した。
② ティムールが，大帝国を築いた。
③ ペルシア戦争で，重装歩兵が活躍した。
④ 三・一独立運動がおこった。

問 3　下線部分東西交易路(c)に関して，13 世紀に東西交易路を支配したモンゴル帝国について述べた文として適切なものを，次の①～④のうちから一つ選べ。解答番号は 5 。

① シベリア鉄道が建設された。
② アウトバーンが建設された。
③ 駅伝制(ジャムチ)が整備された。
④ 「王の道」とよばれる幹線道路が整備された。

問 4　下線部分インド(d)に，4 世紀に成立した王朝と，その王朝に関する出来事との組合せとして正しいものを，次の①～④のうちから一つ選べ。解答番号は 6 。

	王　朝	出来事
①	グプタ朝	ナーランダー僧院が建立された。
②	グプタ朝	百年戦争がおこった。
③	アイユーブ朝	ナーランダー僧院が建立された。
④	アイユーブ朝	百年戦争がおこった。

2　綱引きは古来より日本だけでなく世界中で行われてきた。6世紀，中国の梁において書かれた『荊楚(けいそ)歳時記』には，綱引きが長江中流域の正月立春の行事として行われていたことが記されている。また<u>唐</u>(e)の時代に編纂(へんさん)された『隋書』には，中国の南部において，綱引きが豊穣(ほうじょう)をもたらすまじないとして信じられているという説明がある。新年の豊穣儀礼という性格は，中国だけではなく，朝鮮や日本，<u>東南アジア</u>(f)における綱引きに共通している。男女で対抗し，女性に勝たせることで豊穣を願うことも行われた。このような特色は稲作の伝播と関係していると考えられている。

那覇の大綱引き

問 5　下線部分(e)唐に関して，次の資料から考えられる当時の人々のようすについて述べた文として最も適切なものを，下の①～④のうちから一つ選べ。解答番号は 7 。

> ある者は15歳から，北方の黄河地方の防備に召集され，そのまま40歳になるまでも，西方の辺境に屯田兵となっている。出征した時には，村長が兵士のために(成人を祝って)頭を包んでくれたのであったが，帰って来ると，頭はもう白くなっているのに，またもや国境地帯の守備に行かねばならぬ。

① 八旗制による兵役の負担が重くなっている。
② 十分の一税による租税の負担が重くなっている。
③ 地丁銀制による租税の負担が重くなっている。
④ 府兵制による兵役の負担が重くなっている。

問 6　下線部分(f)東南アジアの建造物を，次の①～④のうちから一つ選べ。解答番号は 8 。

①

ケルン大聖堂

②

ボロブドゥール

③

クフ王のピラミッド

④

コロッセウム

3　今日まで根強い人気を誇っているゲームのチェスは，紀元前のインドに起源を有している。それが，6世紀にササン朝に入り，さらにイスラーム世界(g)に伝わった。11世紀頃には，地中海や黒海を経てヨーロッパ(h)に伝わり，やがて王侯貴族の娯楽として流行した。しかしその後，より簡単で様々な駆け引きが可能であったトランプ・ゲームに主役の座を奪われてしまった。

チェスの駒

問 7　下線部分(g)イスラーム世界の出来事について述べた次の(ア)～(ウ)を，古いものから順に正しく並べたものを，下の①～④のうちから一つ選べ。解答番号は　9　。

(ア)　ムハンマドが聖遷を行った。

(イ)　イラン革命によって，パフレヴィー朝が滅んだ。

(ウ)　メフメト2世がビザンツ帝国を滅ぼした。

① (ア)→(イ)→(ウ)　　② (ア)→(ウ)→(イ)

③ (ウ)→(ア)→(イ)　　④ (ウ)→(イ)→(ア)

問 8　下線部分(h)ヨーロッパの13世紀のようすについて述べた文として適切なものを，次の①～④のうちから一つ選べ。解答番号は　10　。

①　チャーチルが，「鉄のカーテン」演説を行った。

②　アレクサンドル2世が，農奴解放令を発布した。

③　ジョン王が，マグナ＝カルタ(大憲章)を承認した。

④　サン＝マルティンが，アルゼンチンを独立に導いた。

3 1～2の文章と図版に関連して，問1～問5に答えよ。

1 生徒と先生が，図を見ながら会話している。

先生： 図の茶屋新六交趾渡航図巻は，朱印船貿易のようすを描いたもので，交趾(ベトナム中部)の港町ホイアンの町並みなどが描かれています。

生徒： 朱印船というのは，江戸幕府によって海外への渡航を許可された貿易船のことですね。

先生： そうです。当時，ポルトガル船が，日本の銀と中国の生糸との交易で莫大な利益を上げていました。そこで徳川家康は，積極的に海外との交易を図ったのですが，(a)<u>明との正式な貿易は再開できなかった</u>こともあり，朱印船の渡航先は東南アジア中心となりました。

生徒： 図には，日本町の書き込みがあります。現地の日本人は，何をしていたのですか。

先生： 朱印船に積み込む，生糸や皮革・香木などの商品を買い付けていました。また，ホイアンには，日本町の近くに中国人町があり，ここは，日中の出会い貿易の場でもあったのです。

生徒： 確か，1635年，幕府によって日本人の海外渡航と帰国が禁止され，(b)<u>朱印船貿易の時代</u>は終わってしまいますが，日本町はどうなったのですか。

先生： 中国船を介して交易を続けた現地の日本人もいました。しかし，次第に日本町は衰退し，18世紀には消滅したようです。

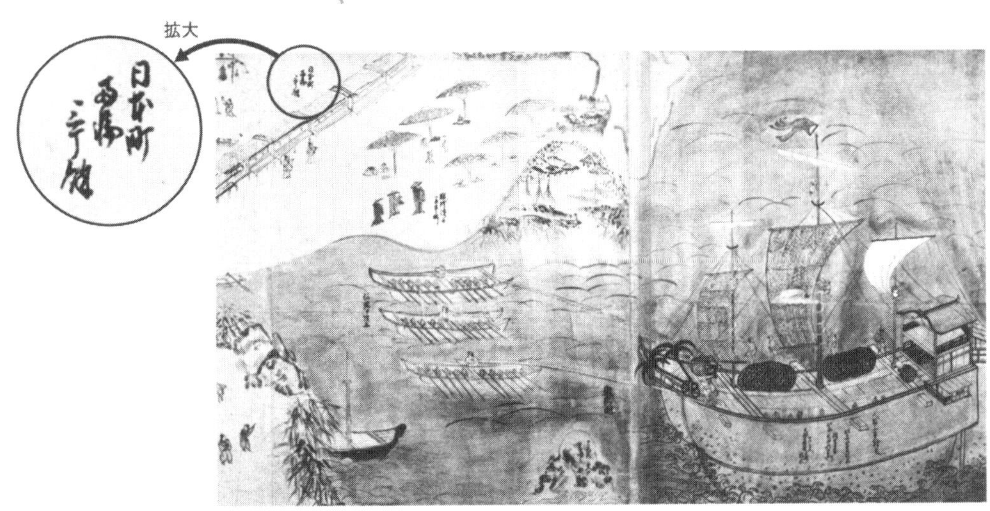

図 茶屋新六交趾渡航図巻(部分)

問 1　下線部分明との正式な貿易は再開できなかった(a)とあるが，このことの背景と考えられる事柄について述べた文として適切なものを，次の①～④のうちから一つ選べ。

解答番号は［11］。

① 日本が，白村江の戦いで敗れた。

② 豊臣秀吉が，朝鮮に侵攻した。

③ 洪秀全が挙兵し，太平天国を建てた。

④ 関東軍が，柳条湖事件をおこした。

問 2　下線部分朱印船貿易の時代(b)に関連して，この時期の東南アジアのようすについて述べた文として適切なものを，次の①～④のうちから一つ選べ。解答番号は［12］。

① オランダが，バタヴィアを根拠地とした。

② フランスが，ワーテルローの戦いで敗れた。

③ モンゴル軍が，アッバース朝を滅ぼした。

④ 東南アジア諸国連合（ASEAN）が結成された。

2　コロンブスについて調べていた高校生の手嶋さんは，コロンブスが，スペイン王室の支援を得て，西まわりでインドをめざす航海に出発したことを知った。そこで，このことについて記した**資料**を参考にしながら学習し，疑問に思ったことを**メモ**にまとめた。

資料　サンタフェ協約書

コロンが，1492年(c)4月17日，グラナダ郊外のサンタフェにおいて，王室側と結んだ協約書によれば，第一に，コロンを，発見するあらゆる陸地及び諸島の終身提督とし，その死後は，相続人がこれを継承すること，…第三に，提督領の版図において購入または交換し，または発見し，取得するすべての物品，例えば真珠，金，銀，香料，その他あらゆる種類の物品については，取得した経費を差し引いた残りの十分の一をコロンに与え，十分の九を両国王のものとすること，…となっている。

(注)　コロンは，コロンブスのスペイン語名。

サンタフェ協約書(部分)

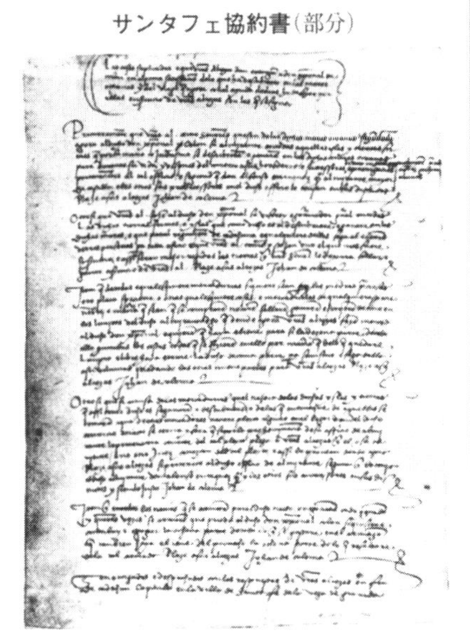

メモ　疑問に思ったこと

・そもそもコロンブスが，西まわりでインドをめざした(d)のはなぜだろうか。
・コロンブスや，彼に続いた人々の征服によって先住民の生活はどうなったのだろうか(e)。

問 3　下線部分1492年(c)に関連して，この年のイベリア半島における出来事について述べた文として適切なものを，次の①～④のうちから一つ選べ。解答番号は［13］。

① スペインによるレコンキスタ(国土回復運動)が完了した。
② フランコが反乱をおこし，スペイン内戦が始まった。
③ アレクサンドロス大王が，東方遠征に出発した。
④ 民衆が，圧政の象徴とされたバスティーユ牢獄を攻撃した。

問 4　下線部分(d)西まわりでインドをめざしたことに関連して，地球球体説を唱え，コロンブスの航海に影響を与えた人物と，コロンブスが航海に出発する前にヨーロッパで刊行されていた世界地図との組合せとして正しいものを，下の①～④のうちから一つ選べ。
解答番号は　14　。

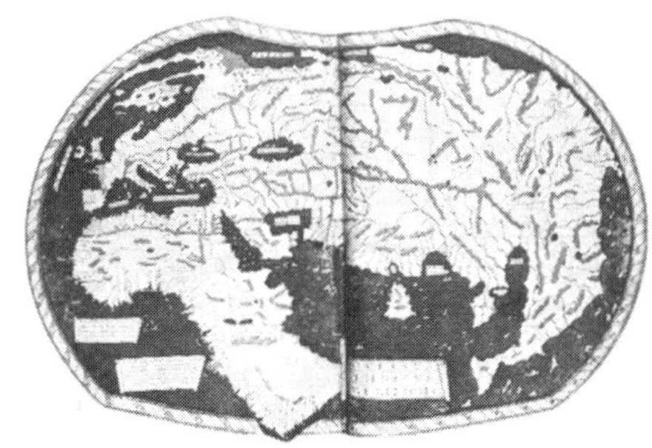

あ　マルテルスの世界地図

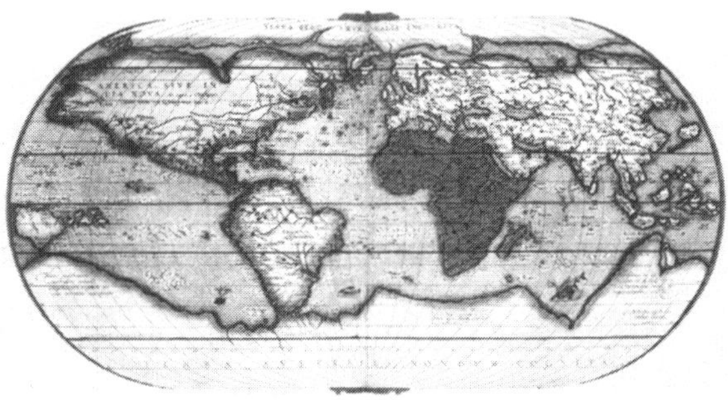

い　オルテリウスの世界地図

	人　物	世界地図
①	シェイクスピア	あ
②	シェイクスピア	い
③	トスカネリ	あ
④	トスカネリ	い

問 5　下線部分(e)先住民の生活はどうなったのだろうかとあるが，コロンブスに続いた征服者たちは，先住民とその土地の支配を，スペイン王から委託された。この制度の名称と，支配のようすについて述べた文との組合せとして正しいものを，次の①～④のうちから一つ選べ。
解答番号は　15　。

	制度の名称	支配のようす
①	イクター制	ジズヤ(人頭税)を徴収した。
②	イクター制	銀鉱山や大農園などで酷使した。
③	エンコミエンダ制	ジズヤ(人頭税)を徴収した。
④	エンコミエンダ制	銀鉱山や大農園などで酷使した。

4 1～2の文章と図版に関連して，問1～問4に答えよ。

1　19世紀のアジアでは，欧米諸国の進出により経済が打撃を受ける一方で，欧米の技術を導入して工業を発展させようとする動きもみられた。インド(a)のボンベイ(現ムンバイ)の貿易商であったジャムセットジ＝タタは，1874年，イギリスから購入した紡績機を用い，国内の綿花を原料として綿糸生産を始めた。1880年代からは，主に中国に向けて綿糸を大量に輸出した。

日本の大阪でも，1880年代にイギリス製の紡績機が導入され，綿糸の生産が増大した。1893年，タタと渋沢栄一の尽力により，インド産の綿花を輸入するための日本初の国際定期航路(b)が神戸・ボンベイ間に開通した。原料が安価に輸入されるようになったことで，大阪の紡績業は急成長し，中国市場では日本産とインド産の綿糸が激しく競争した。中国では，インドや日本から輸入した綿糸を用いた，手織りの綿布生産が盛んになった。

ジャムセットジ＝タタ(タタ財閥の創業者)

大阪の紡績工場(大正時代)

問1　下線部分インド(a)の19世紀のようすについて述べた文として適切なものを，次の①～④のうちから一つ選べ。解答番号は 16 。

① レーニンが，新経済政策(ネップ)を実施した。

② ヴァルダマーナが，ジャイナ教を開いた。

③ アヘン戦争に敗れ，香港島を割譲した。

④ イギリスの女王を皇帝とするインド帝国が成立した。

問 2 下線部分日本初の国際定期航路(b)が開通した後の商品の動きについて，次の略地図は，本文で説明されている内容を図示したものである。略地図中の**あ**と**い**に当たる商品の組合せとして正しいものを，下の①～④のうちから一つ選べ。解答番号は 17 。

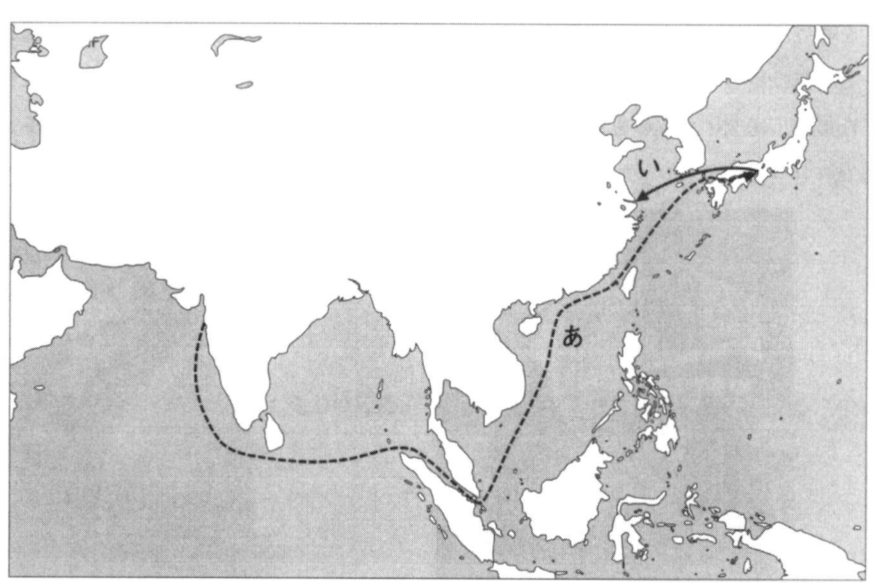

	あ	い
①	綿　花	綿　糸
②	綿　布	綿　花
③	綿　糸	紡績機
④	紡績機	綿　花

2　トマス＝エディソンは，少年だった南北戦争(c)の頃，アメリカ合衆国北部を走る列車の中で新聞を売りながら，列車の一室で科学実験を行っていたことで知られる。電気に関心を持った彼は，電信技師となった後，自ら研究所を立ち上げて発明に打ち込んだ。

1877年の蓄音機や，1879年の電灯といったエディソンの発明などは，電気の時代の幕開けを告げ，世界経済(d)の発展に貢献した。彼は電灯を売る会社を設立し，さらに，発電から送電までを請け負って電気製品の普及に努めた。ただし，その後に発電や送電のしくみとして定着したのは，エディソンの直流方式ではなく，ニコラ＝テスラが開発した交流方式であった。

エディソンと蓄音機

ニコラ＝テスラ

問3　下線部分南北戦争(c)に関連して，その要因について述べた文として適切なものを，次の①～④のうちから一つ選べ。解答番号は［18］。

① 奴隷制をめぐり，北部諸州と南部諸州が対立した。

② 課税をめぐり，13植民地とイギリス本国が対立した。

③ 神聖ローマ帝国で，カトリックとプロテスタントが対立した。

④ 朝鮮半島で，韓国と北朝鮮が対立した。

問 4　下線部分世界経済(d)に関する次のグラフについて，［A］に当てはまる国と，世界の工業生産に占める［A］の割合がこのように変動した主な理由と考えられるものとの組合せとして正しいものを，下の①～④のうちから一つ選べ。解答番号は［19］。

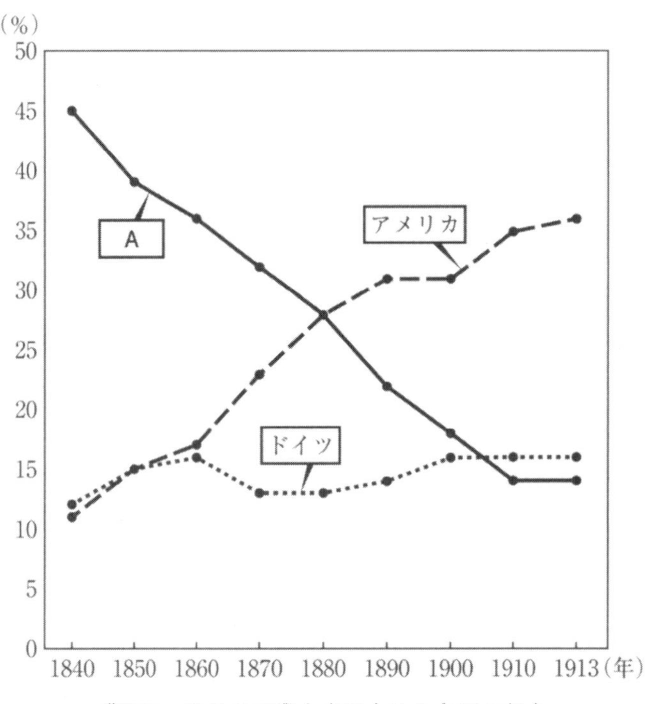

グラフ　世界の工業生産に占める各国の割合

	A	理　由
①	スペイン	他の国々に産業革命が広がったため
②	スペイン	黒死病(ペスト)によって経済が打撃を受けたため
③	イギリス	他の国々に産業革命が広がったため
④	イギリス	黒死病(ペスト)によって経済が打撃を受けたため

5 1～2の文章と図版に関連して，問1～問6に答えよ。

1 生徒と先生が，図1～図3を見ながら，20世紀の広告の内容について会話している。

生徒： 20世紀の広告をたくさん集めてみました。図1はアメリカ合衆国のチラシ広告で，家電製品がたくさん載っていました。この時期から家電製品があったんですね。

先生： 1929年頃になると，アメリカ合衆国では全家庭の7割に電気が通っていましたからね。デパートなどで家電製品が大量に販売され，<u>大衆消費社会</u>(a)を迎えていた時期です。

生徒： 図2は1925年の上海の広告です。国産品の愛用を勧める広告だという解説が付いていたのですが，なぜ国産品を勧めていたのですか。

先生： この時期は<u>中国への外国資本の進出に抵抗する意識</u>(b)が高まっており，外国の製品を排斥しようとしていたのです。消費活動を促す側面だけでなく，政治的な側面も持っている広告だといえますね。

生徒： 図3はナチス政権の時代，雑誌『画報ドイツ空軍』に載っていた広告です。<u>飛行機</u>(c)に使う素材の広告で，飛行機のガラス越しに敵の輸送船が描かれているようなのですが，これにも政治的な側面があるのでしょうか。

先生： この広告で注目すべき点は，ドイツの軍事産業に絡めて，素材の優秀さをアピールしている点です。これには，<u>ヒトラー</u>(d)が1935年に行った再軍備宣言の影響があると考えられます。

図1 1920年代のアメリカ合衆国の広告

図2 1925年の上海の広告

図3 ナチス政権の時代の広告

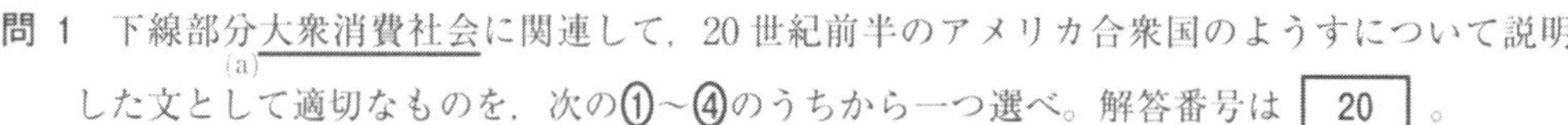

問 1　下線部分大衆消費社会(a)に関連して，20 世紀前半のアメリカ合衆国のようすについて説明した文として適切なものを，次の①～④のうちから一つ選べ。解答番号は 20 。

① 携帯電話が普及していた。

② ヴェルサイユ宮殿が建てられた。

③ ルネサンスとよばれる文化運動が活発になった。

④ ラジオを聞く家庭が増えた。

問 2　下線部分中国への外国資本の進出に抵抗する意識(b)に関連して，1925 年に上海でおこった反帝国主義運動を，次の①～④のうちから一つ選べ。解答番号は 21 。

① 公民権運動　　② ワッハーブ運動

③ 五・三〇運動　　④ ラダイト運動

問 3　下線部分飛行機(c)について，動力飛行機の初飛行に成功した人物を，次の①～④のうちから一つ選べ。解答番号は 22 。

グリム兄弟

②

ワット

ライト兄弟

④

キュリー夫妻

問４　下線部分(d)ヒトラーについて述べた文として適切なものを，次の①～④のうちから一つ選べ。解答番号は 23 。

① 全権委任法を成立させ，一党独裁を実現した。

② アラブ人の特権を廃止し，イスラーム法に基づく政治を行った。

③ ドイモイ政策を行い，市場経済を取り込んだ。

④ 十字軍遠征を行い，聖地イェルサレムの奪還を目指した。

2　生徒と先生が，**カード1**～**カード3**を見ながら，第一次世界大戦後のパレスチナ地方について会話している。

生徒：　第一次世界大戦中のパレスチナ地方に関する協定をカードにまとめていたのですが，**カード1**～**カード3**のように三つも協定が出てきました。私の調べ方が間違っていたのでしょうか。

先生：　いいえ。間違っていませんよ。実際に三つ結んでいたのです。

生徒：　でも，これらの協定を全て実現させようとすると矛盾がおきませんか。

先生：　その通りです。実際，このイギリスの多重外交は，(e)後の混乱を招く原因となりました。

カード1

サイクス・ピコ協定　1916年 イギリスがフランスとロシアに対して結んだ協定。 大戦後，イギリスはヨルダンとイラク中部を，フランスはシリアを，(f)ロシアはイスタンブル周辺と東部州を治めることに加え，パレスチナを国際管理にすることを定めた。

カード2

フセイン(フサイン)・マクマホン協定(書簡)　1915年 イギリスがメッカの太守のフセインと結んだ協定。 オスマン帝国内のアラブ人が反乱をおこすことを条件に，大戦後，アラブ国家の独立を認めることを約束した。

カード3

バルフォア宣言　1917年 イギリスがユダヤ人に対して約束した宣言。 アメリカやイギリス在住のユダヤ人から，第一次世界大戦の資金を援助してもらうことを条件に，パレスチナ地方におけるユダヤ人の民族郷土(ナショナル・ホーム)の樹立に対する支持を約束した。

問 5　下線部分後の混乱(e)について述べた文として適切なものを，次の①～④のうちから一つ選べ。解答番号は 24 。

① エジプトとオスマン帝国の間で，エジプト＝トルコ戦争がおこった。

② 日本と清の間で，日清戦争がおこった。

③ ローマとカルタゴの間で，ポエニ戦争がおこった。

④ イスラエルとアラブ諸国の間で，第1次中東戦争がおこった。

問 6　下線部分ロシア(f)の第一次世界大戦中のようすについて述べた文として適切なものを，次の①～④のうちから一つ選べ。解答番号は 25 。

① ニューディールを実施した。

② 「平和に関する布告」を発表した。

③ ピカソが「ゲルニカ」を描いた。

④ 名誉革命がおこった。

6 1～2の文章と図版に関連して，問1～問5に答えよ。

1 南極の存在が人々に広く知られるようになったのは，19世紀以降である。やがて，南極の探査に関わったイギリス，フランス(a)，ノルウェーや，南極に近いアルゼンチン，チリ，オーストラリアなどの国々が，領有権を主張するようになった。第二次世界大戦後には，冷戦体制における2大国であるアメリカ合衆国やソ連も，この争いに介入した。

こうした状態を調停するために開かれた国際会議において，日本政府を代表して参加した文部省官僚の木田宏は，日本国憲法の前文と第9条の英文を配布した。これによって，難航していた会議の流れが変わり，1959年(b)に南極条約が成立した。南極条約では，南極に関する領有権の主張は凍結され，核実験などの軍事利用は禁止された。1966年に成立した，宇宙の平和利用と領有権の放棄を定めた宇宙条約にも，南極条約の影響を見ることができる。日本国憲法は，第二次世界大戦後の国際秩序の変化(c)に影響を与えてきたのである。

1947年，文部省発行『あたらしい憲法のはなし』中の挿し絵

（木田宏が作成を担当）

問1　下線部分(a)フランスの第二次世界大戦後の対外政策について述べた文として適切なものを，次の①～④のうちから一つ選べ。解答番号は 26 。

① 勘合貿易を行った。

② アルジェリアの独立を認めた。

③ 中国の門戸開放を唱えた。

④ ネルチンスク条約を結んだ。

問2　下線部分(b)1959年におこったキューバ革命の指導者を，次の①～④のうちから一つ選べ。解答番号は 27 。

①

カストロ

②

ソクラテス

③

ホセ＝リサール

④

サッチャー

問 3　下線部分(c)第二次世界大戦後の国際秩序の変化に関連して，核兵器の廃絶に向かう国際協力を主題とした年表を作成する場合，年表中の［A］に当てはまる語句として適切なものを，下の①～④のうちから一つ選べ。解答番号は［28］。

1950 年代	第 1 回原水爆禁止世界大会開催，南極条約採択
1960 年代	部分的核実験禁止条約調印
1980 年代	［A］調印
1990 年代	包括的核実験禁止条約(CTBT)採択

① ウェストファリア条約

② 不戦条約(ブリアン・ケロッグ条約)

③ 日米和親条約

④ 中距離核戦力(INF)全廃条約

2 チェコスロヴァキアの体操選手チャスラフスカは，1964年の東京オリンピック女子体操個人総合で金メダルを獲得し，日本でも「五輪の名花」とよばれて人気を博した。この4年後の1968年，チャスラフスカにとって2度目のオリンピックであるメキシコ大会の直前に，チェコスロヴァキアで民主化を求める運動「プラハの春」(d)がおこった。チャスラフスカは民主化運動に賛同したため，メキシコ大会でも四つの金メダルを獲ったものの，運動が B によって弾圧された後は不遇の時代を過ごした。1989年の民主化運動(e)によって，チェコスロヴァキアの共産党独裁が打倒されると，チャスラフスカの名誉も回復された。1995年には，国際オリンピック委員会の委員にも就任した。

チャスラフスカ（表彰台中央）

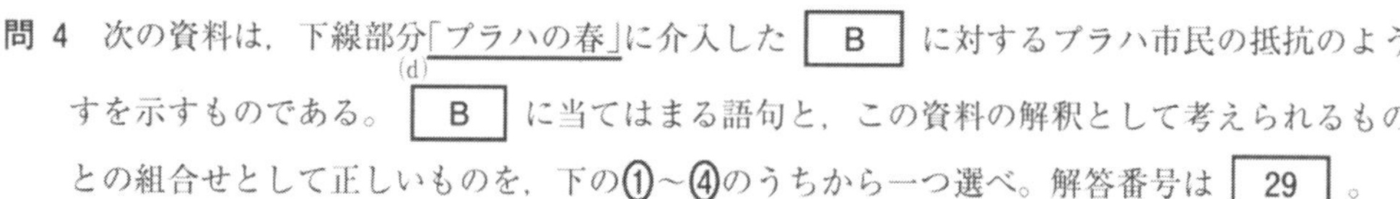

問 4　次の資料は，下線部分(d)「プラハの春」に介入した B に対するプラハ市民の抵抗のようすを示すものである。 B に当てはまる語句と，この資料の解釈として考えられるものとの組合せとして正しいものを，下の①～④のうちから一つ選べ。解答番号は 29 。

> 一群の戦車隊がナ＝プシーコピエ通りを下ってきた時のことだ。数百人のプラハ市民がこぶしをふりあげながら，盛んに罵声を飛ばしている。すると突然，車椅子に乗っていた障害者が，先頭の戦車をめがけて舗道から飛び出した。…障害者は絶叫した。「おれはファシズムと戦って，両足をなくした。今度は，モスクワから来たファシズムが，そのけりをつけてくれるだろう。さあ，俺をひき殺せ！」

	B	解釈として考えられるもの
①	ワルシャワ条約機構軍	資料中の「障害者」は，民主化を求めている。
②	ワルシャワ条約機構軍	資料中の「障害者」は，民主化の要求を弾圧しようとしている。
③	オスマン帝国	資料中の「障害者」は，民主化を求めている。
④	オスマン帝国	資料中の「障害者」は，民主化の要求を弾圧しようとしている。

問 5　下線部分(e)1989年の民主化運動に関連して，この頃に中国でおこった出来事について述べた文として適切なものを，次の①～④のうちから一つ選べ。解答番号は 30 。

① 東学を中心とする農民反乱がおこった。

② 天安門広場での民主化を求める集会が弾圧された。

③ 陳独秀が，啓蒙雑誌『新青年』を発行した。

④ 第4回選挙法改正で，女性参政権が認められた。

7 次の文章と図版に関連して，**問１～問２**に答えよ。

窒素・リン酸・カリは肥料の三要素とよばれる養分である。農業生産を続けるためには，肥料を与えるなどして，これらの養分を土壌に補わなければならない。中世のヨーロッパで行われていた輪作である［ A ］の農法は，土壌における窒素を回復させるために行われていたが，輪作や有機肥料に頼る食糧生産の増加は限界があった。世界の人口は下の**グラフ１**と**グラフ２**で示したような変化をしているが，20世紀以降の急激な人口増加には，化学肥料の普及も大きく関わっている。

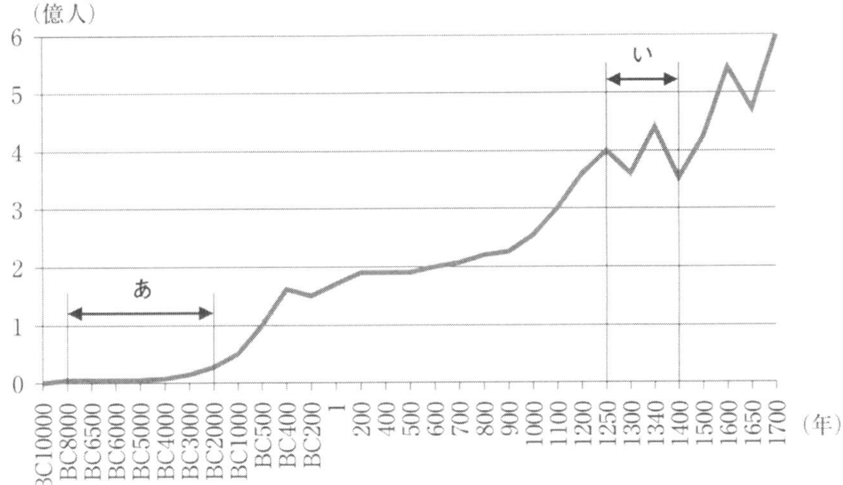

グラフ１　紀元前１万年から1700年までの世界人口の変化(推計)

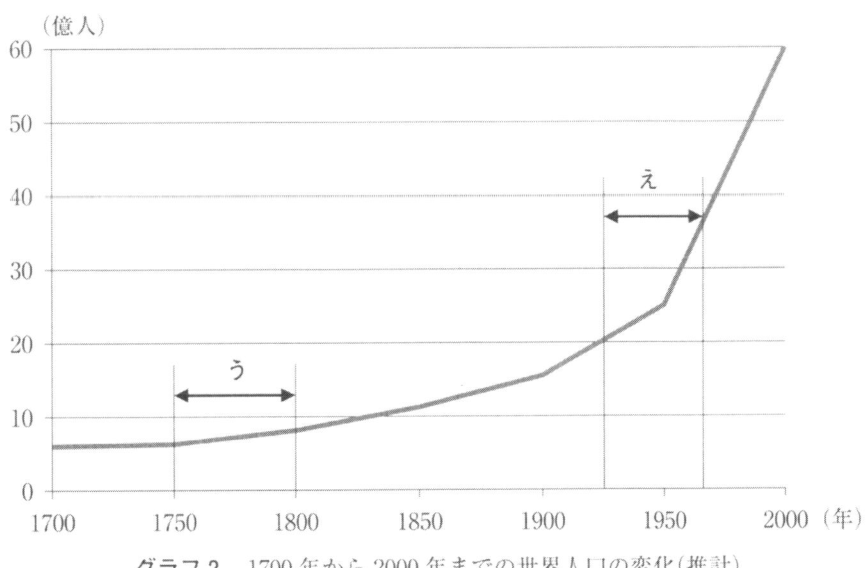

グラフ２　1700年から2000年までの世界人口の変化(推計)

(U.S. Census Bureau のデータより作成。)

問１ ［A］に当てはまる語句を，次の①～④のうちから一つ選べ。解答番号は［31］。

① 郡県制
② 一条鞭法
③ 三圃制
④ 囲い込み

問２ グラフ１とグラフ２のあ～えの時期について，人口の変化の要因と考えられる事柄として最も適切なものを，次の①～④のうちから一つ選べ。解答番号は［32］。

① あの時期では，狩猟・採集の獲得経済から農耕・牧畜の生産経済への移行が進んだ。
② いの時期では，植民地拡大により，モノカルチャー経済が進んだ。
③ うの時期では，動力源が石炭から石油へと変わった。
④ えの時期では，大西洋三角貿易により，奴隷が大量に大陸間を移動した。

令和２年度　第１回

解答・解説

【重要度の表記】

Ａ：重要度が高く確実に正答したい設問。しっかり復習する必要のある問題です。

Ｂ：重要度はＡレベルよりすこし下で、やや難易度が高い設問または内容を読み取る設問。高得点を狙う人は復習しましょう！

Ｃ：重要度が低い、または難解な設問。軽く復習する程度でよいでしょう！

令和２年度　第１回　高卒認定試験

【　Ａ解答　】

1	解答番号	正答	配点	2	解答番号	正答	配点	3	解答番号	正答	配点	4	解答番号	正答	配点
問１	1	④	4	問１	3	④	4	問１	7	②	3	問１	12	④	3
問２	2	③	3	問２	4	③	3	問２	8	①	3	問２	13	①	3
-	-			問３	5	③	3	問３	9	③	3	問３	14	②	3
-	-			問４	6	①	3	問４	10	④	3	問４	15	③	3
-	-			-	-			問５	11	④	3	問５	16	②	3
-	-			-	-			-	-			問６	17	④	3

5	解答番号	正答	配点	6	解答番号	正答	配点	7	解答番号	正答	配点
問１	18	④	4	問１	25	②	3	問１	31	③	3
問２	19	③	3	問２	26	①	3	問２	32	①	3
問３	20	③	3	問３	27	④	4	-	-		
問４	21	①	3	問４	28	③	3	-	-		
問５	22	②	3	問５	29	②	3	-	-		
問６	23	②	3	問６	30	④	3	-	-		
問７	24	③	3	-	-			-	-		

【　Ａ解説　】

1

問１　「仏教について述べた文として適切なものを」とあります。①はキリスト教、②は儒教、③はイスラム教についての記述です。したがって、正解は④です。

解答番号【１】：４　　　⇒重要度Ａ

問２　会話文の２行目や４行目に出てくる「重源」に注目しましょう。重源は 12 世紀頃の日本の僧侶ですので、「あ」・「い」の地図については 12 世紀頃の中国の勢力図として適切な「あ」を選びましょう。「あ」の地図の色が濃い地域が金、薄い地域が西夏、中間色が南宋です。「い」の地図は 15 世紀頃の明の勢力図です。Ａについては会話文中の四角で囲まれている部分を見てみましょう。「近年になって、木材の価格が上がり、木が相次いで切られた。〜大水になっても林の木々もないため、水があふれる勢いを抑えることができなくなってしまった。」という部分から「商用目的での伐採で山林が減少したせいで水害が起きやすくなった」を選択しましょう。したがって、正解は③です。

解答番号【２】：３　　　⇒重要度Ｃ

2

問１　Ａにはヒッタイト人が武器として用いた「鉄」が入ります。火薬が最初に登場したのは６～７世紀の中国だと言われており、実用化されたのは13世紀のモンゴルでのことですので、紀元前17～紀元前12世紀のヒッタイトとは時代が合いません。したがって、正解は④です。

解答番号【3】：4　　　⇒重要度Ｂ

問２　①のダンテはルネサンス期、13～14世紀のイタリアの詩人・哲学者です。②ティムールが現在のインドでティムール帝国を建国したのは14世紀です。④三・一独立運動が起きたのは20世紀の朝鮮です。正答である③のペルシア戦争は、紀元前５世紀に４回にわたってギリシアのポリス（都市国家）の連合軍とアケメネス朝ペルシアが戦いました。したがって、正解は③です。

解答番号【4】：3　　　⇒重要度Ａ

問３　①のシベリア鉄道は19世紀ロシア、②のアウトバーンは20世紀にドイツで作られた自動車専用道路で、1932年から建設が始まっています。④の「王の道」はアケメネス朝ペルシアのダレイオス１世が建設した道路で、複数の宿駅が備えられていました。正答の③駅伝制は統治のために建設された道路とその運用方法を指します。したがって、正解は③です。

解答番号【5】：3　　　⇒重要度Ｂ

問４　インドに４世紀に成立したのはグプタ朝です。もうひとつの選択肢のアイユーブ朝は12世紀後半にエジプト・シリア周辺を支配した王朝です。ナーランダー寺院は仏教を学ぶ寺院で12世紀末～13世紀初め頃に破壊されています。したがって、正解は①です。

解答番号【6】：1　　　⇒重要度Ｂ

3

問１　傍線部の前に「徳川家康は、積極的に海外との交易を図ったのですが」とあります。徳川家康が征夷大将軍として江戸幕府を開いたのは17世紀前半のことです。貿易が再開できなかった背景として考えられるのは「家康が将軍についた少し前の時期」であると予想を立てましょう。①白村江の戦いは７世紀、②文禄・慶長の役は16世紀後半、③太平天国の乱は19世紀、④柳条湖事件は20世紀です。文禄・慶長の役は朝鮮出兵とも呼ばれますが、豊臣秀吉が出兵したのは日本統一後、更なる権力を求めて明の支配を狙っていたためと言われています。したがって、正解は②です。

解答番号【7】：2　　　⇒重要度Ｃ

問２　朱印船貿易は16世紀末～17世紀初めまで行われていたものです。このころ、ヨーロッパ諸国ではアジア・アフリカ地域に植民地を増やしていました。②ワーテルローの戦いは19世紀、③アッバース朝が滅んだのは16世紀前半、④東南アジア諸国連合が結成されたのは20世紀後半です。したがって、正解は①です。

解答番号【8】：1　　　⇒重要度Ｂ

問３　アンデス高地は南アメリカ大陸の西側にありますので、イタリアの首都である「ローマ」は不適切であると予想がつけられるでしょう。インカ帝国は南アメリカ大陸西側にあり、スペイン人ピサロによって滅ぼされました。Ａには南アメリカ大陸で主食として食べられているトウモロコシが入ります。したがって、正解は③です。

解答番号【9】：3　　⇒**重要度Ｂ**

問４　①華僑は中国から別の国へ渡った人を指します。②ヴァイキングは８世紀の終わりから 11 世紀中頃までバルト海・スカンディナビア半島周辺で活動していた海賊です。③バビロン捕囚は紀元前６世紀頃、ユダ王国が新バビロニアに征服され、ユダヤ人が新バビロニアの首都バビロンに連行されたことを言います。④について、17 世紀にイギリスなど西ヨーロッパからアメリカへの移住の動きが始まります。19 世紀の終わり頃からは新移民と言われる東欧・南欧からの移民が増加していきますが、その背景には空欄Ｂの前にある 1840 年代の飢餓が関係しています。したがって、正解は④です。

解答番号【10】：4　　⇒**重要度Ｃ**

問５　Ｃにはプロイセン国王の名前が入ります。ここに当てはまるのは④フリードリヒ２世のみです。①ヌルハチは清の前身とされる後金の初代皇帝、②エリザベス１世は 16 世紀半ば～17 世紀初頭のイギリス女王です。③アクバルは 16 世紀ムガル帝国の３代皇帝です。したがって、正解は④です。

解答番号【11】：4　　⇒**重要度Ａ**

4

問１　①レーニンはソ連の人物です。新経済政策は 20 世紀前半に行われた、税金を支払ったのちに残った穀物を自由市場で販売することが認められたもので、これをきっかけに経済が安定していきました。②ヴァルダマーナがジャイナ教を開いたのは紀元前５～紀元前６世紀です。③清がアヘン戦争に敗れ香港をイギリスに割譲したのは 19 世紀のことです。④インド帝国が誕生したのは 1857 年のインド大反乱がきっかけで、翌年東インド会社を解散して直接支配するようになりました。したがって、正解は④です。

解答番号【12】：4　　⇒**重要度Ｂ**

問２　「あ」の航路はインドで生産されたもの、「い」の航路は日本で生産されたものが入ると考えられます。また、傍線部ｂの後ろの「原料が安価に輸入されるようになったことで、大阪の紡績業は急成長し」という部分に注目しましょう。紡績業は綿糸を生産するものですので、その原料である綿花がインドから日本に輸入され、加工されて綿糸となったものが中国に輸出されていったことがわかります。したがって、正解は①です。

解答番号【13】：1　　⇒**重要度Ｃ**

問３　Ａには 1851 年にロンドンで行われた第１回万国博覧会が入ります。①近代オリンピックの第１回大会は 1896 年にアテネで行われました。③主要国首脳会議は 1975 年にフランスで第１回会議が行われました。④アジア・アフリカ会議の第１回会議はインドネシア

のバンドンで行われました。したがって、正解は②です。

解答番号【14】：2　　⇒重要度B

問４　「イギリス諸島とのあらゆる商取引、通信を禁止する」「イギリス商品の取引」という部分から、大陸封鎖令だとわかります。①洪武帝は 1371 年に倭寇を防止することを理由として「海禁令」を出して海外との交易、大船の建造などを禁止しました。②ミラノ勅令は 313 年にローマ帝国のコンスタンティヌス帝が、キリスト教を公認したものです。④は冷戦期のアメリカの外交政策で、トルーマン=ドクトリン、マーシャル=プラン、北大西洋条約機構（NATO）の構築など一連のアメリカ主導の政策を指します。したがって、正解は③です。

解答番号【15】：3　　⇒重要度A

問５　Ｂにはドイツが行った３Ｂ政策が入ります。もうひとつの選択肢の大躍進政策は中国の毛沢東主導によって行われた、1958 年からの第２次五カ年計画を指します。Ｃには３Ｂ政策と同時期の義和団事件が入ります。黄巾の乱は後漢の末期 184 年の農民反乱です。したがって、正解は②です。

解答番号【16】：2　　⇒重要度A

問６　19 世紀後半にドイツが戦ったのはオーストリアとフランスで、1866 年の普墺戦争と 1870 年の普仏戦争を指します。したがって、正解は④です。

解答番号【17】：4　　⇒重要度B

5

問１　①アメリカで携帯電話の開発が進んだのは 1970 年代からで、普及したのは 20 世紀後半のことです。②ヴェルサイユ宮殿は 17 世紀後半にフランス王ルイ 14 世によって建設されました。③ルネサンスは 14 世紀にヨーロッパではじまった古典復興を中心とする文化運動です。④アメリカのラジオ放送の歴史は 1920 年 KDKA 局の放送開始からはじまりました。したがって、正解は④です。

解答番号【18】：4　　⇒重要度C

問２　1925 年に上海で起きたのは五・三〇運動です。①公民権運動は 20 世紀後半にアメリカの黒人が公民権の適用・人種差別の解消を求めて行った運動です。②ワッハーブ運動は 18 世紀にアラビア半島で起きたイスラム教改革運動です。④ラダイト運動は 19 世紀前半のイギリスにおいて、産業革命で機械化が進んだために失業した手工業職人が機械を打ち壊したことを指します。したがって、正解は③です。

解答番号【19】：3　　⇒重要度A

問３　①グリム兄弟は「ヘンゼルとグレーテル」や「ブレーメンの音楽隊」などのグリム童話をまとめた人物です。②ワットは 18 ～ 19 世紀イギリスの技術者で、蒸気機関等を発明しました。④キュリー夫人は女性初のノーベル賞受賞者で、1903 年に物理学賞、1911 年に化学賞を受賞しました。したがって、正解は③です。

解答番号【20】：３　　⇒重要度Ｂ

問４　①ヒトラー内閣が成立させた全権委任法は内閣に対し絶対的権限を与えるものです。②は８～ 13 世紀に北アフリカから中央アジアに存在したアッバース朝の政治方針です。③ドイモイ政策は 1986 年のベトナム共産党委員会によって定められた社会主義下での市場経済導入を中心とした経済再建政策を指します。④ 11 世紀末～ 13 世紀末までの間にキリスト教勢力がイスラーム圏に向けて行った軍事行動のことです。したがって、正解は①です。

解答番号【21】：１　　⇒重要度Ａ

問５　①は 1623 年にオランダの支配下にあったインドネシアにおいて、イギリス東インド会社商館をオランダが襲った事件を指します。これをきっかけに、アジア貿易をオランダが独占していきました。③血の日曜日事件は日露戦争の最中、1905 年に第一次ロシア革命のきっかけとなった事件です。第二次ロシア革命も第一次と同じく戦争の最中であったことを覚えておきましょう。④は 1894 年にユダヤ系軍人がドイツのスパイとして告発されるも無罪を主張した事件です。この軍人は 10 年以上経って無罪が認められました。したがって、正解は②です。

解答番号【22】：２　　⇒重要度Ｂ

問６　図５の「あ」の領域は現在のベトナムを指します。ベトナムはフランスの植民地になっていたため、Ａにはフランスが入ります。Ｂについては資料の３行目以降の「民族原則が理想の領域から現実の領域へと転化し、各民族の神聖なる自決権が真のものと認められるのを待ちながら」という部分から「民族の自決権を求めた」が入ることがわかります。したがって、正解は②です。

解答番号【23】：２　　⇒重要度Ｂ

問７　①オバマ大統領は 21 世紀のアメリカの大統領です。②ハンムラビ王は紀元前 18 世紀頃のバビロン第一王朝の王です。③ラーマ５世はラタナコーシン朝第５代の王で、ヨーロッパが帝国主義の下、権力を広げていた時代にタイの独立を維持し続けました。④鄧小平は 20 世紀の中国の政治家で毛沢東の死後の最高指導者です。したがって、正解は③です。

解答番号【24】：３　　⇒重要度Ａ

6

問１　①勘合貿易が行われていたのは室町幕府と明の間で、15 ～ 16 世紀の間の出来事です。② 1954 年に起きたアルジェリア独立運動後、1958 年に臨時政府が樹立し、1962 年にド＝ゴールが独立を容認したことで認められました。このことは 1960 年に多くのアフリカ諸国が独立し「アフリカの年」と呼ばれたことに大きく影響しました。③門戸開放宣言は 19 世紀末にアメリカの国務長官ジョン＝ヘイが発表した、清において列強諸国が持つ権利を各国が平等に持つべきであるとする主張を指します。門戸開放・機会均等・領土保全をヘイの三原則と呼んでいます。④ネルチンスク条約は 17 世紀後半にロシアと清の間で結ばれた国境に関する条約です。したがって、正解は②です。

解答番号【25】：２　　⇒重要度Ａ

問２　キューバの革命家として適切な選択肢は①です。②は紀元前５～紀元前４世紀のギリシアの哲学者、③はスペインの植民地下にあったフィリピンで独立運動を展開した人物です。④は20世紀後半のイギリス首相で、イギリス女性初の首相となった人物です。したがって、正解は①です。

解答番号【26】：1　　⇒ 重要度A

問３　問題文中に「核兵器の廃絶に向かう国際協力を主題とした年表」とあります。選択肢の中で核兵器に関係しているのは1989年に締結された④のみです。中距離核戦力は距離500km～5500kmの間で使用されるミサイル等を指します。この条約は2019年に失効しています。①ウェストファリア条約は1648年に結ばれた三十年戦争の講和条約です。②不戦条約は第一次世界大戦後、1928年に結ばれた、戦争を否定する内容で15か国が調印した国際的な条約です。③日米和親条約は江戸時代末期にペリーが浦賀に来航したことをきっかけに1854年に結ばれた条約で、日本が長年続けていた鎖国政策がこれで終わりました。したがって、正解は④です。

解答番号【27】：4　　⇒ 重要度A

問４　①アダム＝スミスは18世紀イギリスの思想家・経済学者で、『諸国民の富（国富論）』などの書物を著しました。②ブラントは20世紀ドイツの政治家で、東西に分裂していたドイツを統一させる基礎を作り上げた人物です。④ルターは16世紀のドイツで免罪符（贖宥状）を否定し、宗教改革を始めた人物です。したがって、正解は③です。

解答番号【28】：3　　⇒ 重要度A

問５　ベトナム戦争の時期が冷戦の時期と一致していること、資料中の「南ベトナムが共産主義者の手に落ちれば」という部分から、社会主義と対立している勢力が出したものであると考えましょう（共産主義は社会主義の一派です）。社会主義と対立している資本主義国にあたるのは、選択肢の中ではアメリカのみです。また、南ベトナムを支援し北ベトナムに北爆を行ったのはアメリカです。したがって、正解は②です。

解答番号【29】：2　　⇒ 重要度B

問６　①辮髪は17～20世紀に現在の中国に存在した清の国の中心的民族であった満州族の伝統的な髪形で、漢民族男性にこの辮髪を強制する辮髪令が出されていました。②チャーティスト運動は19世紀前半にイギリスで労働者が選挙権を求めて起こした運動です。③ペリクレスは紀元前５世紀の古代ギリシア、アテネの政治家です。④アパルトヘイトは「分離・隔離」の意味で、白人が非白人を蔑視し、人種間の結婚を禁止したり様々な施設において白人用と非白人用に分けられるなどの政策が行われていました。したがって、正解は④です。

解答番号【30】：4　　⇒ 重要度A

7

問１　Ａの直前にある「中世のヨーロッパで行われていた輪作」という部分に注目し、③と解答しましょう。①郡県制は古代中国で使用されていた統治制度です。②一条鞭法は明の税制度です。④囲い込みは15～16世紀のイギリスで行われていた、農民から取り上げた土地や共有地を柵で囲み、牧場に転換したことを指します。したがって、正解は③です。

解答番号【31】：３　　⇒ **重要度Ｂ**

問２　②について、モノカルチャー経済が進んだのはアジア・ラテンアメリカ・アフリカ等の植民地化が進んだ 15 ～ 20 世紀にかけてのことですが、「い」の時期は 13 世紀後半～ 14 世紀を指しているため不適切です。③について、動力源が石炭から石油に変わったのは 19 世紀後半ですが、「う」の時期は 18 世紀後半を指しているため不適切です。④について、三角貿易によって黒人奴隷がアフリカ大陸から南北アメリカ大陸間に移動したのは 17 ～ 18 世紀ですが、「え」の時期は 20 世紀中頃を指しているため不適切です。したがって、正解は①です。

解答番号【32】：１　　⇒ **重要度Ｂ**

【 B解答 】

1	解答番号	正答	配点	2	解答番号	正答	配点	3	解答番号	正答	配点	4	解答番号	正答	配点
問 1	1	④	4	問 1	3	④	4	問 1	11	②	3	問 1	16	④	3
問 2	2	③	3	問 2	4	③	3	問 2	12	①	3	問 2	17	①	3
-	-			問 3	5	③	3	問 3	13	①	3	問 3	18	①	3
-	-			問 4	6	①	3	問 4	14	③	3	問 4	19	③	3
-	-			問 5	7	④	3	問 5	15	④	3	-	-		
-	-			問 6	8	②	3	-	-			-	-		
-	-			問 7	9	②	3	-	-			-	-		
-	-			問 8	10	③	3	-	-			-	-		

5	解答番号	正答	配点	6	解答番号	正答	配点	7	解答番号	正答	配点
問 1	20	④	4	問 1	26	②	3	問 1	31	③	3
問 2	21	③	3	問 2	27	①	3	問 2	32	①	3
問 3	22	③	3	問 3	28	④	4	-	-		
問 4	23	①	3	問 4	29	①	3	-	-		
問 5	24	④	3	問 5	30	②	3	-	-		
問 6	25	②	3	-	-			-	-		

【 B解説 】

1

問 1 「仏教について述べた文として適切なものを」とあります。①はキリスト教、②は儒教、③はイスラム教についての記述です。したがって、正解は④です。

解答番号【1】: 4 ⇒ **重要度A**

問 2 会話文の 2 行目や 4 行目に出てくる「重源」に注目しましょう。重源は 12 世紀頃の日本の僧侶ですので、「あ」・「い」の地図については 12 世紀頃の中国の勢力図として適切な「あ」を選びましょう。「あ」の地図の色が濃い地域が金、薄い地域が西夏、中間色が南宋です。「い」の地図は 15 世紀頃の明の勢力図です。A については会話文中の四角で囲まれている部分を見てみましょう。「近年になって木材の価格が上がり、木が相次いで切られた。～大水になっても林の木々もないため、水があふれる勢いを抑えることができなくなってしまった」という部分から「商用目的での伐採で山林が減少したせいで水害が起きやすくなった」を選択しましょう。したがって、正解は③です。

解答番号【2】: 3 ⇒ **重要度C**

2

問１　Ａにはヒッタイト人が武器として用いた「鉄」が入ります。火薬が最初に登場したのは６～７世紀の中国だと言われており、実用化されたのは 13 世紀のモンゴルでのことですので、紀元前 17 ～紀元前 12 世紀のヒッタイトとは時代が合いません。したがって、正解は④です。

解答番号【3】：4　　⇒**重要度Ｂ**

問２　①のダンテはルネサンス期、13 ～ 14 世紀のイタリアの詩人・哲学者です。②ティムールが現在のインドでティムール帝国を建国したのは 14 世紀です。④三・一独立運動が起きたのは 20 世紀の朝鮮です。正答である③のペルシア戦争は紀元前５世紀に４回にわたってギリシアのポリス（都市国家）の連合軍とアケメネス朝ペルシアが戦いました。したがって、正解は③です。

解答番号【4】：3　　⇒**重要度Ａ**

問３　①のシベリア鉄道は 19 世紀ロシア、②のアウトバーンは 20 世紀にドイツで作られた自動車専用道路で、1932 年から建設が始まっています。④の「王の道」はアケメネス朝ペルシアのダレイオス１世が建設した道路で、複数の宿駅が備えられていました。正答の③駅伝制は統治のために建設された道路とその運用方法を指します。したがって、正解は③です。

解答番号【5】：3　　⇒**重要度Ｂ**

問４　インドに４世紀に成立したのはグプタ朝です。もうひとつの選択肢のアイユーブ朝は 12 世紀後半にエジプト・シリア周辺を支配した王朝です。ナーランダー寺院は仏教を学ぶ寺院で 12 世紀末～ 13 世紀初めごろに破壊されています。したがって、正解は①です。

解答番号【6】：1　　⇒**重要度Ｂ**

問５　資料を要約すると「ある者は 15 歳から 40 歳まで屯田兵をしていた」「帰ってくると頭が白くなっている（＝年をとっている）のにまたすぐに辺境の地の警備にいく」とあります。このことから、兵役について書かれていることがわかります。府兵制とは６～８世紀の中国の軍事制度で、農民に兵役を負わせるものです。①八旗制は後金を建国したヌルハチが作った、満州民族の軍事行政のための制度です。②十分の一税は中世ヨーロッパでローマ＝カトリック教会が農民に生産物の 10 分の１を納めさせたことを言います。③地丁銀制は清で行われた人頭税に地税を組み込んで納税する制度を指します。したがって、正解は④です。

解答番号【7】：4　　⇒**重要度Ｂ**

問６　①ケルン大聖堂はドイツにある世界遺産で４世紀に完成しました（現存するものは３代目です）。②ボロブドゥールは世界三大仏教遺跡のひとつで８世紀後半から９世紀前半にインドネシアのジャワ島に建てられました。③ピラミッドは紀元前３世紀のエジプト古王国時代に作られたもので、クフ王・カフラー王・メンカフラー王の３名が造営したものは三大ピラミッドと呼ばれています。④コロッセウムはローマ帝国時代の１世紀に完成した闘技場です。したがって、正解は②です。

解答番号【8】：2　⇒**重要度A**

問7　「ア」のムハンマドの聖遷（ヒジュラ）は紀元前7世紀、「イ」のパフレヴィー朝が開かれたのは20世紀前半です。「ウ」のビザンツ帝国滅亡は15世紀半ばです。したがって、正解は②です。

解答番号【9】：2　⇒**重要度B**

問8　①チャーチルは20世紀のイギリスの政治家で1940年から5年間首相を務めました。②アレクサンドル2世は19世紀後半のロシアの皇帝でクリミア戦争敗北後に農奴解放令によってロシアの近代化を図りました。③ジョン王は13世紀のイギリスの王でフランスに大陸の領土を奪われるなどの失政もあり、また歴代国王の中で最も王の器になかった人物とも言われていました。しかし20世紀後半ごろから研究ではジョンを評価する動きもあります。④サン＝マルティンは19世紀に活躍した南アメリカ大陸の独立運動家です。したがって、正解は③です。

解答番号【10】：3　⇒**重要度B**

3

問1　傍線部の前に「徳川家康は、積極的に海外との交易を図ったのですが」とあります。徳川家康が征夷大将軍として江戸幕府を開いたのは17世紀前半のことです。貿易が再開できなかった背景として考えられるのは「家康が将軍についた少し前の時期」であると予想を立てましょう。①白村江の戦いは7世紀、②文禄・慶長の役は16世紀後半、③太平天国の乱は19世紀、④柳条湖事件は20世紀です。文禄・慶長の役は朝鮮出兵とも呼ばれますが、豊臣秀吉が出兵したのは日本統一後、更なる権力を求めて明の支配を狙っていたためと言われています。したがって、正解は②です。

解答番号【11】：2　⇒**重要度C**

問2　朱印船貿易は16世紀末～17世紀初めまで行われていたものです。この頃、ヨーロッパ諸国ではアジア・アフリカ地域に植民地を増やしていました。②ワーテルローの戦いは19世紀、③アッバース朝が滅んだのは16世紀前半、④東南アジア諸国連合が結成されたのは20世紀後半です。したがって、正解は①です。

解答番号【12】：1　⇒**重要度B**

問3　①レコンキスタは8～15世紀に行われたイスラーム支配に対して、イベリア半島のキリスト教徒がイスラーム教徒を排除し反撃する動きを指します。②スペイン内戦は20世紀前半にスペインの人民戦線政府とフランコを中心とした軍部の戦いです。③アレクサンドロス大王が東方遠征を行ったのは紀元前4世紀で、この遠征の結果ヘレニズムと呼ばれるギリシア文化とオリエント文化が融合した文化が生まれました。④バスティーユ牢獄の襲撃は18世紀のフランス革命の時です。したがって、正解は①です。

解答番号【13】：1　⇒**重要度B**

問4　問題文中にある「地球球体説を唱え」た人物として適切なのはトスカネリです。もうひとつの選択肢のシェイクスピアは16世紀後半～17世紀前半に活躍したイギリスの劇作家で、『リア王』『ロミオとジュリエット』などを書いています。地図については、大航海時代が始まる時点ではアメリカ大陸がヨーロッパでは認知されていないため（そのため、南北アメリカ大陸は発見後「新大陸」と呼ばれました）、「あ」の地図が適切であると推察できます。したがって、正解は③です。

解答番号【14】：3　⇒重要度B

問５　イクター制とは 10 世紀以降のイスラーム国で見られる制度で、国が配下の軍人に土地を与え、その土地の収入の一部を軍人自身の給与とする制度を言います。エンコミエンダ制は 16 世紀のスペイン植民地で、現地人をキリスト教徒として教化し労働者として支配する制度を指します。これによってヨーロッパから移り住んだ支配者は小麦、サトウキビを栽培する大農園や銀山などの鉱山の開発を行いました。したがって、正解は④です。

解答番号【15】：4　⇒重要度C

4

問１　①レーニンはソ連の人物で、新経済政策は 20 世紀前半に行われた、税金を支払ったのちに残った穀物を自由市場で販売することが認められたもので、これをきっかけに経済が安定していきました。②ヴァルダマーナがジャイナ教を開いたのは紀元前５～紀元前６世紀です。③清がアヘン戦争に敗れ香港をイギリスに割譲したのは 19 世紀のことです。④インド帝国が誕生したのは 1857 年のインド大反乱がきっかけで、翌年東インド会社を解散して直接支配するようになりました。したがって、正解は④です。

解答番号【16】：4　⇒重要度B

問２　「あ」の航路はインドで生産されたもの、「い」の航路は日本で生産されたものが入ると考えられます。また、傍線部ｂの後ろの「原料が安価に輸入されるようになったことで、大阪の紡績業は急成長し」という部分に注目しましょう。紡績業は綿糸を生産するものですので、その原料である綿花がインドから日本に輸入され、加工されて綿糸となったものが中国に輸出されていったことがわかります。したがって、正解は①です。

解答番号【17】：1　⇒重要度C

問３　南北戦争はイギリスからの独立後のアメリカ合衆国南部と北部が奴隷制度を巡って対立していたことで起きました。北部は工業地域で奴隷制には反対し保護貿易を求め、南部は農業地域で奴隷制に賛成し自由貿易を求めていました。19 世紀後半に北部出身のリンカンが 16 代大統領に就任すると南部地域はアメリカ連合国として独立を目指し南北戦争が起きました。リンカンは奴隷解放宣言を出して国内外を味方につけて南部軍を制圧しアメリカ連合国の独立を阻止しました。②はアメリカ独立前の 18 世紀後半で、この後アメリカ独立戦争が起きます。③は 17 世紀前半の三十年戦争で、これをきっかけに神聖ローマ帝国が分裂しました。④は 20 世紀半ばで、第二次世界大戦後の朝鮮戦争です。したがって、正解は①です。

解答番号【18】：1　⇒重要度B

問４　軽工業を中心とした第一次産業革命が起きたのは 18 世紀中ごろのイギリスからで、この頃のイギリスは「世界の工場」と呼ばれていました。第二次産業革命は重工業が中心で、

19世紀後半にドイツ・アメリカからはじまります。このことから、Aのグラフはイギリスであり、理由としては「他の国々に産業革命がひろがったため」が適切であると考えることができます。したがって、正解は③です。

解答番号【19】：3　　⇒**重要度B**

5

問1　①アメリカで携帯電話の開発が進んだのは1970年代からで、普及したのは20世紀後半のことです。②ヴェルサイユ宮殿は17世紀後半にフランス王ルイ14世によって建設されました。③ルネサンスは14世紀にヨーロッパではじまった古典復興を中心とする文化運動です。④アメリカのラジオ放送の歴史は1920年KDKA局の放送開始からはじまりました。したがって、正解は④です。

解答番号【20】：4　　⇒**重要度C**

問2　1925年に上海で起きたのは五・三〇運動です。①公民権運動は20世紀後半にアメリカの黒人が公民権の適用・人種差別の解消を求めて行った運動です。②ワッハーブ運動は18世紀にアラビア半島で起きたイスラム教改革運動です。④ラダイト運動は19世紀前半のイギリスにおいて、産業革命で機械化が進んだために失業した手工業職人が機械を打ち壊したことを指します。したがって、正解は③です。

解答番号【21】：3　　⇒**重要度A**

問3　①グリム兄弟は「ヘンゼルとグレーテル」や「ブレーメンの音楽隊」などのグリム童話をまとめた人物です。②ワットは18～19世紀イギリスの技術者で、蒸気機関等を発明しました。④キュリー夫人は女性初のノーベル賞受賞者で、1903年に物理学賞、1911年に化学賞を受賞しました。したがって、正解は③です。

解答番号【22】：3　　⇒**重要度B**

問4　①ヒトラー内閣が成立させた全権委任法は内閣に対し絶対的権限を与えるものです。②は8～13世紀に北アフリカから中央アジアに存在したアッバース朝の政治方針です。③ドイモイ政策は1986年のベトナム共産党委員会によって定められた社会主義下での市場経済導入を中心とした経済再建政策を指します。④11世紀末～13世紀末までの間にキリスト教勢力がイスラーム圏に向けて行った軍事行動のことです。したがって、正解は①です。

解答番号【23】：1　　⇒**重要度A**

問5　3枚のカードに共通して出てくるのがパレスチナについての処遇です。特にフセイン・マクマホン協定とバルフォア宣言の矛盾はパレスチナへのイスラエル建国によるアラブ人とユダヤ人の対立を激化させ、パレスチナ問題から第一次中東戦争が起こりました。会話文中を要約すると、この生徒が1914～1918年の第一次世界大戦中のパレスチナ地方の協定について調べ、先生はこの協定がその後の混乱を招いたと話しています。①エジプト＝トルコ戦争は19世紀前半、②日清戦争は19世紀後半、③ポエニ戦争は紀元前3～紀元前2世紀と第一次世界大戦よりも前の出来事です。したがって、正解は④です。

解答番号【24】：4　　⇒**重要度B**

問６　①はアメリカで世界恐慌の克服のための政策としてフランクリン＝ローズヴェルト大統領が出したものです。②「平和に関する布告」は 20 世紀前半にレーニンが提唱した第一次世界大戦への停戦案です。ドイツとソ連は停戦しましたが、これに反発した連合国はシベリア出兵を行いました。③ピカソは 19 世紀から 20 世紀のスペインの画家、④名誉革命は 17 世紀後半のイギリスでイギリス議会がジェームス２世を退位させ、メアリ２世とウィリアム３世を共同君主として２人に権利の宣言を受け入れさせたものです。これによってイギリスの立憲君主制が確立しました。したがって、正解は②です。

解答番号【25】：２　　⇒ **重要度Ａ**

6

問１　①勘合貿易が行われていたのは室町幕府と明の間で、15 ～ 16 世紀の間の出来事です。② 1954 年に起きたアルジェリア独立運動後、1958 年に臨時政府が樹立し、1962 年にド＝ゴールが独立を容認したことで認められました。この戦争は 1960 年に多くのアフリカ諸国が独立し「アフリカの年」と呼ばれたことに大きく影響しました。③門戸開放宣言は 19 世紀末にアメリカの国務長官ジョン＝ヘイが発表した清において列強諸国が持つ権利を各国が平等に持つべきであるとする主張を指します。門戸開放・機会均等・領土保全をヘイの三原則と呼んでいます。④ネルチンスク条約は 17 世紀後半にロシアと清の間で結ばれた国境に関する条約です。したがって、正解は②です。

解答番号【26】：２　　⇒ **重要度Ａ**

問２　キューバの革命家として適切な選択肢は①です。②は紀元前５～紀元前４世紀のギリシアの哲学者、③はスペインの植民地下にあったフィリピンで独立運動を展開した人物です。④は 20 世紀後半のイギリス首相で、イギリス女性初の首相となった人物です。したがって、正解は①です。

解答番号【27】：１　　⇒ **重要度Ａ**

問３　問題文中に「核兵器の廃絶に向かう国際協力を主題とした年表」とあります。選択肢の中で核兵器に関係しているのは 1989 年に締結された④のみです。中距離核戦力は距離 500km ～ 5500km の間で使用されるミサイル等を指します。この条約は 2019 年に失効しています。①ウェストファリア条約は 1648 年に結ばれた三十年戦争の講和条約です。②不戦条約は第一次世界大戦後、1928 年に結ばれた戦争を否定する内容で、15 か国が調印した国際的な条約です。③日米和親条約は江戸時代末期にペリーが浦賀に来航したことをきっかけに 1854 年に結ばれた条約で、日本が長年続けていた鎖国政策がこれで終わりました。したがって、正解は④です。

解答番号【28】：４　　⇒ **重要度Ａ**

問４　「プラハの春」は 20 世紀後半、1968 年にはじまったチェコスロバキアの民主化運動です。これを阻止しようとしたのが社会主義国で形成された軍事同盟ワルシャワ条約機構です。もうひとつの選択肢のオスマン帝国は 20 世紀前半の 1922 年に滅亡しているため、プラハの春に介入する存在としては不適切です。資料中の「障害者」はＢに入るワルシャワ条約機構に対して抵抗していることが問題文から読み取れますので、この人物は民主化

を求めていると推察することができます。したがって、正解は①です。

解答番号【29】：1　　⇒**重要度C**

問5　①東学党の乱（甲午農民戦争）は19世紀後半に朝鮮半島で起こった反乱で、これを鎮圧するために出兵した日本軍と中国軍が対立し、日清戦争に発展しました。②天安門事件は20世紀後半に起きたもので、第一次は文化大革命への反発、第二次は鄧小平政権への反発から起きました。③陳独秀は20世紀前半中国で起った文学革命の指導者です。④第4回選挙法改正によって女性参政権が認められたのは20世紀前半のイギリスです。したがって、正解は②です。

解答番号【30】：2　　⇒**重要度B**

7

問1　Aの直前にある「中世のヨーロッパで行われていた輪作」という部分に注目し、③と解答しましょう。①郡県制は古代中国で使用されていた統治制度です。②一条鞭法は明の税制度です。④囲い込みは15～16世紀のイギリスで行われていた、農民から取り上げた土地や共有地を柵で囲み、牧場に転換したことを指します。したがって、正解は③です。

解答番号【31】：3　　⇒**重要度B**

問2　②について、モノカルチャー経済が進んだのはアジア・ラテンアメリカ・アフリカ等の植民地化が進んだ15～20世紀にかけてのことですが、「い」の時期は13世紀後半～14世紀を指しているため不適切です。③について、動力源が石炭から石油に変わったのは19世紀後半ですが、「う」の時期は18世紀後半を指しているため不適切です。④について、三角貿易によって黒人奴隷がアフリカ大陸から南北アメリカ大陸間に移動したのは17～18世紀ですが、「え」の時期は20世紀中頃を指しているため不適切です。したがって、正解は①です。

解答番号【32】：1　　⇒**重要度B**

キリトリ線

第　回　高等学校卒業程度認定試験

世界史Ａ・Ｂ　解答用紙

氏名	

受験番号 ⇒

①	0 1 2 3 4 5 6 7 8 9	0 1 2 3 4 5 6 7 8 9	0 1 2 3 4 5 6 7 8 9	0 1 2 3 4 5 6 7 8 9

生年月日 ⇒

年号						
明治Ⓜ 大正Ⓣ 昭和Ⓢ 平成Ⓗ	0 1 2 3 4 5 6	0 1 2 3 4 5 6 7 8 9	0 1	0 1 2 3 4 5 6 7 8 9	0 1 2 3	0 1 2 3 4 5 6 7 8 9

（注意事項）
1．記入はすべてＨまたはＨＢの黒色鉛筆を使用してください。
2．訂正するときは、プラスチックの消しゴムで丁寧に消し、消しくずを残さないでください。
3．所定の記入欄以外には何も記入しないでください。
4．解答用紙を汚したり、折り曲げたりしないでください。
5．マーク例　良い例 ●　悪い例

受験地			
北海道	〇	滋賀	〇
青森	〇	京都	〇
岩手	〇	大阪	〇
宮城	〇	兵庫	〇
秋田	〇	奈良	〇
山形	〇	和歌山	〇
福島	〇	鳥取	〇
茨城	〇	島根	〇
栃木	〇	岡山	〇
群馬	〇	広島	〇
埼玉	〇	山口	〇
千葉	〇	徳島	〇
東京	〇	香川	〇
神奈川	〇	愛媛	〇
新潟	〇	高知	〇
富山	〇	福岡	〇
石川	〇	佐賀	〇
福井	〇	長崎	〇
山梨	〇	熊本	〇
長野	〇	大分	〇
岐阜	〇	宮崎	〇
静岡	〇	鹿児島	〇
愛知	〇	沖縄	〇
三重	〇		

※解答する科目名に〇を付けてマークして下さい。

世界史A	世界史B
〇	〇

解答番号	解答欄 1 2 3 4 5 6 7 8 9 0
1	①②③④⑤⑥⑦⑧⑨⓪
2	①②③④⑤⑥⑦⑧⑨⓪
3	①②③④⑤⑥⑦⑧⑨⓪
4	①②③④⑤⑥⑦⑧⑨⓪
5	①②③④⑤⑥⑦⑧⑨⓪
6	①②③④⑤⑥⑦⑧⑨⓪
7	①②③④⑤⑥⑦⑧⑨⓪
8	①②③④⑤⑥⑦⑧⑨⓪
9	①②③④⑤⑥⑦⑧⑨⓪
10	①②③④⑤⑥⑦⑧⑨⓪
11	①②③④⑤⑥⑦⑧⑨⓪
12	①②③④⑤⑥⑦⑧⑨⓪
13	①②③④⑤⑥⑦⑧⑨⓪
14	①②③④⑤⑥⑦⑧⑨⓪
15	①②③④⑤⑥⑦⑧⑨⓪

解答番号	解答欄 1 2 3 4 5 6 7 8 9 0
16	①②③④⑤⑥⑦⑧⑨⓪
17	①②③④⑤⑥⑦⑧⑨⓪
18	①②③④⑤⑥⑦⑧⑨⓪
19	①②③④⑤⑥⑦⑧⑨⓪
20	①②③④⑤⑥⑦⑧⑨⓪
21	①②③④⑤⑥⑦⑧⑨⓪
22	①②③④⑤⑥⑦⑧⑨⓪
23	①②③④⑤⑥⑦⑧⑨⓪
24	①②③④⑤⑥⑦⑧⑨⓪
25	①②③④⑤⑥⑦⑧⑨⓪
26	①②③④⑤⑥⑦⑧⑨⓪
27	①②③④⑤⑥⑦⑧⑨⓪
28	①②③④⑤⑥⑦⑧⑨⓪
29	①②③④⑤⑥⑦⑧⑨⓪
30	①②③④⑤⑥⑦⑧⑨⓪

解答番号	解答欄 1 2 3 4 5 6 7 8 9 0
31	①②③④⑤⑥⑦⑧⑨⓪
32	①②③④⑤⑥⑦⑧⑨⓪
33	①②③④⑤⑥⑦⑧⑨⓪
34	①②③④⑤⑥⑦⑧⑨⓪
35	①②③④⑤⑥⑦⑧⑨⓪

キリトリ線

第　回　高等学校卒業程度認定試験

世界史A・B　解答用紙

氏　名	

受験番号⇒

①	⓪①②③④⑤⑥⑦⑧⑨	⓪①②③④⑤⑥⑦⑧⑨	⓪①②③④⑤⑥⑦⑧⑨	⓪①②③④⑤⑥⑦⑧⑨

生年月日⇒

年号						
明治Ⓜ 大正Ⓣ 昭和Ⓢ 平成Ⓗ	⓪①②③④⑤⑥	⓪①②③④⑤⑥⑦⑧⑨	⓪①	⓪①②③④⑤⑥⑦⑧⑨	⓪①②③	⓪①②③④⑤⑥⑦⑧⑨

（注意事項）

1．記入はすべてＨまたはＨＢの黒色鉛筆を使用してください。
2．訂正するときは、プラスチックの消しゴムで丁寧に消し、消しくずを残さないでください。
3．所定の記入欄以外には何も記入しないでください。
4．解答用紙を汚したり、折り曲げたりしないでください。
5．マーク例

良い例	●

悪い例	

受験地			
北海道	○	滋　賀	○
青　森	○	京　都	○
岩　手	○	大　阪	○
宮　城	○	兵　庫	○
秋　田	○	奈　良	○
山　形	○	和歌山	○
福　島	○	鳥　取	○
茨　城	○	島　根	○
栃　木	○	岡　山	○
群　馬	○	広　島	○
埼　玉	○	山　口	○
千　葉	○	徳　島	○
東　京	○	香　川	○
神奈川	○	愛　媛	○
新　潟	○	高　知	○
富　山	○	福　岡	○
石　川	○	佐　賀	○
福　井	○	長　崎	○
山　梨	○	熊　本	○
長　野	○	大　分	○
岐　阜	○	宮　崎	○
静　岡	○	鹿児島	○
愛　知	○	沖　縄	○
三　重	○		

※解答する科目名に○を付けてマークして下さい。

世界史A	世界史B
○	○

解答番号	解答欄 1 2 3 4 5 6 7 8 9 0
1	①②③④⑤⑥⑦⑧⑨⓪
2	①②③④⑤⑥⑦⑧⑨⓪
3	①②③④⑤⑥⑦⑧⑨⓪
4	①②③④⑤⑥⑦⑧⑨⓪
5	①②③④⑤⑥⑦⑧⑨⓪
6	①②③④⑤⑥⑦⑧⑨⓪
7	①②③④⑤⑥⑦⑧⑨⓪
8	①②③④⑤⑥⑦⑧⑨⓪
9	①②③④⑤⑥⑦⑧⑨⓪
10	①②③④⑤⑥⑦⑧⑨⓪
11	①②③④⑤⑥⑦⑧⑨⓪
12	①②③④⑤⑥⑦⑧⑨⓪
13	①②③④⑤⑥⑦⑧⑨⓪
14	①②③④⑤⑥⑦⑧⑨⓪
15	①②③④⑤⑥⑦⑧⑨⓪

解答番号	解答欄 1 2 3 4 5 6 7 8 9 0
16	①②③④⑤⑥⑦⑧⑨⓪
17	①②③④⑤⑥⑦⑧⑨⓪
18	①②③④⑤⑥⑦⑧⑨⓪
19	①②③④⑤⑥⑦⑧⑨⓪
20	①②③④⑤⑥⑦⑧⑨⓪
21	①②③④⑤⑥⑦⑧⑨⓪
22	①②③④⑤⑥⑦⑧⑨⓪
23	①②③④⑤⑥⑦⑧⑨⓪
24	①②③④⑤⑥⑦⑧⑨⓪
25	①②③④⑤⑥⑦⑧⑨⓪
26	①②③④⑤⑥⑦⑧⑨⓪
27	①②③④⑤⑥⑦⑧⑨⓪
28	①②③④⑤⑥⑦⑧⑨⓪
29	①②③④⑤⑥⑦⑧⑨⓪
30	①②③④⑤⑥⑦⑧⑨⓪

解答番号	解答欄 1 2 3 4 5 6 7 8 9 0
31	①②③④⑤⑥⑦⑧⑨⓪
32	①②③④⑤⑥⑦⑧⑨⓪
33	①②③④⑤⑥⑦⑧⑨⓪
34	①②③④⑤⑥⑦⑧⑨⓪
35	①②③④⑤⑥⑦⑧⑨⓪

キ リ ト リ 線

第　回　高等学校卒業程度認定試験

世界史Ａ・Ｂ　解答用紙

氏　名	

受験番号 ⇒				
①	⓪①②③④⑤⑥⑦⑧⑨	⓪①②③④⑤⑥⑦⑧⑨	⓪①②③④⑤⑥⑦⑧⑨	⓪①②③④⑤⑥⑦⑧⑨

生年月日 ⇒ 年号						
明治Ⓜ 大正Ⓣ 昭和Ⓢ 平成Ⓗ	⓪①②③④⑤⑥	⓪①②③④⑤⑥⑦⑧⑨	⓪①	⓪①②③④⑤⑥⑦⑧⑨	⓪①②③	⓪①②③④⑤⑥⑦⑧⑨

（注意事項）

1．記入はすべてＨまたはＨＢの黒色鉛筆を使用してください。
2．訂正するときは、プラスチックの消しゴムで丁寧に消し、消しくずを残さないでください。
3．所定の記入欄以外には何も記入しないでください。
4．解答用紙を汚したり、折り曲げたりしないでください。
5．マーク例　良い例　悪い例

受験地			
北海道	○	滋　賀	○
青　森	○	京　都	○
岩　手	○	大　阪	○
宮　城	○	兵　庫	○
秋　田	○	奈　良	○
山　形	○	和歌山	○
福　島	○	鳥　取	○
茨　城	○	島　根	○
栃　木	○	岡　山	○
群　馬	○	広　島	○
埼　玉	○	山　口	○
千　葉	○	徳　島	○
東　京	○	香　川	○
神奈川	○	愛　媛	○
新　潟	○	高　知	○
富　山	○	福　岡	○
石　川	○	佐　賀	○
福　井	○	長　崎	○
山　梨	○	熊　本	○
長　野	○	大　分	○
岐　阜	○	宮　崎	○
静　岡	○	鹿児島	○
愛　知	○	沖　縄	○
三　重	○		

※解答する科目名に○を付けてマークして下さい。

世界史Ａ	世界史Ｂ
○	○

解答番号	解答欄 1 2 3 4 5 6 7 8 9 0
1	①②③④⑤⑥⑦⑧⑨⓪
2	①②③④⑤⑥⑦⑧⑨⓪
3	①②③④⑤⑥⑦⑧⑨⓪
4	①②③④⑤⑥⑦⑧⑨⓪
5	①②③④⑤⑥⑦⑧⑨⓪
6	①②③④⑤⑥⑦⑧⑨⓪
7	①②③④⑤⑥⑦⑧⑨⓪
8	①②③④⑤⑥⑦⑧⑨⓪
9	①②③④⑤⑥⑦⑧⑨⓪
10	①②③④⑤⑥⑦⑧⑨⓪
11	①②③④⑤⑥⑦⑧⑨⓪
12	①②③④⑤⑥⑦⑧⑨⓪
13	①②③④⑤⑥⑦⑧⑨⓪
14	①②③④⑤⑥⑦⑧⑨⓪
15	①②③④⑤⑥⑦⑧⑨⓪

解答番号	解答欄 1 2 3 4 5 6 7 8 9 0
16	①②③④⑤⑥⑦⑧⑨⓪
17	①②③④⑤⑥⑦⑧⑨⓪
18	①②③④⑤⑥⑦⑧⑨⓪
19	①②③④⑤⑥⑦⑧⑨⓪
20	①②③④⑤⑥⑦⑧⑨⓪
21	①②③④⑤⑥⑦⑧⑨⓪
22	①②③④⑤⑥⑦⑧⑨⓪
23	①②③④⑤⑥⑦⑧⑨⓪
24	①②③④⑤⑥⑦⑧⑨⓪
25	①②③④⑤⑥⑦⑧⑨⓪
26	①②③④⑤⑥⑦⑧⑨⓪
27	①②③④⑤⑥⑦⑧⑨⓪
28	①②③④⑤⑥⑦⑧⑨⓪
29	①②③④⑤⑥⑦⑧⑨⓪
30	①②③④⑤⑥⑦⑧⑨⓪

解答番号	解答欄 1 2 3 4 5 6 7 8 9 0
31	①②③④⑤⑥⑦⑧⑨⓪
32	①②③④⑤⑥⑦⑧⑨⓪
33	①②③④⑤⑥⑦⑧⑨⓪
34	①②③④⑤⑥⑦⑧⑨⓪
35	①②③④⑤⑥⑦⑧⑨⓪

キリトリ線

第　　回　高等学校卒業程度認定試験

世界史A・B　解答用紙

氏　名	

受験番号 ⇒

①	⓪①②③④⑤⑥⑦⑧⑨	⓪①②③④⑤⑥⑦⑧⑨	⓪①②③④⑤⑥⑦⑧⑨	⓪①②③④⑤⑥⑦⑧⑨

生年月日 ⇒

年号						
明治Ⓜ 大正Ⓣ 昭和Ⓢ 平成Ⓗ	⓪①②③④⑤⑥	⓪①②③④⑤⑥⑦⑧⑨	⓪①	⓪①②③④⑤⑥⑦⑧⑨	⓪①②③	⓪①②③④⑤⑥⑦⑧⑨

（注意事項）

1．記入はすべてＨまたはＨＢの黒色鉛筆を使用してください。
2．訂正するときは、プラスチックの消しゴムで丁寧に消し、消しくずを残さないでください。
3．所定の記入欄以外には何も記入しないでください。
4．解答用紙を汚したり、折り曲げたりしないでください。
5．マーク例

良い例	●

悪い例	

受験地			
北海道	○	滋　賀	○
青　森	○	京　都	○
岩　手	○	大　阪	○
宮　城	○	兵　庫	○
秋　田	○	奈　良	○
山　形	○	和歌山	○
福　島	○	鳥　取	○
茨　城	○	島　根	○
栃　木	○	岡　山	○
群　馬	○	広　島	○
埼　玉	○	山　口	○
千　葉	○	徳　島	○
東　京	○	香　川	○
神奈川	○	愛　媛	○
新　潟	○	高　知	○
富　山	○	福　岡	○
石　川	○	佐　賀	○
福　井	○	長　崎	○
山　梨	○	熊　本	○
長　野	○	大　分	○
岐　阜	○	宮　崎	○
静　岡	○	鹿児島	○
愛　知	○	沖　縄	○
三　重	○		

※解答する科目名に○を付けてマークして下さい。

世界史A	世界史B
○	○

解答番号	解答欄 1234567890
1	①②③④⑤⑥⑦⑧⑨⓪
2	①②③④⑤⑥⑦⑧⑨⓪
3	①②③④⑤⑥⑦⑧⑨⓪
4	①②③④⑤⑥⑦⑧⑨⓪
5	①②③④⑤⑥⑦⑧⑨⓪
6	①②③④⑤⑥⑦⑧⑨⓪
7	①②③④⑤⑥⑦⑧⑨⓪
8	①②③④⑤⑥⑦⑧⑨⓪
9	①②③④⑤⑥⑦⑧⑨⓪
10	①②③④⑤⑥⑦⑧⑨⓪
11	①②③④⑤⑥⑦⑧⑨⓪
12	①②③④⑤⑥⑦⑧⑨⓪
13	①②③④⑤⑥⑦⑧⑨⓪
14	①②③④⑤⑥⑦⑧⑨⓪
15	①②③④⑤⑥⑦⑧⑨⓪

解答番号	解答欄 1234567890
16	①②③④⑤⑥⑦⑧⑨⓪
17	①②③④⑤⑥⑦⑧⑨⓪
18	①②③④⑤⑥⑦⑧⑨⓪
19	①②③④⑤⑥⑦⑧⑨⓪
20	①②③④⑤⑥⑦⑧⑨⓪
21	①②③④⑤⑥⑦⑧⑨⓪
22	①②③④⑤⑥⑦⑧⑨⓪
23	①②③④⑤⑥⑦⑧⑨⓪
24	①②③④⑤⑥⑦⑧⑨⓪
25	①②③④⑤⑥⑦⑧⑨⓪
26	①②③④⑤⑥⑦⑧⑨⓪
27	①②③④⑤⑥⑦⑧⑨⓪
28	①②③④⑤⑥⑦⑧⑨⓪
29	①②③④⑤⑥⑦⑧⑨⓪
30	①②③④⑤⑥⑦⑧⑨⓪

解答番号	解答欄 1234567890
31	①②③④⑤⑥⑦⑧⑨⓪
32	①②③④⑤⑥⑦⑧⑨⓪
33	①②③④⑤⑥⑦⑧⑨⓪
34	①②③④⑤⑥⑦⑧⑨⓪
35	①②③④⑤⑥⑦⑧⑨⓪

キリトリ線

第　回　高等学校卒業程度認定試験

世界史Ａ・Ｂ　解答用紙

氏　名	

（注意事項）

1．記入はすべてＨまたはＨＢの黒色鉛筆を使用してください。
2．訂正するときは、プラスチックの消しゴムで丁寧に消し、消しくずを残さないでください。
3．所定の記入欄以外には何も記入しないでください。
4．解答用紙を汚したり、折り曲げたりしないでください。
5．マーク例

良い例	●

悪い例	

受験番号⇒

①	⓪①②③④⑤⑥⑦⑧⑨	⓪①②③④⑤⑥⑦⑧⑨	⓪①②③④⑤⑥⑦⑧⑨	⓪①②③④⑤⑥⑦⑧⑨

生年月日⇒

年号						
明治Ⓜ 大正Ⓣ 昭和Ⓢ 平成Ⓗ	⓪①②③④⑤⑥	⓪①②③④⑤⑥⑦⑧⑨	⓪①	⓪①②③④⑤⑥⑦⑧⑨	⓪①②③	⓪①②③④⑤⑥⑦⑧⑨

受験地	
北海道 ○	滋　賀 ○
青　森 ○	京　都 ○
岩　手 ○	大　阪 ○
宮　城 ○	兵　庫 ○
秋　田 ○	奈　良 ○
山　形 ○	和歌山 ○
福　島 ○	鳥　取 ○
茨　城 ○	島　根 ○
栃　木 ○	岡　山 ○
群　馬 ○	広　島 ○
埼　玉 ○	山　口 ○
千　葉 ○	徳　島 ○
東　京 ○	香　川 ○
神奈川 ○	愛　媛 ○
新　潟 ○	高　知 ○
富　山 ○	福　岡 ○
石　川 ○	佐　賀 ○
福　井 ○	長　崎 ○
山　梨 ○	熊　本 ○
長　野 ○	大　分 ○
岐　阜 ○	宮　崎 ○
静　岡 ○	鹿児島 ○
愛　知 ○	沖　縄 ○
三　重 ○	

※解答する科目名に○を付けてマークして下さい。

世界史Ａ	世界史Ｂ
○	○

解答番号	解答欄 1 2 3 4 5 6 7 8 9 0
1	①②③④⑤⑥⑦⑧⑨⓪
2	①②③④⑤⑥⑦⑧⑨⓪
3	①②③④⑤⑥⑦⑧⑨⓪
4	①②③④⑤⑥⑦⑧⑨⓪
5	①②③④⑤⑥⑦⑧⑨⓪
6	①②③④⑤⑥⑦⑧⑨⓪
7	①②③④⑤⑥⑦⑧⑨⓪
8	①②③④⑤⑥⑦⑧⑨⓪
9	①②③④⑤⑥⑦⑧⑨⓪
10	①②③④⑤⑥⑦⑧⑨⓪
11	①②③④⑤⑥⑦⑧⑨⓪
12	①②③④⑤⑥⑦⑧⑨⓪
13	①②③④⑤⑥⑦⑧⑨⓪
14	①②③④⑤⑥⑦⑧⑨⓪
15	①②③④⑤⑥⑦⑧⑨⓪

解答番号	解答欄 1 2 3 4 5 6 7 8 9 0
16	①②③④⑤⑥⑦⑧⑨⓪
17	①②③④⑤⑥⑦⑧⑨⓪
18	①②③④⑤⑥⑦⑧⑨⓪
19	①②③④⑤⑥⑦⑧⑨⓪
20	①②③④⑤⑥⑦⑧⑨⓪
21	①②③④⑤⑥⑦⑧⑨⓪
22	①②③④⑤⑥⑦⑧⑨⓪
23	①②③④⑤⑥⑦⑧⑨⓪
24	①②③④⑤⑥⑦⑧⑨⓪
25	①②③④⑤⑥⑦⑧⑨⓪
26	①②③④⑤⑥⑦⑧⑨⓪
27	①②③④⑤⑥⑦⑧⑨⓪
28	①②③④⑤⑥⑦⑧⑨⓪
29	①②③④⑤⑥⑦⑧⑨⓪
30	①②③④⑤⑥⑦⑧⑨⓪

解答番号	解答欄 1 2 3 4 5 6 7 8 9 0
31	①②③④⑤⑥⑦⑧⑨⓪
32	①②③④⑤⑥⑦⑧⑨⓪
33	①②③④⑤⑥⑦⑧⑨⓪
34	①②③④⑤⑥⑦⑧⑨⓪
35	①②③④⑤⑥⑦⑧⑨⓪

キリトリ線

第　回　高等学校卒業程度認定試験

世界史Ａ・Ｂ　解答用紙

氏　名	

受験番号 ⇒				
①	⓪①②③④⑤⑥⑦⑧⑨	⓪①②③④⑤⑥⑦⑧⑨	⓪①②③④⑤⑥⑦⑧⑨	⓪①②③④⑤⑥⑦⑧⑨

生年月日 ⇒ 年号						
明治Ⓜ 大正Ⓣ 昭和Ⓢ 平成Ⓗ	⓪①②③④⑤⑥	⓪①②③④⑤⑥⑦⑧⑨	⓪①	⓪①②③④⑤⑥⑦⑧⑨	⓪①②③	⓪①②③④⑤⑥⑦⑧⑨

（注意事項）
1．記入はすべてＨまたはＨＢの黒色鉛筆を使用してください。
2．訂正するときは、プラスチックの消しゴムで丁寧に消し、消しくずを残さないでください。
3．所定の記入欄以外には何も記入しないでください。
4．解答用紙を汚したり、折り曲げたりしないでください。
5．マーク例

良い例	●

悪い例	

受験地			
北海道	○	滋　賀	○
青　森	○	京　都	○
岩　手	○	大　阪	○
宮　城	○	兵　庫	○
秋　田	○	奈　良	○
山　形	○	和歌山	○
福　島	○	鳥　取	○
茨　城	○	島　根	○
栃　木	○	岡　山	○
群　馬	○	広　島	○
埼　玉	○	山　口	○
千　葉	○	徳　島	○
東　京	○	香　川	○
神奈川	○	愛　媛	○
新　潟	○	高　知	○
富　山	○	福　岡	○
石　川	○	佐　賀	○
福　井	○	長　崎	○
山　梨	○	熊　本	○
長　野	○	大　分	○
岐　阜	○	宮　崎	○
静　岡	○	鹿児島	○
愛　知	○	沖　縄	○
三　重	○		

※解答する科目名に○を付けてマークして下さい。

世界史Ａ	世界史Ｂ
○	○

解答番号	解答欄 1234567890
1	①②③④⑤⑥⑦⑧⑨⓪
2	①②③④⑤⑥⑦⑧⑨⓪
3	①②③④⑤⑥⑦⑧⑨⓪
4	①②③④⑤⑥⑦⑧⑨⓪
5	①②③④⑤⑥⑦⑧⑨⓪
6	①②③④⑤⑥⑦⑧⑨⓪
7	①②③④⑤⑥⑦⑧⑨⓪
8	①②③④⑤⑥⑦⑧⑨⓪
9	①②③④⑤⑥⑦⑧⑨⓪
10	①②③④⑤⑥⑦⑧⑨⓪
11	①②③④⑤⑥⑦⑧⑨⓪
12	①②③④⑤⑥⑦⑧⑨⓪
13	①②③④⑤⑥⑦⑧⑨⓪
14	①②③④⑤⑥⑦⑧⑨⓪
15	①②③④⑤⑥⑦⑧⑨⓪

解答番号	解答欄 1234567890
16	①②③④⑤⑥⑦⑧⑨⓪
17	①②③④⑤⑥⑦⑧⑨⓪
18	①②③④⑤⑥⑦⑧⑨⓪
19	①②③④⑤⑥⑦⑧⑨⓪
20	①②③④⑤⑥⑦⑧⑨⓪
21	①②③④⑤⑥⑦⑧⑨⓪
22	①②③④⑤⑥⑦⑧⑨⓪
23	①②③④⑤⑥⑦⑧⑨⓪
24	①②③④⑤⑥⑦⑧⑨⓪
25	①②③④⑤⑥⑦⑧⑨⓪
26	①②③④⑤⑥⑦⑧⑨⓪
27	①②③④⑤⑥⑦⑧⑨⓪
28	①②③④⑤⑥⑦⑧⑨⓪
29	①②③④⑤⑥⑦⑧⑨⓪
30	①②③④⑤⑥⑦⑧⑨⓪

解答番号	解答欄 1234567890
31	①②③④⑤⑥⑦⑧⑨⓪
32	①②③④⑤⑥⑦⑧⑨⓪
33	①②③④⑤⑥⑦⑧⑨⓪
34	①②③④⑤⑥⑦⑧⑨⓪
35	①②③④⑤⑥⑦⑧⑨⓪

2023　高卒認定スーパー実戦過去問題集
世界史A・B

2023年 2月7日 初版 第1刷発行

編集：J-出版編集部
制作：J-Web School
発行：J-出版
〒112-0002 東京都文京区小石川2-3-4 第一川田ビル TEL 03-5800-0552
J-出版.Net http://www.j-publish.net/

この本についてのご質問・ご要望は次のところへお願いいたします。
*企画・編集内容に関することは、J-出版編集部（03-5800-0552）
*在庫・不良品（乱丁・落丁等）に関することは、J-出版（03-5800-0552）
*定価はカバーに記載してあります。

ISBN978-4-909326-70-6 C7300 Printed in Japan